『ひろば』解題・総目次・索引

不二出版

I 解題

『ひろば』の時代
——編集長・志賀寛子に聞く戦後銀行労働組合と文化運動

鈴木貴宇

それはこの社会のありように批判的な知性をもつ大学卒ホワイトカラーにまだ一定の発言の自由が許されていた時代、聡明な高卒女子の戦後民主主義的感覚が「花のBG」への差別の現実と衝突しはじめていた時代、その両者のあいだにまじめな「おしゃべり」が成立しえた時代の雰囲気であった。[1]

はじめに

本復刻は、銀行労働に関わる人たちの情報共有を目的に発行された機関誌『ひろば』の創刊号[2]（一九五一年一一月一四日付）から第二〇〇号（一九六四年三月一五日付）に加え、銀行労働運動の領域に留まらない同誌の幅広い編集方針を知ることのできる号を補巻として収録したものである。発行元は創刊から第一一三号（一九五六年七月一五日付）までは全国銀行従業員組合連合会（以下、全銀連）、同連合会が解散した一九五六（昭和三一）年七月以降から最終号（第一〇九六号、二〇〇〇年一二月一五日付）までは銀行労働研究会（以下、銀労研）が担当した。

全銀連および銀労研の成り立ちと、今回の収録対象とした範囲、また補巻として収録する際の基準については後述することにして、まず復刻に至る経緯を記しておきたい。このことは、同誌が単なる銀行労働組合の機関誌という枠を超え、戦後日本社会を生きたホワイトカラー層の抱える様々な問題に対して、正面から向き合おうとした人たちが行き交う場を提供した、稀有な雑誌でもあったことを説明すると思われるためだ。

なお、この解題は後半に『ひろば』編集に半世紀に亘って携わった志賀寛子のインタビューを採録している。志賀は第二五四号（一九六二年二月一日付）から最終号まで同誌編集長も務めており、『ひろば』の生き証人として相応しい人物である。当時の銀行労働と『ひろば』編集の現場に関わった志賀の言葉が持つ意義は大きい。そうした機会を持てたことの幸運を、最初に記しておきたい。

1　復刻の経緯――「共稼ぎ　私たちの場合」の普遍性

『ひろば』復刻の経緯を説明するためには、本解題を担当している筆者の研究分野について触れる必要がある。筆者は昭和初期を中心とする日本近代文学を主な研究対象としており、その中でも日本社会において「普通」と総称される社会規範の表象として流通してきた「サラリーマン」の様態を文学作品分析により明らかとすることに関心を持ってきた。[3] 労働組合や労務管理の研究者でもないのに、なぜ紛うことなき労働組合運動の中から生れた『ひろば』の解題を担当しているのかと訝しむむきもあることだろう。しかし、この点にこそ『ひろば』のユニークさもあると言える。ややレトリカルな表現を許してもらえば、『ひろば』は文学作品のテクストにも似た、感受性や価値観といった、人間が時代や社会を生きる中で、おのおの個有のかたちで経験するパトスを刻印した、労組運動の機関誌ということだ。

筆者が『ひろば』および全銀連の存在を知ったきっかけは、まったくの偶然であった。二〇一六(平成二八)年に雑誌『文学』(岩波書店)が終刊となった際、「文壇」をテーマとした論を執筆する機会を持った。[4]「日本近代文学」の特殊性を体現する現象かのように目される「文壇」だが、出版ジャーナリズムが確立する昭和初期に評論家の大宅壮一は「ギルド」という「組合」的な特徴をそこに見ていた(「文壇ギルドの解体期」一九二六年)。そのことに着想を得て、日本社会において集団化の力学が発生するとき、それは同人誌や機関誌の発行を以て共同性の形象化が図られたのではないか、そしてそこには必然的に「いま・ここ」に対するいくばくかの居心地の悪さと、ユートピア的な共同体を志向する心性が反映されているのではないか、との見取り図を描いた。資料を探す過程で、戦後の労働運動で展開された、詩の創作をはじめとする文化活動の重要性に気づき、同時代の研究を調べる中で『ひろば』と全銀連の文化活動について書かれた志賀寛子の論文[5]に行き当たった。

一九六〇年当時、銀労研の事務局長を務めていた志賀は、同論において『ひろば』誌上で論争となった連載「共稼ぎ　私たちの場合」[6]を取上げ、そこで起きた一つの悲劇について言及していた。それは東北の銀行に勤務する一人の女性組合員が、「家庭」と「組合」活動の間でバランスを取ることの困難を訴える投書に端を発し、最終的にはその女性は自死を選んだというものだった。[7]志賀は次のようにまとめている。

彼ら(引用者註——投稿した女性と夫)はサークル活動をとおして結ばれ、結婚後も夫は組合の執行委員に、妻は婦人部役員やサークルの世話役にと、それぞれの分野で活動していたが、現実の生活は、すべてが理想どおりにゆくというわけにはいかなかった。この悩みが「ひろば」誌上をつうじて訴えられた。これに対する反響は意外に大きく、激励や助言の投稿がつぎつぎに寄せられ、発表された。しかし、多くの読者からの激励にもかかわらず、それから一年あまりたったある日、生活と活動の矛盾にたえかねた彼女は、夫と生後半年の子供に別れをつげ世を去った。

この女性が自死を遂げるまでの葛藤が、果たしてここで言われるような「理想」の崩壊のみにあるのかはわからない。だが、半世紀以上も昔の地方に生きた女性行員のこの悲劇は、一人彼女のみに属するものではなく、近代化された社会に生きる以上、不可避的に存する「組織」と「個」の問題という普遍的な性質を有するものだ。何よりも、こうしたパーソナルな問題を正面から取り扱う『ひろば』という機関誌に筆者は強い関心を持った。

検索すると、国会図書館と法政大学の大原社会問題研究所が部分的に所蔵していることはわかったが、肝心の投稿が掲載された時期は欠号が多い。こうした非商業誌が公的な機関では日本にあっては保存の対象とならないことを痛感したが、それでも『ひろば』は小さな同人誌レベルではなく、銀行という資本主義経済の要所となる組織の労組が関係した機関誌であることを考えれば、どこか一カ所でも保管しているのではと感じられた。発行元の銀労研が二〇一一（平成二三）年に解散した後、その意志を継承する団体として金融・労働ネットワークが発足していることをインターネット上で知り、連絡先のメールアドレスに『ひろば』の所蔵を問い合わせたところ、事務局の田中均よりほぼ全号が半蔵門の事務所に保存されているとの返事が届いた。(8)

敢えてこうした経緯をここに記しておくのは、『ひろば』が全号保管されていたことの稀少性を強調したいがためだけではない。そうではなく、労働組合関連の資料を追跡することが日本ではいかに困難なことになっており、(9)そのことが戦後日本の労働問題を研究しようとするときに、大きな障害となっているように感じられることを述べたいがためだ。

研究者にとっては価値がある資料であっても、一般的にはただの古色蒼然とした紙束に過ぎないとされ、歴史的な価値を持つ資料が破棄されてしまうことは残念ながら多々耳にする。この事態に対しては、その価値を研究者が明示化し、広く社会に伝えることでしか結局は防ぎようがないのだろうとも自戒を込めて思うことだが、しかし、こと労組運動に関しては、こうした一次資料は単なる研究対象以上の意味を持つ。なぜならば、それは本来的には研究対象という静的な性質のものではなく、「各人がよりよく生きるため」という、あくまでも生活と現実の改変に根差した動的にして希望の実現が託された特徴を持つからだ。

社会学者の田沼肇は労働組合運動の本質を「未来へ希望を託するもの」であり、その決定的な役割を担う世代は「青年層」にあるとした[10]。とすれば、かつて「未来」であった「現在」に生きる私たちの社会には、そのときの「青年」たちが望んだ「希望」がいくばくかでも実現されているだろうか？　もしそうでないとすれば、何が障害となったのか、あるいはそれは実現される必要がない机上の空論に過ぎなかったのか。「過去」との相対化によって「現在」の把握は可能となり、ひいては「未来」へ託す希望の輪郭も見えてくるはずだ。

先に引用した、東北の銀行に勤務した女性の末期は悲劇であったかもしれない。だが、家庭と職場の両方において自らの存在を確かなものとしたいと願い、その葛藤を書き綴った彼女の告白は、「戦後民主主義」の理念とその実現を生きたものであっただろう。そして彼女のその言葉を受け取る場として『ひろば』があったという事実は、観念的な思想としてのみではなく、「生きられた戦後民主主義」がかつて確かに存在したことを、現在に生きる私たちに教えるのだ。

2　『ひろば』と全銀連、銀労研について[11]

やや情緒的に過ぎる文章を巻頭に置いてしまったが、「解題」と称するからには、以下に『ひろば』とその発行母体となった全銀連、銀労研の成立について概観することで、その責を果たすことにしたい。

（1）　全銀連、銀労研について[12]

全銀連は、日本がアメリカをはじめとする連合軍の占領下にあった一九四七（昭和二二）年四月に結成され、その目的は銀行労働組合の横断組織として、全組合員一二万人の統一と金融民主化闘争を推進することにあった。約一〇年の活動の後、一九五六年七月、内部分裂の後に解散となるが、『ひろば』と金融労働運動の発展のために必要な研究目的で編集された『全銀連調査時報』（一九四九年一月創刊、一九五六年九月より『銀行労働調査時報』、二〇〇一年一月より『金融労働調査時報』、二〇一〇年一二月終刊。なお、これらの資料も金融・労働ネットワークの事務所に『ひろば』とともに保管されている）の二誌を継続して発行するため、銀労研（一九五六年八月設立、二〇一一年一月解散）が発足することになる。

全銀連の事務所は東京の赤坂青山南町六－一二〇（現、港区南青山五－三－二）にあった。一九五〇年の夏に竣工した全銀連会館の写真が当時の建築雑誌に残されており（図①）、それを見ると国際様式（インターナショナル・スタイル）を忠実に反映した、装飾を切り詰めたきわめてモダンな建築であったことがわかる。会館が完成した一九五〇年は、朝鮮戦争の勃発と全産業的なレッド・パージが特筆される年であり、すでに占領政策が初期の改革路線から経済復興にシフトしたことに伴う、労働運動の弱体化も問題となっていた。志賀とのインタビューにも出てくることだが、こうした事態の打開のために、青年層と女子行員の結集が銀行労働従事者に期待され、先立つ一九四八年に結成されていた「青婦人対策部」の活動を活性化する目的で、会館完成から間もなく『ひろば』が創刊されることになる。

図①　全銀連会館（設計　海老原一郎）
（出典『新建築』1950年10月号）

（2）『ひろば』の意義と特徴

「ひろば」という誌名の由来は記録に残されていない。しかし、二〇〇〇年に約半世紀の歴史を閉じるまで、一貫してこの雑誌は「全銀行員交流の場」であることを第一義的な目的として編集されていた。五〇年という発行期間もさることながら、通号にして一〇〇〇を超えるという点だけでも『ひろば』は類を見ないが、同誌の意義は何よりも「読者」と同じ視点に立ち続けたところにある。それはとかく生硬な言葉で啓蒙的な言説が並びがちな、労働運動の機関誌にあっては稀な姿勢と言えるだろう。今回、収録対象とした創刊号から第三〇〇号が発行された一九六〇年代までに限定して、同誌の特徴を箇条書きでまとめておく（［　］内の数字は、『ひろば』該当号を示す）。

①戦後の民主化政策により、平等処遇を獲得した女性職員たちの声が記録されていること（例、女子職員事務服獲得要望［3、11、19、28等］、掃除・お茶くみ論争［13、74、82、258等］、共稼ぎ論争［連載124－145、214等］）

②「勤労詩」運動[13]の文脈を共有する投稿詩を呼びかけたこと（それが全銀連の文化活動を代表する詩集アンソロジー『銀行員の詩集』全一〇集であり、同詩集から興銀勤務の石垣りんが登場することになる）図②

③高度経済成長期に大衆化したホワイトカラー層の研究[14]とその位置づけをめぐる論争を提供したこと［160、162、165、169、174等］

図②　『銀行員の詩集』（第1集、1951年）と作品募集のポスター（ポスターは法政大学大原社会問題研究所、所蔵）

図③　映画『若い人たち』(1954)
ポスター

③に関しては、「高度経済成長期のサラリーマンにとって生きがいとは何か」、また「ホワイトカラーを〝労働者〟と一括することは現実に即しているのか」、「良き組合員と良き組織人であることの両立は可能か」といった、「銀行員」に限定されない社会的な拡がりを持つ論争を提供したと言えるだろう。この問題に焦点化し、高度経済成長期に生きた一人の「銀行労働者」の思想的葛藤を追うことで、「ホワイトカラー」の閉塞感をあぶり出した論が、労使関係を専門とする経済学者、熊沢誠による「ある銀行労働者の二〇年」（『新編　日本の労働者像』ちくま学芸文庫、一九九三年所収）である。同論は、日本の労働問題を専門とする米国の歴史研究者、アンドルー・ゴードン（Andrew Gordon）により翻訳[15]されており、奇跡的な成長を遂げた日本経済の裏には「過労死」に斃れるまで働き続ける「日本のサラリーマン」の存在があったことを海外に知らしめたものと言えるだろう。

また、②と関連して、全銀連時代の代表的な文化活動には映画『若い人たち』（図③　近代映画協会、吉村公三郎監督、乙羽信子・金子信雄主演、一九五四年）の製作[16]もあり［８２、８３、特集８８等］、労働映画というジャンルの研究にも全銀連の存在は欠かせないことを付言しておきたい。

最後に、本復刻の対象とした時期と、付録巻の収録対象とした号について述べておく。一〇〇〇号すべてを復刻することは経済的な理由もあり不可能なため、今回の復刻では「戦後の労働運動」が一部の専門組合活動家だけではなく、勤労者一般からの支持も広く得ることができたと思われる時期の終焉までをカバーすることにした。奇しくも第三〇〇号（一九六四年三月一五日付）という、切りのいい数字で収まったが、『ひろば』の主要な読者である銀行員たち――戦後日本社会のサラリーマンを構成した主要層とも言い得ようが――が当時の社会問題をどのように考えていたのかを知ることができる第三八二号（ベトナム戦争特集、一九六七年八月一五日付）、また③で展開された中間層論争を総括する座談会が掲載された第五〇〇号（一九七二年六月一日付）を最終配本時に収録することにした。また、同誌は実際に銀行労働の現場で働いた人々の待遇、賃金格差といった切実な問題にコミットを果たし続けた、硬派な側面も持っている。その様子が最もよくわかる号として、コース別雇用制度の問題を特集した第七九〇号（一九八六年四月一五日付）を採録した。この問題は、現在では「正規・非正規」労働や、それに伴う賃金格差として、より深刻化しているが、一九八〇年代半ばのバブル景気前夜から『ひろば』誌上では警鐘が鳴らされていたことがわかる。

志賀寛子に聞く・インタビュー① 『ひろば』をめぐる一九五〇年代の状況

――志賀さんが『ひろば』にかかわることになったきっかけ、またその経緯はどのようなものでしたか。

私は一九四九（昭和二四）年八月に日本銀行に途中入行しました。その年に自由学園の高等部を卒業しますが、八月までの四ヵ月間余りは自由学園工芸研究所で染色の研究をしていました。けれども終戦後の海外資産封鎖や新円切り替えに伴い、利息生活者であった父（註――志賀さんの父は志賀直三であり、作家の志賀直哉は伯父にあたる）に収入の道はなく、伯父（直哉）の知り合いの方の紹介で日銀に入行しました。配属先は営業局国債売買係でした。私が入行した当時の国債売買係は、戦時中に乱発し敗戦で紙くず同然になってしまった、いわゆる戦時国債の回収の仕事でとても忙しい職場でした。

当時の営業局には、華族や将軍の子弟が何人かいらっしゃいました。例えば、ごく短い期間でしたが東久邇さん、山本五十六元帥の娘さん、それから古賀中将（註――古賀峯一）の娘さん、中橋徳五郎元文相のお孫さんなどでした。これは私の勝手な推測ですが、日銀のように国の資金の入ったところでは、例えば軍人恩給などの戦時補償金が支給されるまでの期間、これらの方々を受入れていたのかも知れません。そのほか、営業局には著名な政治家や企業家の子弟も多数いらっしゃいました。

一九五五年八月に退職するまでの六年間に、国債売買係から資金係に移動し、たまたま組合の職場委員に推されてしまったことがきっかけで次第にサークル活動や労働組合運動に関心を持つようになりました。最後の半年間は、日銀従組女子部の副部長を務めました。その間に『ひろば』の読者になり、編集部の依頼で原稿を何本か送ったりもしたと記憶しています。

一九五六年七月に全銀連（全国銀行従業員組合連合会）が解散したあと、解散大会の決議にもとづいて銀行労働研究会が設立されます。解散当時、全銀連は『全銀連調査時報』（調査部編集）と『ひろば』、『銀行員の詩集』（ともに文化部編集）という三種類の刊行物を出していたのですが、いずれもよく読まれ、また活用されていました。とくに『銀行労働調査時報』は、金融労働分野の研究者からも高い評価を得ていました。組合員の間からも、解散後もこれらの出版物はぜひ残したいという声が上がり、事業を引き継ぐ組織として銀行労働研究会が設立されました。

当時の私は結婚一年目で、日銀を退職して光村図書出版で教科書作成のアルバイトをしていましたが、『ひろば』の編集者に乞われて翌年の一九五七年一月に銀労研に入り、『ひろば』の編集を担当するようになりました。

――『ひろば』が誕生した一九五〇年代は職場サークル誌が活況を呈した時代です。その中でも印象に残っている雑誌がありましたら教えて下さい。また、他の職場サークル誌と『ひろば』の相違、独自性はどこにあると考えますか？

残念ながら全銀連時代のものはほとんど目にしていません。銀労研に送られてくるサークル誌や組合文化誌は全体のごくわずかでした。というのは、前述したように銀労研は全銀連解散後に設立された調査・研究機関であって、組織上の上下関係はありませんでした。出版物だけ購読することはもちろん出来ましたが、基本的には会員制をとっていました。そのようなわけで、全銀連解散の時点で送付を打切られたものも多かったのではないでしょうか。

送られてきたものの中で印象に残っているのは、サークル誌ではやはり何といっても日銀現代詩研究会の『群《ぐん》』と、青森従組大理石グループの『大理石』ですね。組合文化誌では静岡従組文化部の『銀泥』でしょうか。岩手殖産従組文化部の『岩殖文化』、東海職組情報宣伝部の『東風』も印象に残っています。

サークル誌と『ひろば』の違いは、サークル誌がどちらかというと同人誌的であるのに対し、『ひろば』は発刊の経緯を見ても主として青年婦人層を対象にしていること。また単なる文化誌ではなく、レッド・パージで沈滞化した自分たちの働く場を何とか元気にしたい、働き甲斐のある職場であってほしい、という熱い語らいの中から誕生したものであることです。

『ひろば』が多くの読者に愛された理由について、創刊当初の全銀連文化部長だった中田純一さん（青森銀行）は、『ひろば』一〇〇号記念座談会（一九五六年六月一五日付「『ひろば』の若芽のころ」）で「当時、『ひろば』の他にも『全銀連』という機関紙がありましたが、そこに掲載された記事は〝大所高所〟の視線から書かれていた。それに対し、『ひろば』は〝職場のナマの問題〟を取上げた」とまとめた上で、これからも「一つの事実を掘り下げた読物風の記事や職場の組合員の生活をナマの形でとらえること、それも活動家や組合の幹部ではなく、どこにでもいる銀行員のものをつかまえる努力をして下さい」と注文もつけています。『ひろば』のキャッチフレーズは〝交流のひろば〟でした。その実践として、投稿歓迎、意見交換大歓迎の姿勢を貫きました。

――一九五二年の創刊から五五年頃までの誌面には、女子行員が「事務服」を支給してほしいといった要望が頻繁に取り上げられています。当時の銀行はホワイトカラーの職場でも、比較的条件のよい職場であったのではないかと現在の印象では考えられがちですが、実際に働いていた女性の立場はどのようなものだったのでしょうか。ご自身の経験も交えてお話し下さい。

戦後の銀行の職場は多忙を極めていました。敗戦に伴う戦後処理の諸業務、その後は産業復興資金の融資業務など、資金需要は増えるいっぽうなのに貸出すお金が足りないので、渉外の男性行員は預金集めにかけ廻る日々。いっぽう内部事務を一手に引受けている女性行員は、男性が集めてきたお金の帳簿処理など、残業につぐ残業というのが営業店（支店）の実情でした。

手動計算機や伝票を運ぶベルトコンベアなどは徐々に導入されましたが、多くの業務は手作業でした。伝票などの複写で手元、袖元が汚れるため、日銀ではスモックのような事務服が女性たちの要求で支給されるようになりましたが、銀行によっては支給されていないところも多かったと思います。

おまけに敗戦で生活用品や衣料品などの物資は超不足状態。焼け出された人は家もありません。一家の経済を女手一つで支えている家庭も少なくありませんでした。加えて、すさまじいインフレです。こういった事情で、事務服支給、洗濯代も銀行負担で、との要求は女性の切実な声でした。青年部のあるところでは、男性にもワイシャツを、という要求も出ていました。

補足ですが、事務服に関しては高度成長期に入ると、銀行側が企業のイメージアップのために業界トップクラスのデザイナーに事務服のデザインを依頼し、競って新しい事務服に切替えました。ほとんどすべてのデザイナーが、若い女性をイメージしたスーツ型のデザインで、しかも当時はやりのミニスカートでした（図④）。三〇歳を越えた女性や、その頃に少しずつ増えてきた共働き、特に妊婦には不評で、事務服着用を拒否する人もいて、『ひろば』誌上

図④　1969（昭和44）年、富士銀行の女性行員の制服。色はネイビーブルーで当時の流行を反映したミニのワンピースとなっている。
出典：Twitterアカウント「戦前～戦後のレトロ写真@oldpicture1900」、2018年9月1日 18：36投稿

で事務服論争が展開されたりしました。

当時の女性の立場ですが、例外なく「事務補助者」と位置づけられ、賃金も男女別体系というのが一般的でした。まず朝は定刻の一時間以上も前に出勤し、灰皿や湯呑などの片づけ、当時は誰の机の上にもあった指を湿らす海綿の水交換など、全て女性に担わされていました。そして係全員へのお茶出し――、そればかりか一二時と午後三時にもお茶を配り、職場によっては男性のたばこやお弁当まで買いに行かされるというところもあり、女性たちは不満や疑問を募らせていました。この問題は『ひろば』誌上でもたびたび取り上げ、掃除・お茶くみ論争に発展しました。男性はもちろん、女性の中にもお茶くみを美徳とする考えを持つ人もいて、この論争はけっこう長く続いたように思います。この論争を契機に早出手当要求を出して解決したところもあれば、男性も含めて交替制にする、或はお茶を呑みたくなったら各自給湯室で呑む、机の上も自分で整理するなど解決の仕方は多様でした。

前述したように、女性は事務補助者と位置づけられ、配置、待遇など全てにおいて差別的な扱いを受けていました。銀行の利益を生み出す職場は支店です。ここでは女性の存在を抜きに仕事は回ってゆきません。融資や渉外業務は男性が担っていましたが、内部事務は女性が主役です。地方の小さな支店では、窓口（カウンター）の女性に固定客がつく、というケースも少なくありませんでした。それでも、女性は定年まで働かない、結婚したら能率が落ちるなどを理由にされて、待遇面では大きな男女差があったのです。私が入行した当時の日銀は、出退勤の通用門や食堂まで男女別々でした。さすがにこれは組合の要求で改善させました。そういえば日銀では組合結成当初、女性と労務職は対象外で結成大会にも声がかからず、両者が抗議してやっと加入が認められたのです。

――全銀連は『ひろば』の発行以外にも、文化活動に力を入れていました。その象徴が『銀行員の詩集』（全一〇集、一九五一年－一九六〇年）だと思いますが、この詩集が誕生した経緯と、当時の職場にあって、「うたごえ運動」や詩作といった表現活動が親しまれていた背景はどのようなものだったのでしょうか。

『詩集』の第一集と第二集の編纂を担当した中田純一さんは、次のように回想しています。「当時の文化活動に対する労働組合幹部の考え方がこの詩集をレッド・パージ反対闘争の意識昂揚に役立たせようと考えていたらしいことは、当時のアピールや募集要項によって明らか」であったが、中田さんは職場の詩人たちによる「詩人懇談会を開いて編集方針や題名について打合せをし、年刊詩集として発展させることも合意し、選者を引受けて下さった壺井繁治、大木惇夫両氏にお願いして選を進めた」（『ひろば』一九五六年六月一五日付、第一二号「幼年期の『銀行員の詩集』」）。「うたごえ運動」や詩作といった表現活動が支持された背景については、きちんと調べてみないとはっきりとは言えませんが、私は次のようにとらえています。

内心の自由までもが抑圧されていた〝戦時〟が敗戦によって終り、その結果として、生活は苦しくとも人々は内心を自由に表現することが出来るようになります。自由な表現に餓えていた人々の味わった解放感というようなものがあったと思います。全銀連傘下の組合について言えば、文化サークルの多くが一九四九年から五一年の占領期に結成されています。

文化サークルの形態は様々でしたが、銀行の場合は、内的欲求により自然発生的に誕生したサークルよりも、労働組合主導型の方が多かったように思います。これも『運動史』の第一一章に言及がありますが、一九四九年から五〇年にかけては、野球大会やダンスパーティといった行事的なものが主流でした。ですが、『運動史』の表現を借りれば、五〇年以降から「組合末端組織あるいは職場におけるサークル活動、および上部組織によるその援助を主体とした文化運動に推移」（同書、五一七頁）することになります。その背景の一つが、一九五〇年代のはじめにＧＨＱの指令で労働組合に吹き荒れた、いわゆる「レッド・パージの嵐」によって労働運動が畏縮を余儀なくされた事態でした。

沈滞した運動を打ち破るために、全銀連は若い組合員の育成と、青婦人部の育成、活性化に目を向けたのです。レッド・パージの嵐の最中だった一九五〇年一〇月一三日、第三回全国青婦人代表者会議が開催され、当時の全銀連委員長だった佐藤乙弥さん（大阪銀行、のちの住友銀行）は、「諸君たちの若さをもって組合弾圧と闘い、民主主義を放棄するな」と激励します（同書、四八二頁）。こうした流れの中から、青婦人対策部の機関誌として『ひろば』が誕生し、さらに『銀行員の詩集』、『文化活動者』が発刊・創刊されることになるわけです。

――『ひろば』が創刊された一九五〇年前後は、現場労働者たちのサークル詩運動も活況を呈していました。そうした雑誌に掲載された詩には「会社勤め」の人々に対する羨望意識や、格差に対する不満などが見られます。実際にホワイトカラーとして働いていた当時の銀行員は、社会格差や階級問題などをどのように感じていたのでしょうか。

たしかに一九五〇年代から六〇年代の初めくらいまでは、現場労働者とホワイトカラーの間には、意識の面でも待遇においても歴然とした〝差別〟というか〝区別〟があって、それは越えられないもののように認識されていたのではないでしょうか。六〇年代後半以降は生産過程のコンピュータ化・合理化や産業構造の変化のなかで段々に薄れてゆくのですが、五〇年代を振り返ってみると、現場労働者とホワイトカラーの間にある溝のようなものは歴然としてあって、それが羨望とか格差への不満というかたちで示されていたのだと思われます。

そのような〝労・職格差〟はホワイトカラーの職場にも存在していました。例えば日銀では、組合結成の当初は事務職の男性を「事務職員」、女性を「事務員」、労務職は「労務員」とされ、待遇においても明白な身分差別がありました。私が入行した当初は、出退勤の出入口や食堂も男女別々で、女性行員の方がはるかに人数が多いのに、男性は食堂が二ヵ所あるのに対して女性は一ヵ所。当然のことながら女性食堂の入口はいつも行列。それどころか食べている席のうしろに何人も立って待っているので、ゆっくり食事などできませんでした。さすがにこれらの差別は組合がいち早く取り上げ、ほどなく解消しました。

一方、労働の実態はどうであったかというと、前述したように男性も女性も過密労働と長時間労働で体をこわす人も多く、とくに一九五〇年代は結核に罹患する人が続出し「銀行病」といわれるほどでした。このため全銀連は結核対策部を設けて実態調査や対策に当りました。一九五二年五月一日付、第三三号の『ひろば』は、ある銀行で青婦人部の有能な働き手たちが結核でバタバタ倒れたため、結核対策部を連れだって訪ね、対策を相談に来た、という記事と対策を掲載しています。したがって実際の労働現場は、世間が羨望の目で見るような恵まれた職場ではなかったと言えます。もっとも総務や調査、人事など本部関係の職場は支店ほど長時間・過密労働ではありませんでしたから、世間の目には恵まれた職場と映ったのかも知れません。けれども本部関係の人員は全従業員の二割程度にすぎず、本部でも部署によっては残業も多かったのです。

世間は銀行員を羨望のまなざしで見ていたかも知れませんが、その実情と実態は、厳しい預金獲得競争に追われ、長時間労働と差別的賃金制度が当り前となり、労務管理の締めつけもありました。実際の労働状況は厳しく、〝うつ〟など精神疾患の罹患率も高い職場でした。

――『ひろば』が読まれていたという実感、また吸引力を持っていたと感じる時期はいつ頃まででしょうか。

『ひろば』は体裁も記事もコンパクトで読みやすく、情報量も多くて参考になる、などの声が編集部には終刊（二〇〇〇年一二月一五日付、第一〇九六号）まで寄せられていたので、最後までよく読まれていたと思います。全銀連の分裂で全国の銀行労働者をつなぐ組織がなくなってからは、お互いの活動や情報を交流する場として、むしろ以前にも増して活用されていたと言えます。

一例として、一九六〇年代に入ると賃金上昇を押え込むための新たな賃金制度として、地方銀行にも職務・職能給を導入するうごきが出てきます。これに対し地銀の組合では導入を阻止するたたかいが広がり、勉強会のテキストとして『ひろば』の「職務給・職能給特集号」（一九六二年一二月一五日付、第一七三号）が大いに活用されました。組合からの注文が相次ぎ、増刷を四刷りまで重ねましたが、とうとう活版の文字がすり切れて増刷不能となり、紙型をとっておけばよかったと悔やんだものでした。

志賀寛子に聞く・インタビュー② 個人史との関連

はじめに――インタビューの背景

このインタビューは二〇一七年五月一九日に志賀の自宅にて行った。インタビュー①での質問を事前に書面で送っており、そこでの回答に補足する形で行われたインタビューとなる。二時間弱のインタビューであり、この時点では聞き手の私がまだ『ひろば』の誌面分析を行っていないこともあり、全銀連の運動の本質にかかわる質問をすることができなかった。しかし、志賀の人となりや、当時の日銀がどのような雰囲気だったのか、また近代日本の上流階級に属する志賀が労働運動に関わっていく経緯など、個人史と近代史の接合を考える上で興味深い話を聞くことができたと考え、ここに掲載することにした。なお、実際にはインタビュー形式だったが、読みやすさと話の流れを考慮して、質問の再録は最小限に留めた。

■『ひろば』創刊まで

『ひろば』の復刻版の値段を聞いて、高いなあと思いました（笑）。最近は海外の大学でも、こういう戦後の文化運動や労働運動に関心を持つ研究者がいらっしゃるそうですね。（戦後の労働組合の勃興期にはGHQとの関係が強かったはずだが、という質問に対して）敗戦直後から朝鮮戦争の前までは、GHQの方針も比較的リベラルでした。それが、朝鮮戦争に向けて大きく変わります。それを手みじかに説明するのはなかなかむつかしいのですが、『銀行労働運動史』はこのように記述しています。

「一九四八年一月六日、ロイヤル米陸軍長官はサンフランシスコで、日本を『共産主義に対する防壁』にしなければならぬ、そのためには日本の経済自立を促進する必要があり、従来の非軍事化、賠償、集中排除、財界パージなどの諸政策を修正しなければならぬ、と演説した。それはアメリカ政府当局者による対日占領政策の修正にかんする最初の公式表明でもあった」(『銀行労働運動史─全銀連の時代』一六九頁)。そして「このような経済の『復興』『自立』促進政策と結びついて、何よりも労働運動にたいする抑圧、治安対策が強化されてきた」と。

全銀連の文化運動から生まれた機関誌は『ひろば』の他に『文化活動者』(一九五二年四月創刊、五三年三月終刊、全五冊)があった。

『ひろば』は、青婦人対策部の機関誌という位置づけで創刊されます。そのきっかけとなったのは、全銀連のレッド・パージ反対闘争の最中に開かれた第三回全国青婦人代表者会議(一九五〇年一〇月一三日)でした。当時の青婦人対策部長の高橋元滋(大和銀行)さんは、『月刊ひろば』創刊の辞[17]で次のように書いています。「……討論は何時果てるともなく続いてゆく。……だが時間が足りない、もっと知りたい、もっと語り合いたい。……『ひろば』はこの願いの中から生まれた。」と。そのときに文化活動を活性化しようということも話題になったのですが、どういうふうに文化運動を進めたらいいかといった初歩的なこともわからない。特に地方の支店では人数も少ないし指導してくれる人もいない。それで『文化活動者[18]』という小冊子を作ったのです。また『ひろば』誌上でも〝文化活動者のページ〟をもうけ、全国各地のサークルの紹介や活動をするうえでの注意点など連載し、大いに活用されました。

■日銀入行と自由学園の記憶

日銀には一九四九（昭和二四）年の八月に入りました。前にも述べたように、自由学園をその年に卒業して八月までの四ヵ月間は自由学園工芸研究所（現、自由学園生活工芸研究所）で染色の研究をしていました。仕事は楽しかったのですけれども、交通費程度しか出なかったので、仕方なく研究所をやめて日銀に入りました。

志賀寛子の父、直三は文豪・志賀直哉の弟にあたる。寛子は一人の弟と三人の妹を持つ長女として育った。

五人きょうだいのうち、すぐ下の弟と妹と私は自由学園に通いました。子供の頃はきょうだいと、いとこたち以外の子供と遊んだ記憶はほとんどなかったので、入学当初はクラスの中にとけ込むのにためらいもありましたが、じきに学園生活にも慣れて、けっこう活発な少女として初等部の六年間を過したように思います。二年生の一九三七年七月に日中戦争勃発、六年生の一二月八日に日米開戦。当時私は三鷹市の井の頭公園のすぐそばに住んでいたのですが、戦争が激しくなると公園の杉林は馬の防空壕になり、私たちきょうだいは杉の樹につながれている馬の間をこわごわ通り抜け、ガソリンが手に入らなくなって木炭を焚いて走るバスで、一時間余りかけて通学しました。女子部の三年から四年までは中島飛行機（株）の田無工場に学徒動員、一級上のクラスと私たちは飛行機の部品の木型をつくる仕事を教え込まれ、その最中に終戦を迎えました。一五歳そこその少女が、一年程度の教育を受けただけで造った木型が、ほんとうに役に立つのかしらと噂し合いながら、日がな一日鋸の歯を研ぎ、朴の木を削っては腕前を競い合う、といった日々でした。高等科になってようやく落ち着いて勉強に励むことのできた、自由学園での一三年間の大部分は、このように戦争と向き合って過した日々でもあったのでした。

自由学園は大正一〇（一九二一）年に羽仁もと子、羽仁吉一夫妻が創立したミッションスクールです。〝思想しつつ、生活しつつ、祈りつつ〟をモットーに、初等部、女子部、男子部が、東京郊外の広大な敷地に校舎をかまえていました。

初等部時代から学園の日常生活は生徒たちの手で運営され自立、自治を学びました。同じ頃に創立された学園に玉川学園、明星学園、文化学院などがあります。いずれも大正時代のリベラルな思想に基いて創られた学園でした。戦争中は文部省がいわゆる軍国教育を押しつけ、天皇のご真影を飾れとか紀元節や天長節には教育勅語を読んで宮城の方向に頭を下げろ（宮城遥拝）、をはじめ、教育の内容についてもやかましく介入してきました。自由学園はこのうち、教育勅語と宮城遥拝は妥協し何とか生きのびましたが、文部省の介入を全て拒否した西村伊作さんの文化学院は遂に廃校に追い込まれてしまいました。

■一九五〇年代の銀行における文化誌について

全銀連時代の運動を非常にくわしく記述している『銀行労働運動史』の巻末資料に、その頃に発行されていた文化誌一覧が掲載[19]されていますが、それを見るとかなりの数です。すべての文化誌が全銀連に送られてくるわけではなく、しかも私は全銀連解散後に銀労研に入りましたから、前述したように『運動史』に掲載されている中の四、五冊しか見ていません。（これらの雑誌の所在は確認できるかとの問いに対して）組合本部発行のものはそれぞれの組合書記局に保管されていると思いますが、残念ながら日本の労働組合は企業別組合であるため、資料の保管は各組合まかせです。ただ、銀行の労働組合の中でも、最も多彩な活動をしていた青森銀行の文化運動については、わずかに残っている個人所有の資料をかき集め、戦後の文化運動を研究していらっしゃった道場親信さんにそっくりお預けしました。道場さんが亡くなった後は、和光大学の研究者仲間の方たちが整理し保管していらっしゃるはずです。

私は銀労研に入ってから、全銀連の書記で「思想の科学研究会」の会員でもあった高田佳利さんと話し合うことが多かったのですが、高田さんの紹介で岩波書店発行の『文学』に「銀行における文化運動」と題して論文[20]を書きました。この『文学』に書いた私の論文が鈴木先生の目に止まり、『ひろば』が復刻されることになったわけです。

■労働運動への関心

私が労働運動に関心を持つようになったのは、ごく自然なものでした。

私は自由学園で一三年間教育を受けました。ときに反発しながら（誰でもそういう時期はあったと思うのですが）、でも今振り返ってみると、得がたい教えを受けたと感謝しています。自由学園では初等部の頃から、自分の意見をしっかりと持ちなさい、大きな声で誰にもわかるようにはっきりと発言しなさい、と教えられました。それが知らず知らずのうちに身についていたのでしょうね。自由学園では学生の意見は尊重されました。意見を言うのはとても大事なことだと教えられましたから、組合の職場会でもごく自然に発言をしていたのだと思います。当時は、組合の会合であっても女性の発言は少なかったので、多分目立ってしまって職場委員に推され、ごく自然に組合事務所にも出入りするようになったのだと思います。組合事務所では、いろいろのサークルメンバーと交流することができて、とても楽しい場所でした。

■「女子部」とサークル活動

日銀の組合結成は一九四六年三月ですが、前述したように結成大会は男性職員だけに知らされ、女性と労務員は蚊帳の外でした。組合の規約では女性も労務員も組合員であることになっていたのですから、おかしいではないかという声が女性と労務員の中から起こり、女子部と労務部を結成してさっそく組合加入の運動を起こし、四月に入って加入が認められました。

当時の日銀は非常に封建的な職場で、男女格差、労職格差はもとより、男性職員の間にも歴然とした学歴格差がありました。男性の過半数は高卒と商業学校卒で大卒はまだ相対的に少数でした。その大卒の間にも出身学校によって出世の順位に格差がありました。このような身分差別、学歴差別は、当時の猛烈なインフレーションのもとでは生活に直接ひびいてきますから、身分差別反対、学歴差別反対、男女差別反対の要求はとても切実なものだったのです。

そのような状況のもとでも、文化活動においては、身分差別も学歴差別も女性差別もなく、誰もが自由に参加・活動できたので活気がありました。私は歴史サークルと経済学のサークルに入っていました。その頃は全銀連全体でもサークル活動の活発な時期でしたが、なかでも日銀と興銀のサークルはレベルも高く、地方に出張指導に出かけたりもしていました。日銀では人形劇、演劇、コーラス、現代詩研究会など一〇ほどのサークルが活動していました。当時の組合事務所はこれらのサークルの人たちによっていつも賑やかでした。

■「丹頂鶴」とよばれた全銀連

戦後のホワイトカラーの労働運動の分野で、全銀連の存在は決して小さくはなかったと思います。とはいえ全銀連が本当に職場に根をおろした活動をしていたかというと、必ずしもそうではなくて「丹頂鶴」（註——思想的には革新だが観念的すぎるとの揶揄）などといわれていた時期もありました。けれども朝鮮戦争をはさんでGHQの指令にもとづくレッド・パージや政府、経営側からの弾圧、干渉などが露骨に行なわれるようになるなかで、全銀連は〝職場に組合を〟との方針を打ち出します。文化活動を組合活性化の手段と考えた時期もあったかも知れませんが、本当に人びとの心をとらえた職場の文化運動は、そんなちっぽけなものではなかったのです。〝交流のひろば〟をキャッチフレーズにかかげてきた『ひろば』の存在は、その点でもけっして小さくはなかったと思います。

■『ひろば』の基礎をつくった人々

第一番目にあげなくてはならない人は、『ひろば』の創刊を決断した当時の青婦人対策部長の高橋元滋さん（大和銀行）でしょう。彼の熱い想いがなければ『ひろば』は生まれなかったのですから。基礎をつくった人は誰かというと、それはやはり全銀連文化部長の中田純一さん（青森銀行）（図⑤）を第一に挙げるべきでしょう。中田さんは、〝とかく文化運動を組合運動に従属したものと考えられがちであるが、そうではなくて職場の組合員の生活をナマの形でとらえることが大切だ〟と常々主張し、『ひろば』の編集においてもその姿勢を貫いた方でした。また全銀連の中央執行委員に赴任するずっと以前から、地元の青森県を中心に演劇やサークル活動に情熱を注ぎ、秋田雨雀さんのご家族とも親交があったと聞いています。晩年、青森銀行の重役になられてからも志は変らなかったと思います。私も尊敬した方です。

全銀連の書記の立場で『ひろば』の編集にたずさわっていた長幸男さん（一九二四～二〇〇七年）の存在も大きかったと思います。中田さんの片腕として、職場に働く組合員の声を拾って記事にし、またさし絵やカットを描いたり、たまにサラリーマンを題材にコントを書いたり、多才な方でした。コントの主人公の名は〝佐良利満《サラリマン》〟。山口瞳のサラリーマン小説に出てくる江分利満《エブリマン》は、長さんの佐良利君の一〇年以上も後でした。長さんは全銀連の仕事が縁で思想史家の武田清子さんに出会い結婚され、全銀連退職後は大学で教鞭をとり、東京外国語大学の学長をつとめられました。読者では、時折り原稿を寄せてくれる日銀の坂下克己（栗村壹朗）さんの文章が光っていました。坂下さんは日銀の現代詩研究会『群』の中心メンバーの一人で、またチェーホフが大好きな〝文学青年〟でした。『銀行員の詩集』では、選者から常に高い評価を得ていました。

図⑤　全銀連文化部長時代の中田純一（右）、左は中田とともに青婦人部対策部長を務めた最上谷勝郎（北拓銀行）。『ひろば』第35号（1952年6月1日発行）より。

『文化活動者』第五号（一九五三年）に掲載された文章、「シュプレヒコール　「真夏の碑」について」は、詩人でもあった坂下が、一九五二年の敗戦記念日が日銀従組青年部の五周年にもあたることを記念して、集団制作によるシュプレヒコールを創作した経緯と反省が述べられた文章である。坂下は言う。「集団創作とは、おのおのが現在もつ最大限の才能と技術との民主的な組み合わせによってしかなりたちえないことを、その認識の上にたって今までやってきた文学の学びかたにも手ひどい間違いのあったことなどを、コギミよくわからされたことも勉強になった」。

青森銀行の中田純一は、初期の『ひろば』(一四号、一九五一年七月四日)にこのような文章を寄せている。「平和を守ることと、正しい文化を守ることとは現在の社会においては同じ意味に理解していい。何故なら文化は古代アテネの時代より自由と平和と独立を足場に発展してきたからである。われわれは正しい文化を発展させる基礎としてサークル活動をセクト化することなく、その中から生れた作品を下部組合員の前にしめして共感を呼び起し更に広く活動を組織化する努力をしなくてはならない。(略)再び愛する祖国日本を、日本の山河を、街や空気を、硝煙でくもらせてはならない」(「サークル活動の中から　平和の歌声を」)。

■一九五〇年代に銀行員であること

前述したように一九四八年の年明け早々、アメリカは日本の占領政策の大転換を表明します。そして一九四九年二月、いわゆるドッジ・ラインと呼ばれる「経済九原則」を明示し、強行します。すなわちインフレーションの収束、通貨の安定、不採算部門の切り捨て及び弱小中小企業の整理淘汰など徹底的な産業合理化、官公労を含む労働者の大量解雇、賃下げなどを内容とするもので、これらの政策を押し進めたうえで、一九五〇年六月、アメリカは朝鮮戦争に突入、日本に特需ブームをもたらします。しかしそれも束の間、戦争が終結するとたちまちインフレが再燃、実質賃金の低下と新設された地方税により労働者は苦しい生活を強いられ、労働争議が頻発、全銀連も組織をあげて動乱前復帰闘争に取り組み、一定の成果をあげています。

いっぽう朝鮮戦争による特需ブームと休戦後に生じた過剰生産、インフレによって息を吹き返した基幹産業・大企業は、政府の政策にも助けられて本格的な産業合理化に乗り出すと共に、労働運動への干渉を強めてきます。例えば全銀連が取り組んだ実質賃金の「動乱前復帰闘争」で経営側は組合に対し、次のようなかたちで干渉してきました。「大蔵省の通達を後楯に危機突破資金の要求を拒否」「昇給や臨給の査定におけるメリット配分拡大」「土曜日の時間外手当を定額制に」「一方的に労働協約を破棄」「組合幹部を一方的に配置転換」など。このような政府・大蔵省による法令や通達を後楯にした労働運動への干渉は、五〇年代を通じてことあるごとに行なわれていましたし、全産業に共通した動きでもありました。

（例えば当時のサークル詩運動を牽引した詩誌『列島』に掲載された作品の中には、現場労働者からホワイトカラーへの羨望をテーマにしたものもあるが、そうした点にはどう思うかとの問いについて）今は現場労働も事務労働もコンピュータ化されて、いわゆる肉体労働者と呼ばれる職業はごく一部になってきていますが、当時は労働統計においてもはっきり区別されていました。したがってホワイトカラーへの羨望はあったであろうと想像できます。待遇の面でも、ホワイトカラーとブルーカラーではかなりの格差がありましたし、例えば同じ銀行の中でも、事務職と労務職間の待遇差は当然のように存在していました。

では実際の労働現場の実情はどうであったかというと。前述のように男性は慢性的な資金不足を補うため預金獲得に狂奔させられ、女性は店内事務の処理に遅くまで残業させられるという具合で、男女とも長時間過密労働を強いられ、結核に罹患する人も多く、世間からは〝銀行病〟と呼ばれる始末で、銀行側も対策をせまられていました。全銀連も本部書記局に「結核対策部」を設置し、組織一体となって結核対策に取り組み、「最低三年間の身分・生活・療養保障」「年二回の定期検診と精密検査の実施」「アフターケアの制度化」など数項目の要求をかかげてたたかい、要求をほぼ実現させる成果をあげました。

以上のように、賃金などの処遇についてはホワイトカラーのほうが優っている部分もありましたが、実際の労働現場では〝忙しくてお昼ごはんも食べられなかった〟というような職場の実情が『ひろば』編集部に寄せられることも多く、全銀連も「昼休み一斉休憩」をかかげて運動したこともありました。

■『ひろば』に結集した思い

『ひろば』は青婦人層の熱い思いの中から生まれたという経緯はありますけれども、読者の年齢幅はけっこう広く、とくに女性は定年まで愛読して下さった方も少なくありませんでした。年配の読者に取材していつも強く感じるのは、戦時中の銀行を守ったのは女性たちだったという強い自負心です。戦争末期には、男性は軍需工場や戦場に次々に狩り出され、銀行の職場には、男性は老人と病気持ちの人だけ。空襲が激しくなって交通機関がマヒ状態に陥っても、歩いて銀行に行って仕事に励んだ、それなのに終戦で男性たちが職場にもどってくると、女性は再び事務補助者扱いで納得いかないことばかり……、と強い不満を抱いていました。その思いは『ひろば』誌上で手記や座談会で語られています。

『ひろば』第一三〇号（一九五六年一一月一五日付）には、戦時中に日銀へ勤務した女性の回想が掲載されている。「戦争は日に日に拡大して北へ南へ、太平洋の島々へと、銀行からも沢山の陸海空の戦士を送り出しました。（略）男の人がグングンへりました。年配の人と女子だけが暖房のなくなつたつめたい石の建物に残されました。鑑定課では重い硬貨袋も女子が運びました。（略）国庫や国債では係長と次席位が男で照会文なども皆女が書き、教わる人もないまま自分のカンで処理し、こなしていました。（略）中央銀行の窓口が一日だつて開かなかつた日はなかつたのです」（「戦時中の女子行員――日銀の職場の歴史を作る運動から」）。

空襲があると、通帳や資料、お金などをつめ込んだ袋を背負って金庫の中にしまい、それから急いで防空壕に入ることが日常になる。事務手続きも簡素化されて女性たちも係長や課長などに任命され、自分の家が空襲にあって焼かれても銀行に出勤し、職場を守ってきたという自負心があるわけです。

『ひろば』は青婦人対策部の機関誌としてスタートしましたが、号を重ねるにつれて読者の年齢層も取材対象の幅も広がってゆきました。レッド・パージで労働運動が沈滞して、じわじわともの言えない職場になってゆくなかで、人びとをつなぐ役割を担っていたのです。この時期は組合活動だけではなく、「組合学校」というかなり銀行の労働運動独自のユニークな活動やサークルが、全国の銀行に広がってゆきます。この時期の『ひろば』を繰ってみると、文化運動を通じてみんなで発言してゆこうという、生き生きとしたエネルギーを感じます。

でもこのようなエネルギーが感じられるのも一九五〇年代末までで、六〇年代に入ると日本生産性本部がつくられてアメリカ式労務管理が導入されたり、事務の機械化・合理化がますます進み、銀行労働の現場は大きく変化してゆきます。事務労働のほとんどがコンピュータ処理されるようになり、銀行労働の現場では次第にコンピュータの指示で働くようなゆがんだ状況がつくられてゆきます。これと歩調を合わすようにして賃金・人事制度の改定、労働協約の改悪提案など、息つく間もないほど次々に提案・実施され、やがて〝職場砂漠〟といわれる六〇年代後半以降の殺伐とした職場状況へと向かってゆくことになるわけです。

このような変貌に対し『ひろば』は、現場の取材記事をはじめ諸合理化の分析、理論化、たたかいの方向性を示す特集号を組み、運動に活用されました。

志賀寛子に聞く・インタビュー③　高度成長期前後の銀行員と『銀行員の詩集』

はじめに――インタビューの背景

このインタビューは二〇一七年九月六日と七日に二回、前回同様に志賀の自宅にて行った。この間に、聞き手である私が全銀連の文化運動を代表する『銀行員の詩集』についての論文[21]を書いたこともあり、当日の質問内容は主に同詩集をめぐって、勤労詩運動の中でホワイトカラーの人々が詩を書いたことの意味、またそれが『ひろば』という雑誌の中から登場する経緯や、経済成長が進展するにつれて活動に生じた質的変容などに集中することになった。

■『銀行員の詩集』とホワイトカラーの文化

――『銀行員の詩集』（以下、『詩集』）は第一集が一九五一（昭和二六）年に出て、それから一九六〇年まで毎年一冊、合計で一〇冊が刊行されます。職業的詩人だけでなく、ひろく一般社会で働く人たちも詩で自分の考えを表現しようとする「勤労詩」運動やサークル詩運動が提唱された時期のはじまりと終焉に該当しますが、いわゆる現場労働者の詩と比較した場合、あえて「銀行員」と限定することでホワイトカラー独自の感受性を浮かび上がらせようとしたのではないかと考えるのですが、この点についてはどうお考えでしょう。

『銀行員の詩集』編纂を担当した中田純一さんは、次のように回想しています。

「『銀行員の詩集』は募集当初から年刊詩集として発行するつもりではなかった。これは当時のアピール（一九五〇年八月一五日付）や募集要項によって明らかであるが、当初の文化活動に対する労働組合幹部の考え方がこの詩集をレッド・パージ反対闘争のための意識昂揚に役立たせようと考えていたらしいことによって明らかである」、また詩集の題名については「募集したものの中に良いものが見つからず、種々討議した結果、三和銀行の小幡章氏の提案した『銀行員の詩集』に落着いた」（「幼少期の『銀行員の詩集』」、『ひろば』第一二二号、一九五六年六月一五日付）と。

――執筆者の中には、坂下克己や千早耿一郎といった、当時の日銀内にあった詩のサークル『群』に参加していた人たちもいて、彼らの作品はかなりの水準に達しているように感じます。

私もそう思います。お二人とは私もかなり親しくお付合いをさせていただきましたが、作風は全く違いますね。千早（伊藤健一）さんは戦争体験のある戦中派で、『銀行員の詩集』に載っている彼の作品には、中国を舞台にしたものが何編かあります。作風は重厚で、日銀の現代詩研究会の中心的存在でした。出身は滋賀県で、たしか神戸高商（現・神戸商大）を卒業し日銀に入行されました。

坂下さんは会津出身の方で、東北人らしく能弁ではないけれどもユーモアがありました。思考の深さというのでしょうか、独特の感性を内に秘めた詩人であったように思います。

千早さんは詩以外にも人物評伝をいくつか書いていらして、百五銀行の頭取を務められた川喜田久太夫の評伝『おれはろくろのまわるまま――評伝・川喜田半泥子』（日本経済新聞社、一九八八年）、『「戦艦大和」の最期、それから――吉田満の戦後史』（ちくま文庫、二〇一〇年）の二冊を頂戴しました。

また神戸高商の出身であったからでしょうか、実務にも堪能で、実務書もいくつか著していらっしゃいます。

千早さん、吉田さんとは、係は違いましたが一時期同じ営業局で仕事をしていました。坂下さんはとても面倒見のよい方で、中田純一さんが晩年、青森から上京なさる度に声をかけて下さり、中田、長幸男、武田百合子、千早耿一郎、石垣りんさん方とご一緒に、楽しいひとときを過したことをなつかしく想い出します。

第一集を刊行するまでの経緯について、中田は次のように回想している。「最初のアピールは当時の青婦人対策部長兼文化部長の高橋元滋氏によつて書かれ戦後五カ年間につくられた詩を収めて、文化活動の「モニユメント」にしようとする意図が出された。集つた詩篇は千余篇。この中には歌謡曲のようなもの、漢詩和歌めいたものも多くまじり、原稿用紙にていねいに書かれたものは少なく、便箋やノートのきれはしに書かれたものがずいぶん多かつた」（「幼年期の『銀行員の詩集』」、『ひろば』第一二二号、一九五六年六月一五日付）。

――『詩集』が興味深いのは、当時のホワイトカラーが抱えていた葛藤をかなりはっきりと反映した作品集になっているのではと感じることです。それを一言でいうなら、組織というものが圧倒的な存在を占めてしまう中で、どうやって自分を表現したらいいのかという葛藤だと思います。高度経済成長期を過ぎて、バブル経済前後になるとサラリーマン川柳[22]が出てきますが、あれはもはや組織の中にいる自らを自虐的に笑うことで、会社の中にいる自分ということが前提になっていると思います。それに対し、『詩集』の中の銀行員たちは、「銀行員であることの葛藤」というアイデンティティそのものがテーマになっているという感じがします。これが非常にユニークというか、一九五〇年代という時代だからこそリアリティを持ったものなのかと。また、『詩集』第一集に限っていうと、家庭と仕事の両立や、家族の生活を維持することの重圧をテーマにした作品がかなり多い。これは特に銀行員というよりは、サラリーマンの特徴かも知れませんが。また組合活動と家庭の折り合いということも、テーマになっています。

いま私の手許には『銀行員の詩集』は第七集と第一〇集の二巻しかないので、はっきりしたことは言えないのですけれど、もしも『詩集』の題名に〝銀行員〟という文字が入っていなかったら、果してどのような作品が寄せられていただろうか、と思うのです。中田さんの回想によると、題名を募集したけれども良いものがなかったので、三和銀行の小幡さんの案を採用した、ということですから必ずしも『銀行員の詩集』ではなくてもよかったわけです。けれども面白いことに、投稿者たちは思考を重ねるなかでごく自然に〝銀行員〟である自らの日常に向き合っていったのではないでしょうか。

またこれはホワイトカラーに共通したことかも知れませんが、日本は終身雇用制をとっていますから、男性の場合はとくに定年まで過す職場に、或は仕事に価値を求める気持が常にあって、それが作風にも現れているのではないでしょうか。

■特殊銀行、都市銀行、地方銀行

（『詩集』の執筆者は日銀、興銀が多いがという質問について）そうです。組合運動もリードしていて初代の全銀連委員長は興銀の出身です。日銀は半官半民的な部分もありましたし、日本銀行法に基づく発券銀行であり、興銀は企業などの大口顧客を対象にした銀行で、興銀のほかにも日本開発銀行、日本長期信用銀行、日本輸出入銀行、日本不動産銀行などと同じように特定の目的をもって設立された銀行ですから、預金集めのノルマなどはなく、職場の雰囲気も割合ゆったりとしていました。都市銀行（当時は市中銀行と言った）は一一行あって、大都市に本店を置き、全国の都市に支店がありました。地方銀行は、国が戦時中に一県一行主義の政策をとっていたこともあって、少なくとも都道府県の数だけありました。拠点はあくまでも地方都市です。

ところで『詩集』の執筆者に日銀、興銀が多いのはなぜかということですが、五〇年代の初頭まで、日銀では仕事が終われば四時に帰ってもよいことになっていました。現物局と言っていた発券局、出納局、国債局、などでは、終業後に夜間の大学に通う人もいました。四時すぎに組合事務所を覗くと、人形劇サークルの人たちが人形の顔や衣装などを作っていて賑やかでした。興銀の石垣りんさんも、終戦後しばらくの間は四時に帰っていたと『ひろば』に書いています。

このように終業後の時間がたっぷりあったので、サークル活動も活発であったと言えます。この二行のほかにも青森、東海、三井、第四、協和銀行も詩のサークルは活発に活動していて、『詩集』への投稿数も常に上位でした。

■マイホーム主義と『詩集』の変容

――『詩集』が出た一九五〇年代は『心に未来を　全損保詩集』（全日本損害保険労働組合情宣部、一九五三年－五五年）や『ぶどうぱん　三越従業員の斗いのなかから生れた記録』（全日本百貨店労働組合連合会、一九五三年）といった、ホワイトカラー労働者による詩集が編まれています。しかし『詩集』のように一〇年という長いスパンで刊行が続けられたアンソロジーはありません。

刊行が一〇年続いた要因を私は次のようにとらえています。まず第一は、組合運動のなかに詩のサークルが息づいていたこと。このとらえ方には異論もあるかも知れませんが、『詩集』を繰ってみると、心に響く作品の多い巻とそうではない巻があるのです。そして面白いことに、共感や感動を覚える巻は組合学校やサークルの活動が活発に行われていたり、職場でも組合運動が多少なりと息づいていた年であるように私には思えます。さらに、選者の適切な講評が詩作への更なる意欲を引き出してくれたこと、これも大きな要因でした。

――『詩集』は一般の読者にはあまり読まれなかったようですが、当時の反応というのはどうだったのでしょう。

非売品ではなかったのですが、第一集は初版一千部刷ったところ、じきに売り切れてしまい、すぐに増刷した五百部も売り切れたそうです。第二集以降も印刷した三千部は選者や詩人の一部の方に送ったほかは、組織内でほぼ売り切っていました。専門家からも『国鉄詩集』と並んで高い評価を得ていました。『ひろば』では一九五六年に、国鉄労組の代表的詩のサークルである大崎被服工場の「たんぽぽ」と大井工場の「詩サークル協議会」のメンバーを招いて『銀行員の詩集』の合評会を行っています（一九五六年一〇月一五日付、第一二八号「『銀行員の詩集』を採点する」）。合評会では「銀行員は雲の上にいるようで親近感はなかったが、詩集を読んで考えが変った」また「表面上の服装や感じはちがっても、真実を追及している人がいることを知ってうれしく思った」など肯定的な意見の一方で、「詩の背景になっている〝生活〟にふれているのはいいんだけれど突込みが足りない。なんか作品にだけ依存しているような感じ……」或は「千早さん、石垣さんの詩にひきつけられた」、「銀行の人は技術面に非常に神経を使っているね」

など率直な意見を述べています。

■「銀行員」であるとはどういうことか

――第一集の巻頭に、当時の委員長だった大分銀行の荘浩一路さんが、この詩集によって一般的には「特異な職場」だと思われている銀行への偏見や誤解がとかれることを期待する、という表現があるのですが、これはどういう風に「特異」だと思われていたのでしょうか。

『詩集』第一集が編まれた一九五一年当時の銀行は、一般庶民にとって敷居の高い存在だったのです。銀行の取引先といえば、ほとんどが企業か富裕層とか大地主のような階層の人たちでした。また地方都市などでは、銀行員の採用に際してもお金持ちや地主の息子を優先したそうです。なぜなのか。敗戦後の銀行は企業の旺盛な資金需要に対し、貸出金不足に悩んでいたのでこれらの階層の懐を当てにした、というわけだったのです。また銀行は多額のお金を扱う職業なので、当時は採用に当たって興信所を使った調査や、必ず身元保証人を必要とするなどかなり厳しかったようです。けれども銀行員の大多数は、戦後の猛烈なインフレーションの中でぎりぎりの生活を余儀なくされていました。組合は一年に何回も賃上げ要求に取組みました。賃上げは切実な要求だったのです。

では職場での労働実態はどうであったかというと、前述したように過当競争と過密労働で健康を害する人も多く、男性も女性も大変な思いをして働いていたのですが、そのような労働実態を銀行と縁のない庶民は知る由もなかったのです。一方、銀行と取引のある企業家からは、預金勧誘には熱心だが本当に貸してほしいときに貸し渋る、という不満がありました。賃金だけ比較すれば、地方都市などでは銀行員の賃金は高いほうであったかも知れませんが、職場の実態は外からはなかなか見えにくかったのです。

――「ホワイトカラー」と一括してしまうと見えなくなってしまうと思いますが、実際に銀行の中におられた志賀さんからすると、銀行の特殊性というのはどういうところにあると思いますか。

今も言ったように、戦後もしばらくの間は、庶民は銀行とは無縁だったのです。その敷居が低くなるのは、富士銀行が下駄ばきでもいいから銀行に来て下さいと言って「カラコロ〝富士へ〟」(図⑥)というキャッチフレーズで預金を集め出す、六〇年代に入る頃からでしょうか。下駄ばきでカラコロ富士へ、一円でもいいからどうぞ預金しに来てください、というキャッチコピーは人びとの目をひきました。とはいえ銀行は企業や個人の大切なお金を預かって運用するという、他の企業にはない特質を持っているので、厳しい守秘義務を求められます。このことは新入組合員研修でもしっかりと教え込まれます。

――『詩集』が刊行されていた時期には、例えば『ひろば』にも登場する加藤尚文の『社会主義的サラリーマン』(光文社カッパ・ビジネス、一九六五年)もその系譜かと思うのですが、ホワイトカラーが主体的に社会を変革して、「平等な社会」を構築できるんじゃないかという希望が語られたりもしますが、こうした意見は広く共有されていたのでしょうか。

模索する風潮はありました。でもこのような意見がどこまで共有されていたかど

図⑥

うかというと、それは一部にとどまっていたのではないでしょうか。「銀行員としての生きがい」をめぐる論争が二回ありましたが、理想と現実のはざまで誰もがもがいていたのだと思います。

『ひろば』で展開されたサラリーマンをめぐる誌上論争のうち、もっともその様子がわかる座談会は今回の復刻でも採録した第五〇〇号（一九七二年六月一日付）掲載の「座談会　情報化時代のサラリーマン――その生き方をめぐって」だろう。その中で、富士銀行の上野典明（本名、河部友美）は「ホワイトカラー労働者の問題というのを、労働者一般の問題に解消しないで、ホワイトカラー労働者の独自の問題点というものを、あくまで独自性において追及していくことが、僕自身の職場における活動をつづけていくうえでも必要になっていた」と語る。

この座談会を載せたのは、ちょうど職場が本当に〝死の砂漠〟になる、その隙間のところでした。やっぱりみんな職場の厳しい現実と向き合うなかで悩むわけです。それを『ひろば』で取り上げようということになって座談会を企画しました。この座談会には、銀行員だけではなく信用金庫、損害保険、労働金庫に働く読者にも参加してもらいましたが、ホワイトカラー労働者の心情がかなり率直に語られていると思います。座談会の出席者は、ほとんどが中間管理職かその少し前の人たちでした。当時はまだ、男性は何だかんだ言ってもエスカレーター式に上がって、やがて管理職になり非組合員になって定年を迎えるわけです。上野さんの提起に対してそれぞれ意見を述べ合いましたが、時間も足りなくなって結論は出ませんでした。

この座談会のあと私は上野さんに、銀行で仕事をしていて〝やり甲斐〟を感じるのはどういうときかと質問しました。すると彼は、蒲田支店で貸付係をしていたときに、取引先の町工場の社長さんから資金繰りの相談を受け、企業分析をした結果若干の貸付で苦境を乗り切れることがわかり、さっそく融資の手続きをしてあげたところ、社長さんにとても感謝されたという話をしてくれました。情報化された七〇年代以後の職場では収益が優先され、貸付係でさえ裁量の余地は狭められ、コンピューターの指示で働くロボットにさせられてしまい、働き甲斐の感じられなくなった職場にみんな悩むわけです。このような悩みはホワイトカラーに共通していたのではないでしょうか。

■「個」であることと「組合」の意義

――最後に、少し大きなことをお聞きします。「組合」という組織は最終的にはよるべない「個」を守ってくれる機能が期待されていると私は思います。個であることを許容する場というべきか。それが戦後日本社会では、組合活動に何も期待が託せないから、せめて自分の住む家は守ろうという感じで、マイホーム主義や、家族にすべてを期待するといった閉塞的な価値観が出てしまったように感じるのですが、この点についてはどうお考えですか。

マイホーム主義は、政府や企業によって意図的につくられた側面がかなりあったように思います。銀行が行員に持家をすすめたのは、たしか一九六〇年代の終り頃ではなかったでしょうか。銀行は、自分のところの行員に対しては、年利一〜三パーセント程度のものすごく低い利息で持家を手に入れるためのお金を貸付けていました。都市部は土地が高いので、銀行員は安い土地を求めて郊外にマイホームを建てるのが精一杯ですから、通勤に一時間半もかかり、しかも毎日残業続きで家に帰れば子供はすでに寝ているとか、子供が父親の席に座ってテレビを観ていて動かないので、家に帰っても居場所がないというような話をよく聞かされました。このような遠距離通勤は当然組合活動にもひびいてきますから、停滞はまぬがれません。マイホーム主義は組合活動の衰退によって生じたのではなく、むしろ意識的につくられたものなのではないか、という気がします。

――『ひろば』の試みやその意義は、そうした戦後の動きを通過した今だからこそ、よく見えてくることがあると思

います。ただ、現在はこうした『ひろば』のような場が残っていないこと、組合にしてもかつてのような訴求力がないことを思うと、現在のほうが戦後のお話してきた時期よりも、実はずっと孤独な人間関係が広がりつつあるようにも思います。だからこそ、『ひろば』のような、公共性に基づいた意見交換の場の可能性も、重要になってくると思います。長時間、どうもありがとうございました。

【略歴】志賀寛子（しが・ひろこ）

一九二九（昭和四）年東京生まれ。自由学園を卒業後、日本銀行勤務ののち、一九五七年より銀行労働研究会（銀労研）に所属し、機関誌『ひろば』の編集に同誌が二〇〇〇年に終刊するまで携わる。

著作に『BG学ノート』（三一新書、一九六一年、上坂冬子、加藤尚文との共著）、論文に「行って・聞いて・見た―反核・福祉の国で起こっていたこと―ニュージーランドの行革・規制緩和」（『賃金と社会保障』通号一二〇〇号、一九九七年）、「コース別人事管理の現段階」（『労働運動』通号三四九号、一九九四年）、「人間らしく働ける職場を――育児休業の制度化」（『賃金と社会保障』通号一〇五七号、一九九一年）他多数。

註

（1）熊沢誠「ある銀行労働者の二〇年」（『新編　日本の労働者像』ちくま学芸文庫、一九九三年所収）、一八三―一八四頁。
ここに登場する富士銀行員、河部友美は『ひろば』に上野典明の名で寄稿をした人物だった。

（2）『ひろば』創刊の起点をいつにするかということについて述べておく。『ひろば』は一九五〇（昭和二五）年一一月に「全銀連青婦人部報」として第四号（一九五一年一二月）まで月刊で発行されている。この月刊誌と併行して、一九五一年二月より『週刊ひろば』が発行され、第一九号（一九五一年九月一五日付）より月二回発行（有料制）に統一される。『ひろば』の通巻号数は『週刊ひろば』の創刊に起点が置かれていることから、月刊の『ひろば』全四冊は今回の復刻では付録巻に収録した。なお、月刊と週刊が併せて発行された経緯について、『ひろば』生みの親とされる高橋元滋（大和銀行、全銀連第五期［一九五〇年五月―五一年五月］中央執行委員青年婦人対策部部長）は次のように回想している。「しばらく月刊をつづけていたが、青婦人の活動が急テンポにすすんだので、月刊ではとても間に合わなくなつた。そこで、月刊のほかにニュース記事を中心にした「週刊ひろば」を出すことにしたんですよ。従来の月刊は読物を中心にしてね」（「一〇〇号記念座談会（その2）『ひろば』の若芽のころ」『ひろば』第一〇〇号、一九五五年六月一五日付）、六頁。

（3）拙稿「『明朗サラリーマン小説』の構造――源氏鶏太『三等重役』論」（早稲田大学二〇世紀メディア研究所編集『Intelligence』第一二号、二〇一二年）を参照されたい。

（4）拙稿「パトスとしての文壇――巴里会と組合文化運動を事例として」（『文学』二〇一六年五・六月号）。

（5）志賀寛子「銀行における文化活動――機関紙誌・職場紙誌を中心に」（『文学』一九五九年一〇月号、特集は「文化運動における創造と組織」）。

（6）同連載は『ひろば』第一二四号（一九五六年八月一五日付）から第一四五号（一九五七年七月一日付）まで断続的に続いた。

（7）この投書は『ひろば』第一四五号（一九五七年七月一日付）に「私は一体どうすればいい？　現実に追いつめられた嘆きの妻」として掲載されている。同投書に対する反響は大きく、以降三号ほどに読者からの様々な意見が掲載されることになった。

（8）『ひろば』は同事務所に保存されていたが、銀労研が解散するとき、多くの貴重な資料は明治大学経営学部の遠藤公嗣教授の尽力により大原社会問題研究所に寄贈され、散逸を逃れたことをここに記しておきたい。遠藤公嗣「銀労研所蔵図書・資料の大原社会問題研究所への永久保存をお手伝いして（談）」（『金融労働調査時報』二〇〇三年四月五日付号）、三八－三九頁。

（9）労働組合運動に関する資料を持つ図書館は前述した大原社研の他に、独立行政法人労働政策研究・研修機構労働図書館、大阪産業労働資料館（エル・ライブラリー）がある。

（10）田沼肇「サラリーメン・ユニオンの課題と展望」（『銀行労働調査時報』第一〇〇・一〇一号、一九五九年五月号）、二頁。

（11）以下の内容は拙稿「銀行労働運動における機関誌の意義と考察――機関誌『ひろば』を事例として」（早稲田大学二〇世紀メディア研究所編『Intelligence』第一八号、二〇一八年）と重複する箇所があることをおことわりしておく。

（12）全銀連の活動および戦後の銀行労働運動に関する包括的な記述については、『銀行労働運動史――全銀連の時代』（大月書店、一九八二年）を参照されたい。

（13）「勤労詩」とは戦前のプロレタリア文化運動の延長線上で展開された、日本共産党支持の労働者による詩作を一九五〇年代には指すことが多い。また、戦後詩における代表的な「勤労詩」の成果は、国鉄詩人連盟の活動とされる。詳しくは坪井秀人『声の祝祭――日本近代詩と戦争』（名古屋大学出版会、一九九七年）を参照されたい。なお、『銀行員の詩集』については拙稿「詩を書く銀行員たち――『銀行員の詩集』試論」（坪井秀人編『戦後日本を読みかえる　第三巻』臨川書店、二〇一八年刊行予定）を参照。

（14）銀労研の常務理事に松成義衛がいたことから、戦後の早い時期より銀労研はサラリーマン研究を手がけており、その成果の一つに『日本のサラリーマン』（青木書店、一九五七年）がある。

（15）Kumazawa Makoto, Edited by Anderew Gordon, Translated by Andrew Gordon and Mikiso Hane, *Portraits of the Japanese Workplace: Labor Movements, Workers, and Managers*, Boulder, Colorado: Westview Press, 1996. なお、『ひろば』の英訳には *Forum* が用いられている。

（16）労働映画については佐藤洋（研究代表者）『公募研究シリーズ69　日本労働映画の百年――映像記録にみる連帯のかたちと労働者福祉・共済活動への示唆――』（全労済協会、二〇一七年）を参照されたい。

（17）創刊号は復刻版『ひろば』付録巻に収録した。ここで言われる高橋の巻頭言は次のようなものだ。

「ひろば」と二つの願い――創刊の辞に替えて――

ひろい会館の講堂を埋めつくした若者たちの顔、々……　瞳をかがやかせほほを紅潮させて、討論は何時果てるともなく続いてゆく、みんな、自分たちの仲間が職場でどのような環境にあり、どのように活動しているかを、真剣に知りたがつているのだ……

だが時間が足りない、もつと知りたい、もつと語り合いたい、――この切実な願いをどう解決したらいいのだろうか？

「ひろば」はこの願いの中から生れた、

会議の中から、更にはそのあとで持たれた懇談会の中から、本当に心と心とがふれ合う温い同志的な友情の芽が生れた、ぼくが一番強く感じ、一番嬉しかつたのは実にその点だつた、斗いの唯中から生れたこの結びつきを、たつた一度の会議だけでなく、何とかして高めてゆきたい、「ひろば」はこの願いもこめて発刊された

組合の危機ということがいわれる、けれども、危機はむしろ組合員一人一人の心の中にある、正しいと思うことを口に出し、実践する、その勇気がだんだんうすれてゆく、危機はそこにひそんでいるのだ、ぼくたちの持つ若さと勇気を何のためらいもなく出してゆく、「ひろば」はそんな大切な使命も持つている

みんなで「ひろば」を愛し育ててゆこう、一人一人が「ひろば」の通信員になつて、投稿や批判をドンドン送つて下さることを、心からお願いする

「ひろば」をみんなの心の友に！

（18）『文化活動者』は大原社会問題研究所の図書室が部分的に所蔵している。『銀行労働運動史』（大月書店、一九八二年、以下『運動史』と表記）によると同誌の目的は「文化活動者の任務、かなづかい・ことばづかいの問題、合唱、幻燈、人

形劇、読書、詩などのサークル活動をすすめていくうえでの手引き、経験を掲載し、ガリ版技術も紹介している。また職場作家の戯曲、シュプレヒコールあるいは専門家の人形劇脚本などをのせ、すぐに活動できるように配慮されており、多くの活動家に歓迎された。廃刊後、『ひろば』では「文化活動者のページ――経験交流のために」を五五年八月から設け、新しいサークル活動家の参考に資した」（五一九頁）とある。

(19) 前掲『運動史』巻末には「別表21『文化活動者』第1号―第3号掲載「文化誌一覧」（一九五二年上半期）」が掲載されている（八二一頁）。

(20) 志賀前掲論文。

(21) 拙稿「詩を書く銀行員たち――『銀行員の詩集』論」（坪井秀人編『戦後日本を読みかえる　第三巻　高度経済成長の時代』臨川書店、二〇一八年刊行予定）。

(22) 第一生命が一九八五（昭和六〇）年から始めた企画。当初は社内のみの企画で、社内報を通じて作品が応募されたが、翌年から一般公募となり、現在も続いている。

Ⅱ　総目次

『ひろば』総目次・凡例

一、本総目次の採録範囲は『ひろば』第一号～第三〇〇号、『月刊ひろば』第一号～第四号・第四回全国青婦人会議特集号（一九五〇年一一月～一九六四年三月）である。
一、仮名遣いは原文のままとし、旧漢字、異体字はそれぞれ新漢字、正字に改めた。また、明らかな誤植、脱字以外は原文のままとした。
一、標題は本文に従った。副題および小題は基本的に――（ダッシュ）のあとに示した。
一、＊印は編集部の補足であることを示す。
一、原本に頁数表記のない場合は、頁数に（）を付した。
一、座談会は、フルネームの出席者氏名のみ採録した。

（編集部）

創刊号　一九五一年二月一四日

『ひろば』によせて　全銀連中央執行委員長・佐藤　乙弥　1

『週刊ひろば』発刊によせて（＊詩）
　全銀連青婦人対策部長・高橋　元滋　1

青婦人部大阪支部大和合同で新発足　2

近く青婦人会議開催〔七十七〕　2

二度と戦争はイヤ　婦人議員を囲んで平和懇談会　3

みんながひとつになれば明日の歌もうたえる――楽しい婦
　人の集い〔関信文京分会〕　3

人間生活の真実描写こそすぐれた文学作品――作家佐多稲
　子さんを囲んで〔協和読書サークル〕（協和労組『自由
　の旗』より）　ふ　4

編集後記　N　4

第二号　一九五一年二月二一日

自由と平和のつぶて　関信支部青婦対策部長・石黒　義行　1

平和への祈り（＊詩）　青森銀行・ナカタ・ジュン　1

もう春だよ　歌おうよ　みんなで明るい春の歌を〔伊予合
　同本店婦人部〕　2

組合のにない手は青婦人――七十七従組青婦人会議開かる　3

活潑な東海婦人会議　3

「みんなで唱う会」盛況　人形劇と共に〔近畿支部青婦人
　会議〕　3

女だけの研究会〔日銀本店婦人部〕　3

執行部と懇談会〔岩殖本店婦人部〕　3

未来は青年のもの　お別れに際して青婦人の皆さんへ
　元近畿書記長（北陸）・小玉　巌　4

第三号　一九五一年二月二八日

講和と私達　関信支部婦人部・岡本　妙子　1

春（＊詩）（富士従組広島地区機関紙『ともしび』より）　1

何時になつたら事務服が着られるだろうか　それは女子行
　員の団結の力が決める――静岡従組一女子組合員の記　2-3

戦争反対・全面講和で平和を守る（国際婦人デースローガ
　ン）　2

ダンスパーティー盛況〔広島従組青年部〕　3

国際婦人デー打合せ会開れる〔全金融傘下各婦人部〕　3

国際婦人デーを有意義に迎えよう――三月八日国際婦人デ
　ー　高橋　4

編集後記　N　4

（＊ビラ①）　一九五一年三月

おねがい

第四号　一九五一年三月七日

機関紙を出そう　高橋　1
潮さわぐ（＊詩）（広島従組機関紙『雄叫』より）　1
青婦人代表者会議開催〔横浜興信〕　2
結婚及び出産による退職は円満退職に――東銀女子懇談会　2
懇談会――婦人組合員の声は切実〔四国従組婦人部〕　2
ダンスパーテイで資金カンパ〔帝銀三田分会コーラス部〕　3
平和のために婦人はみんな手をつなぎましょう――関信支部婦人部総会　4
婦人デーを中心に　4
『月刊ひろば』四号予告　4
編輯後記　T　4

第五号　一九五一年三月一四日

メリットに反対しよう　高橋　1
真実（二）（＊詩）　大和従組・鈴木　寿枝　1
賃金カンパで機関紙発行を決議――四国従組婦人部大会　2
四国婦人部の方へ　高橋　2
国際婦人デーに生れた東邦フ人部　2
青婦人一人一人が通信員に／『ひろば』わ青婦人活動のみちしるべ（＊標語）　2
みんなの不平不マンをどしどし婦人部へもちこもう〔興業銀行婦人部〕　3
おねがい　N　3
「現代女性の教養」井上清氏（『日本女性史』の著者）の講演より――日銀女子部結成記念文化祭　4

第六号　一九五一年三月二一日

再び講和について　たかはし　1
静かな夜（＊詩）（文芸部機関紙『新しき力』より）　興銀従組・地蔵　瑞子　1
批判から実践え――斗う力はどこから　2
執行部よ、大衆を信じよ〔大和従組青婦人部〕（大阪支部青婦人部機関紙より）　2-3
盛り上る「大衆斗争」――一・三に斗う岩殖従組　3-4
鶴見和子さんを囲んで――国際婦人デー〔帝銀婦人部〕　4
編輯後記　T　4

第七号　一九五一年四月四日

地方選挙には平和擁護者を選ぼう　真鍋　安正　1
平和への願い（第四婦人部機関紙一号より）　第四従組・泉　康子　1
結婚できるだけの給料を――岩手殖産婦人部の世論調査　2-3
女子組合員四名が最高点で当選――伊予合同代議員選挙　3
講和投票を推進〔帝銀大阪支部婦人部〕　3

家族手当の減額による体系整備案（銀行側の）を撤回さす〔日銀青婦人部〕 3
私達の選挙権を平和のために――〝婦人の日〟に思うこと 復金・H 4

第八号 一九五一年四月一一日
メーデーの準備は？ 統一メーデーのため若者よたちあがれ！ たかはし 1
北拓職員組合の歌（北拓職組一等入選作詞） 函館支部地蔵支店・高田 敬一 1
結婚資金がほしい〔国民金融公庫〕 (2)
メーデーえ明るい見透し (2)
もつとほしい結婚資金〔北陸銀行従組青年部女子部〕 (3)
早出手当〔北拓従組婦人部〕 (3)
青婦人の力で下から統一へ――栃木県のメーデー 4
編集后記 4

第九号 一九五一年四月二五日
あいさつの言葉 『近畿ひろば』編輯部 1
労働（＊詩） 第一・井原 綾子 1
若者よ、平和と独立の先頭に!! 平和を守る統一メーデーを！ 2
貴方ははどう思いますか 2

私たちだけで作つた機関紙〔日銀大阪〕 3
勇敢に幸福を求めよう 大和・木村とよ子 3
書評 アプトン・シンクレア著『世界の末日』 三和・S 子 4
メーデー前夜祭〝みんなで唱う会〟初の檜舞台え！〔近畿支部青婦人会議〕 4
編集後記 T 4

第一〇号 一九五一年五月九日
お別れの言葉 たかはし・もとしげ 1
弾圧と干渉をけつてぞくぞくと平和えの結集！――第二二回統一メーデー 東京芝公園 2
全金融労働者立ち上れ！――宮城県統一メーデー 2―3
岩手県統一メーデー 3
全面講和・再軍備反対を可決――青森従組第三回大会 3―4
私たちの声 私たちの要求について 協和東京第五ブロック・M 子 4
夏の事ム服決定〔北拓職組〕 4
みんなで『新鉱脈』を作ろう（＊詩） 青森従組・ナカタ・ジュン 4
註――後記にかえて N 4

第一一号　一九五一年五月三〇日
あいさつに代えて　全銀連青婦人対策部長・最上谷勝郎　1
組織こそ力――全国婦人部結成〔帝銀婦人部〕　1
起ち上る婦人部――四国支部〔四銀婦人部／伊予婦人部〕　2-3
ベースアップはまづ給与体系の整備から〔日銀女子部〕　3
戦争はいやですね　飯田　蝶子　4
事務服近況　4
男子に三揃　女子にはスーツを〔埼玉従組〕　4

第一二号　一九五一年六月一三日
最近の給与問題について　全銀連給与対策部長・牛木　直一　(1)
横の連けいを強化しよう――関信支部青年懇談会　(2)-(3)
ゆきつまり打開へ　サークル連絡会発足〔日銀〕　(3)
女子早出手当要求を決定〔北拓・札幌〕　(3)
職場に託児室を――総理庁統計局を訪ねて　(4)

第一三号　一九五一年六月
組織部より青婦人部へ望む　組織部長・山藤　哲三　1
お掃除も仕事――早出手当を獲得しよう　2
女子事ム服ぞくぞく獲得　2
全国婦人部はみんなの総意の結集　帝銀・藤田　華子　3
職場の問題は職場で解決しよう〔七十七銀行石巻支店〕　3
押しつけられる耐乏生活――日米経済協力の実態　4

第一四号　一九五一年七月四日
サークル活動の中から平和の歌声を　文化部長・中田　純一　1
生活給か、能率給か――興銀、女子の個人差引下げ　2
労働学校開催〔関信支部〕　2
戦争は絶対にいや――関信北越支部婦人部総会　3
女の人は早帰りに積極的――婦人部各店オルグ〔大和従組関東支部婦人部〕　4
平和三原則と全面講和を再確認〔日教組・国鉄労組〕　4
自分たちの機関紙をつくりましょう　4

第一五号　一九五一年七月一一日
日常斗争の強化により労働権を守ろう　全銀連法規対策部長・曾我　乃三　1
平和を守るため職場活動を活潑に展開しよう――東北北海道共催第三回青婦人代表者会議開く　2
ひゞけ平和の鐘――署名集める農中、石川さん〔鹿児島支所〕　3
帰省旅費のでる給与を〔三和『怒涛』より〕　三和従組東京支部・K　3

電気料値上の実体――平均七割二分の値上げとは　4
青婦人の真の代表を――第四回全国青婦人代表会議　4

第一六号　一九五一年八月一日

さあ！みんなスクラム組んで立上ろう――第四回青婦人代表者会議を終えて　最上谷　(1)
しょうがないではすまされない〔興銀職組情宣部〕　2-3
労基法改悪提出を控えて生休利用率の減少〔日銀〕　3
食堂に弁当棚を〔佐賀興業従組〕〔機関紙『興友』より〕　3
女子、年少者へしわよせ――労働法規はどう改悪される政令諮問委答申案の内容　(4)
編集後記　(4)

第一七号　一九五一年九月一日

影（＊詩）　峠　三吉　(1)
主張　平和集会をもとう　最上谷　(2)
文化週間から平和週間え――炎もえる興銀　(2)-(3)
青年懇談会によせて（＊詩）　(3)
富山県青年平和集会に北陸従組青年部参加　(3)
農中でも講演会　(3)
平和に関する第九回中央委員会の決定事項　(3)
平和に関する第四回青婦人代表者会議の決定　(3)
汗を一斗も流して大歓迎された関信人形劇――四国一周の旅　(4)-(5)
再軍備日誌〔商業紙から〕　(4)-(5)
9・1平和大会に参加しよう　(5)
戦争はいやだ　桜庭　彰子　(6)
あこがれ・現実――山口淑子さん語る〔『講和新聞』より〕　(6)
平和条約署名二百万を突破　(6)-(7)
神を信じたものも信じなかつたものも――日本平和推進国民会議　(7)
講和に対する十四カ国の態度　(6)-(8)
M子の日記から〔岩殖『奔流』より〕　(8)
編集後記　(8)

第一八号　＊未見

第一九号　一九五一年九月一五日

詩集『山芋』より　1
自由と平和に確信――五週年記念文化祭開く〔日銀青年部〕　1
平和祭に参加〔七十七従組〕　1
平和署名を決議〔青森従組青婦人会議〕　1
サークルを作ろう〔七十七従組相馬支部青婦人部〕　1
生理休暇廃止に反対しよう――官庁青婦懇談会から呼び掛け　1
二十分間二十円!?――早出手当増額決る〔北拓職組〕　2

愛情あふれる岩殖の人々　2
事務服を染めて下さい——先づ身近な問題から（協和労組東京婦人部）　2
今日の問題　批准——調印だけで講和条約は効力を発生しない　2
盛んな〝まくらめ編〟——婦人部で大はやり（帝銀婦人部／日銀女子部／川崎婦人部）　3
他行並にしてほしい退職金——女子懇談会で討論（勧銀奥羽地方部）　3
事務服の洗濯代が欲しい　3
笑報　労働協約一部改正（帝銀『主潮』より）　3
男だけの都——全金融一の駒場寮　4
独身寮の設置間近し——国民金融公庫　4
銀行機械化への動き　5
解説　銀行法はいかに改正されようとしているか？　5
文芸
原稿募集　6
夢　北拓・長田　正一　6
詩　おれたちの力　岩殖・一　条　6
詩　地下鉄で　大和・佐々木正志　6
詩　巷の叫びを　国金・F　生　7
原稿の書き方　6-7
ある日の会話——サラリー貰ってガッカリ（大和『婦人部ニュース』）　7
私は訴へる（日銀大阪『女子ニユース』）　7
自然よ（『銀行員の詩集』より）　浦野　省吾　8
機関紙評
『ちから』（秋田職組本店支部青年部）／『芝生』（伊予合同本店女子行員のつどい）／『婦人部ニユース』（大和関東支部婦人部）／『部報』（七十七本店支部文化部）　8
私の声
（青森）高橋いち／（埼玉）小宮照子／山梨中央婦人部／神戸従組／（青森）七戸誠／（秋田）三浦孝／農林中央金庫鹿児島支部／（伊予合同）船岡蜻蛉　8
あとがき　M　8

第二〇号　一九五一年一〇月一日

『山びこ学校』より　1
平和は思想、宗教を越えて——阿部牧師帝銀京浜支部で語る　1
農林中金で講演会　1
型も新しくなる事務服——婦人部の与論調査の成果（富士従組）　1
生休カードは女子が管理（東京生命婦人部）　1
帝銀従組　1
スーツが欲しい——伊予合同婦人部大会　2
合唱詩を試みましよう（四国従組婦人部）　2
みんなが講師——三和・内幸町の研究会　2
鈴木正四氏（歴史家）との一問一答　歴史上より見た講和——批准には必ず反対できる　鈴木　正四　2

婦人部活動あれこれ話――関信北越支部座談会　3
憂うべき現象――銀行の結核・産業別結核罹病率　3
〝昼休みもとれません〟――地方銀行小店舗の場合（佐賀
　興業『興友』より）　3
家族寮をのぞく――千代田銀行千駄谷寮　4
日本に疑いと不安――英国は対日講和をかく見る　4
銀行機械化への動き――伝票運搬器の巻　5
『ひろば』へ通信を　5
月を越しても要求を――市銀協合同職場委員大会　5
婦人少年局廃止に反対　5
文芸
　詩　正しい事は正しいと　青森・高　山　6
　詩　損札を数える　埼玉銀行・影　山　6
弁論中止（全銀連東北より）　6
通信記事の書き方　6－7
『銀行員の詩集』を読んで　北拓・田中　真一　7
詩　漢水を上る　清水銀行・川崎　勝　8
今日の問題　新治安維持法とは？　7
機関紙評
『芙蓉』（埼玉銀行青婦人部）／『衆苑（女子版）』（日銀
婦人部）／『新樹』（帝銀婦人部）／『奔流』（岩手殖
産）　8
新刊紹介　国分一太郎著『君ひとの子の師であれば』　純　8
あとがき　8

第二一号　一九五一年一〇月一五日

アラゴン『文化と人間』より　1
臨給闘い終えて　7－9闘争座談会　1
幻灯もつて支店巡り――大和関東の活躍　2
合唱の合同発表会　2
綺麗になった事務服（協和労組婦人部）　2
割烹サークルの発足（三和従組／協和労組）　2
短波
　フランス婦人が物価とう貴に反対デー／電力減退のフラ
　ンス経済の近況／カナダのキリスト教平和運動　2
ぞくぞくと生休署名――全生保で青婦合同委大会　3
佐興、事務服きまる　3
青婦人部結成近し――労働強化の排除が動機（大和従組関
　東支部）　3
ここでも差別待遇――女子食堂員の声（日銀従組女子部）　3
今日の問題　基準局の弱体化を企図――労働省整理の意味
　するもの　3
女子寮訪問記――帝銀希望丘の巻　4
書記局素描　4
機械化されたS銀行――香水発散器まで備付け　5
合唱詩　希望への出発　四国従組婦人部　6－7
合唱詩の作り方　6－7
詩　隠れた流れ　秋田・みうらたかし　7

『銀行員の詩集』原稿募集 7
新刊紹介 『詩集平和のうたごえ』 7
機関紙評
『青婦協』第六号〔協和全国青年婦人協議会〕／『あゆみ』第二号〔四国従組婦人部〕／『スクラム』十九号〔北陸職組女子部〕 8
機関誌コンクール開く――優勝紙にはカップを 8
私の声
（第四）寺田勇一／（北陸）田中正／（第一）駒形徳治／（帝銀）中村長次郎／（北拓）田代佳子 8
あとがき 8

第二二号 一九五一年一一月一日

アメリカ黒人の詩より 1
平和は万人のねがい――平和推進国民会議を訪ねて 1
逞しい実践を北風に誓う――北海道、東北青婦会議 2
短波
濠洲で対日講和批准反対運動／フランス労組、共闘で勝利 2
美術の集いにふるう余技――青銀婦人部秋の催し 3
松江で「読書会」〔山陰合同松江支部婦人部〕 3
上手になつた会議の持ち方――委員会は各店持ち回り〔東海従組東京支部婦人部〕 3
女子にも洋服資金を――協和青婦協で要求 3
順番は二週に一度――大好評の料理講習会〔三和従組婦人部〕 3
英国の勤労婦人起つ 3
働きつつ学ぶ人たち――夜学生の実態 4
協和労組・夜学調査の一部 4
夜学生の悩み 上野 幸子 4
夜学生の友へ S・N生 4
提案 4
殺菌灯の巻 一時間で雑菌全滅――結核対策のニューフェース 5
今日の問題 補正予算による治安費の増加 5
指針 空廻りの克服 青対部長・最上谷勝郎 6
幻灯サークルの作り方 6-7
詩 平和の鐘をならせ 青森・尾形 和子 7
詩 駅の鏡 第一・金木弓太良 7
詩と美を愛する人々へ 7
機関紙評
『花の輪』第五号〔第四従組青婦人部〕／『あしなみ』第五号〔佐賀興業青婦人部〕／『しぶき』第一六三号〔横浜興信第三支部〕 8
私の声
（埼玉）斎藤益夫／（東海）高橋静江／（興銀）野中誠子／（勧銀）S・O 8
あとがき 8

第二三号　一九五一年一一月一五日

「原爆の子」より　1
何故臨給が沢山ほしいか——物価は去年の八月の二・六割高　1
全銀連理論生計費と各行税込給与　1
アンケート　青婦人は何を望んでいるか　2
提案　2
賃金問題の常識
理論生計費問答／誤間化されてはいけないCPI／手取りの少いわけ　配分　2-3
レポート　組合員は女だけ　ボスの威嚇とも闘う！——組合を作らせぬ経営者　関信支部婦人部　4
戦争に終止符を——再軍備反対署名たずさえてレスター女史来る　5
平和の建設者ミユリエル・レスター女史　5
解説　調印した国六億九千万人調印しない国十億六千万人　6
今日の問題　アメリカからも擁護の手——無実を叫ぶ二十人　6
コント　佐良利君と背広　7
『ひろば』読者へお願い　青婦対策部／文化部　7
（＊組織人員数）　8
各労組の平和運動　8
あとがき　8

第二四号　一九五一年一二月一日

ホイットマンの言葉　1
元気なサークル明るい職場——明るい歌声は新文化のうぶ声　1
国金サークル　国金・木　川　1-2
日本橋サークル　三和・大　川　2
第3回詩人懇談会　全国の詩人と結ぼう——機関紙発行も計画　3
〝貧はみのり〟と詩集評——一橋新聞　3
秋田職組青年部〝私達は歌う事を忘れてた〟——歌う会の誕生　三浦　孝　3
帝国婦人部退職金減額廃止を決定　3
何から何まで婦人部の協力で——盛沢山な四国従組文化祭　4
〝希望えの出発〟登場——岩殖文化祭　4
図書部の運営　4-5
関信北越青婦人今後の闘いに具体策ねる　5
平和を説く南原総長——〝大胆に真理を求めよ〟　南原　繁　6
夢（＊詩）（機関紙『波動』より）　勧銀・高橋千恵子　7
手（＊詩）　国金・未　知　7
詩を愛する人々五二年版詩集に投稿しよう　7
要請　全銀連青婦人対策部　7
機関紙評
『部報』五号〔七十七従組本店支部図書部〕／『うたごえ』

二号月刊〔大和大阪支部本店希望コーラス〕／『人形部ニュース』一号〔興銀人形劇サークル〕 8
協力編集〔第四青婦人部／埼玉従組〕 8
あとがき 8

第二五・二六合併号　一九五二年一月一日

鈴木道太著『生活する教室』より 1
新春の譜（＊詩） 青婦対策部長・最上谷勝郎 1
表紙の写真（＊中国大連の若い労働者） 1・16
越年闘争に輝く成果――七十七青婦人部の活動 2
実践行動隊となつて 佐々木竹蔵 2
家庭の理解を得る対策なども 鈴木　照子 3
青婦人に期待する 全銀連中央闘争委員長・荘　浩一路 3
短波
インド市会が平和運動を支持／米ニユージヤージー州議会が朝鮮停戦を要求／西ドイツ化学工場で九七％が再軍備反対署名 3
早朝の玄関でビラ配り――私たちの闘い〔日銀青婦人部〕 4
中国では労働婦人法も設定――「働らく婦人のつどい」で講演 5
中国婦人の状態 門田　昌子 5
欧米婦人の状態 赤松　常子 5
日本婦人の状態 羽仁　説子 5
職場の報告
都百連／製糸／松坂屋／結核者附添婦／東武バス 5
二月の危機は起るか――大衆の購買力は低下の現状
金融引締め 6－7
何ものかを掴む読書会――美しい松江で 7
目覚めた三越の女店員――斗争から生れた貴重な記録 7
私たちの斗いを皆さんで守つて下さい〔不二コロンバン従組〕 8－9
「母なれば女なれば」（＊映画） 9
正月映画紹介　内外とも低俗化の傾向 時実　象平 10
今日の問題　団体等規正法案とは？ 11
『銀行員の詩集』募集――締切は一月末に延期 11
全銀連の芸術家たち 12
詩　対岸 興銀・石垣　りん 12
デッサン　自画像 大阪・長岡　輝子 12
詩　冬の夜の海 日銀・坂下　克己 13
版画　雪の朝 興銀・武田　健夫 13
詩　お客さん 荘内・小柴　充夫 14
雑詠 富士・宮田やす子 14
妻と私の日記から 帝銀・鈴木　敬介 14－15
詩　土蔵の中で（抄） 青銀・佐藤さつゑ 15
短歌　吾子 東京・大野　十郎 15
How Do You Do－Clubの歌〔編・北国銀行従組再建同志会〕 15
懸賞　クロスワードパズル 16
告ぐ！ 16
協力編集〔十八従組婦人部〕 16

あとがき 16

第二七号　一九五二年一月一五日

国分一太郎『君ひとの子の師であれば』より 1
青婦会議に望む——代表を会議え送ろう
（市銀協議長）市川盛一／（関信青婦対策部長）石塚竜男／（埼玉青年部副部長）倉林和子／（日銀青年部）内山小二郎 1
アメリカの働く婦人達　男に劣らぬ進出——第一線の婦人弁護士二千名 2
写真　傷病者に義足の使い方を教える社会事業員 2
家庭の人も、友人も——三〇七の平和署名集まる〔青森〕 3
短波
対日講和批准に反対メキシコ大衆党議員／再軍備のための予算案信任得られずプレヴアン・フランス政府ついに崩壊 3
今日の問題　労働組合の春の闘争——その条件能勢方向 3
〝山びこ学校〟はいかにして生れたか——〝山びこ先生の先生〟訪問　国分一太郎 4-5
版画と詩　国有林で働く人　かとう・こうじ 5
バイキン殺し（『君ひとの子の師であれば』より） 5
北海道支部だより　いま私達は何を！——北海道の仲間は語る雪の夜の集い 6-7
雪の牧場（＊写真と文） 6
新しい〝野望〟について　拓銀・浦　米雄 7
稽古場の私語（＊詩）　拓銀・田中　真一 7
新刊紹介
W・V・ローレンス著、崎川範行訳『〇の暁』／マーク・ゲイン著、井本威夫訳『ニッポン日記』 8
パズル解答 8
あとがき 8

第二八号　一九五二年二月一五日

『教育共和国の先駆者たち』より　ほか 1
第5回全国青婦人代表者会議
第1日　組合の背骨に！全青婦人の期待に答えよう／第2日　あらゆる職場に組合の息吹を！／職場に根をはつた文化活動を！／勇気をもつて！平和の行動を 2-9
青婦対策部報告 5
友情のはげましは全国から
七十七従組青婦人／（伊予合同）佐々木益子 7
議長の感想　転期を劃した会議　北拓・大家　健 9
阿波商従組の若人は起ち上る
阿波商・大内利治／朝日久緒 10
国際婦人デーの歴史　始まりは四八年前ニユーヨークの婦人の闘い 11
婦人デーに当たつて望むこと　O子／G子 11
事務服をもらつた喜び——佐興婦人部から便り 11

私達の生活と銀行法――労働強化の根源は？　12–13・10
東北支部だより　青婦組織と生活文化――東北の若人は一歩々進む　座談会　14–15
春をまつ　15
青婦人の読んでいるもの　16
協力編集〔七十七従組書記局〕　16
あとがき　16

第二九号　一九五二年三月一日

ドラ・ド・ヨング『あらしの前』より　1
婦人の地位は向上したか？　1–2
国際婦人デーに文化祭――全銀連関信も参加　2
戦争宣伝と闘つた学生――渋谷駅頭の大混乱　3
短波
　日本の労組弾圧法に反対　国際自由労連／軍隊創設に反対　西ドイツ　3
三越・コロンバンから学ぶこと　嵐をついて芽ぶくもの！――働くものの強い自覚　座談会　4–5
その后の三越・コロンバン
三越　不当解雇を撤回――組合再建は今後に　5
コロンバン　賃金不払で会社差押え　5
　全銀連青婦人えの感謝状　不二コロンバン闘争委員会　5
文化活動と財政　文化活動家もソロバンをお取りなさい〔興銀／大阪／富士〕　6
　楠財政部長と一問一答　全銀連財政部長・楠　6–7
文芸
　悦びの歌（＊詩）　秋田青年部・三浦　孝　7
　或る夜　佐賀興業・山川　清　7
　思い出――Mえ（＊詩）　ちよう・ゆきを　7
機関紙評
　『婦人部報』第五号〔山梨中央婦人部〕／『Junior Times』第二十三号〔青森従組東青支部青婦人部〕／『青婦人部だより』二四号〔北拓室蘭支部青婦人部〕　N　8
懸賞パズル　商品はシヤープと歌集　8
あとがき　8

第三〇号　一九五二年三月一五日

宮沢賢治（＊「生徒諸君に寄せる」）より　1
我々は如何に闘うか――あらゆる方法を重ね誠実と努力を傾けて　1–2
闘争日記　2
やさしいお話　われら十二万　市銀対策部長・切　田　2
中国　生れ変つたような労働者の生活　3
行政協定と日本　4–5
関信北越支部だより　まず顔をおぼえることから――第四従組婦人部のうごき　6
分会懇談会から　6
月一回の定例会議で各単組の活動報告と反省――関信北越

支部青婦人懇談会 7
各地で青婦人労働講座 7
国際婦人デー文化祭 7
詩人懇談会――いよいよ機関紙の発行え 7
機関紙評
『青婦協』第九号〔協和労組全国青婦人協議会〕／『芙蓉』
第十七号〔埼玉従組青年部〕／『新樹』第十三号〔帝銀
全国婦人部〕 N 8
あとがき 8

第三一号 一九五二年四月一日
青森県黒石小学校相馬さち「お父さんを生かしたい」より 1
給与闘争の鍵は職場の力だ――一一三闘争の教訓より 1-2
高いですかね私たちの給与は？ 1
経済も法律も皆で易しく〔日銀大阪支部〕 2
「四月十日」を有意義に――婦人の手で平和憲法を守りま
しょう 3
三越闘争の手記――全百貨労連発行 3
解説 行政協定と日本 4-5
再軍備について――平和な豊かな日を祈る
山陰支部青年部長・吾郷 昭 5
短波
西ドイツの労組も統一運動にうごく／将校の大学幹部就
任反対スト メキシコ／団規法につよい反対婦人界の反
響 5
文芸
春の為に（＊詩） 第一・北川 弘 6
春の唄（＊詩） 東海小牧支店・佐橋 克清 6
越年闘争（＊詩） 青森・はまだて・とおる 6
「鶴亀」も出た婦人デー〔伊予婦人部〕 6
『文化活動者』（＊全銀連文化部発行紙） 6
コント 新しい神話――佐良利君のはなし 7
編集者の苦心――『青婦協』をつくる喜びと苦しみ
A 子 8
女子部ニュースの編集〔日銀大阪支部女子部〕 8
あとがき 8

第三二号 一九五二年四月一五日
福沢諭吉〔第四の『花の輪』〕より 1
メーデーは近い〝君と手を組んで〟思いきり大声で唄い
たい 1-2
メーデーの歴史 2
1952今年のメーデー 2-3
よろこべぬ婦人デーのテストケース――民主化ねがった女
子行員を首切る〝婦人少年局も動く〟 3
温い家庭を守る家族補助組合――賃上げに陳情 工場長も
感激する 4
家族組合を作るまで 国鉄広島婦人部長・市川千代子 4-5

メーデーの思い出　中央メーデーに参加して　平田　文雄　5
文芸
　啄木え（＊詩）　大阪・首藤　淑子　6
　啄木の歌と詩　6
　石川啄木　赤木　健介　6
われらの楽しい歌「マッチの歌」　7
映評「ヨーロッパの何処かで」　7
編集者の苦心――『新樹』は女の言葉で女の手で　8
あとがき　8

第三三号　一九五二年五月一日

石川啄木（＊「弓町より」）より　1
230万の斗いの波は何故巻きおこつたのだろう　1－2
ストにはいつたもの／超過勤務拒否、職場大会　1
近畿支部だより　婦人のつどい――みんな私たちの手で　神戸銀行・藤井　艶子　2－3
　二つの感想
　　出演者から　日銀・山根　康子　3
　　主催者から　全生保婦人部長・小林美代子　3
春さきの健康　結核をなくす為に　4－5
佐良利君物語　ユデ卵をポケットに入れて帰つた話　6
「山びこ学校」（＊映画評）　6－7
今日の問題　モスクワ経済会議打ち破られた鉄のカーテン
　――宣伝よりも実際の取引　7
編集者の苦心――何処でもなやむ〝悩み〟と闘つて〔埼玉従組婦人部〕　8
協力編集　8
あとがき　8

第三四号　一九五二年五月一五日

森田延子「原爆の子に応えよう」より　1
第23回メーデー　意気揚る五十万の隊列に整然たる全銀連一千のデモ　1－3
メーデー事件　真相は一体どうだろう　4－5・3
私達の詩歌　私たちのサークルはこうして育つて来た〔国金〕　6
新刊紹介　野間宏著『真空地帯』　6－7
東映「黎明八月十五日」　7
機関紙評
『しぶき』第一七五号〔横浜興信第三支部〕／『私達のこえ』創刊準備号〔第一銀行従組大阪支部大阪分会婦人部〕　8
あとがき　8

第三五号　一九五二年六月一日

エリユアール『とだえざるうた』より　1
日曜日（五二年版『銀行員の詩集』より）　東海・三浦　笑子　1

4つのはなし　運動方針は我々の物だ　2－4
何処までも進んでいこう　職場にかえるにあたつて
　親組合と共に育とう　青婦対策部長・最上谷勝郎　2－3
　詩人廃業いたします　文化部長・中田　純一　3
東海支部だより　次の成功のパン種を——前夜祭の明暗から　5
五月（＊詩）　横浜興信・間中ひろし　6
苺のうた（＊詩）　横浜興信・中田　和江　6
今日の問題　圧服の平和ではなく、理解の平和を——英・
　コール教授　6
われらの楽しい歌「思い出」（大木惇夫・伊藤武雄共作、
　栗林和朗編曲）　7
「勇敢なる人々」（＊映画評）　埼玉従組・H・U生　7
アンケート『銀行員の詩集　1952年版』
（東海）桜川直子／（農中）大西俊章／（千代田）宇賀
　小百合／（静岡）浦和淳　8
あとがき　8

第三六号　一九五二年六月一五日

ガーンデイーの言葉　1
（＊詩）　宮沢　賢治　1
ミケランジエロ作〝天地創造のアダム〟（＊画）　1
悪法は御免だ　2－4
東海支部だより　サークルの運営／サークルの現況　5
文芸　つくし（＊詩）　第一・北川　弘　6
RADIO・TOKYO録音放送抄「未だ帰らざる人のために」——比島戦犯死刑囚の日記及その家族から死刑囚
への便り等　6
みんな友達だ　青婦人対策部長・平賀　春次　7
けちなものは、きれいによそう　文化部長・新郷　勇夫　7
はじめての銀行員の連合展／今年はどしどし職美展へ　7
読者より　協和労組・富田　広　8
編集者より　8
あとがき　8

第三七号　一九五二年七月一日

エマーソンの言葉　1
代表者会議に仲間を送れ　1
日程予定表　1
もつと語り、もつと唱いたかつた　2－3
関信支部組合学校日程表　3
組合と花嫁修業——女性同志の討論　4
労働（五二年版『銀行員の詩集』より）　井原　綾子　4
何時も新鮮な職場の声を——〝青森〟の編集者会議〔青森
銀行従組〕　5
附　発行状況　5
文芸
悲唱（七）——共々に唱う世代への言葉として（＊詩）
東海・桜川　直子　6

原爆の図の前で（＊詩）　日銀・秋山　秀夫　6
短波
黒人いれるよりプール閉鎖／大国の平和交渉要望　ケン
ブリッヂ大学／納得できぬ任意帰国　6
銀行美術部連合展　第一回　7
感想
（富士）奥村誠一郎／（帝国）高山貞男／（日銀政策委）
岸喜二雄　7
詩集『平和のうたごえ』　7
私の声　8
あとがき　8

第三八号　一九五二年七月一五日

中本たか子『愛は牢獄をこえて』より　1
私はかく信ずる　D・E・リリエンソール　1
写真　南アルプス最高峰北岳を鳳凰より望む
大和従組関東山岳部長・大場　幸男　1
4－6給与問題をかへりみて〔大和従組関東支部〕　2－3
破防法は生れたが　4－5
形をかえた不法弾圧だ――青年部長転勤に断乎反対〔広島
従組〕　6－7
社会講座　ファッシズム　6－7
コーラスをやり度い〔日向興業〕／タタミの室〔鹿児島興
業〕　7

東京から別府から――二人の手紙
（富士青山）堀江スミ子／（伊予別府）佐々木マス子　8
あとがき　8

第三九・四〇号　一九五二年八月一五日

アンリ・バルビュス『クラルテ』より　1
墓標（峠三吉『原爆詩集』より）　峠　三吉　1
（＊画）　丸木位里／赤松俊子　1
ヒロシマをくり返すな　2－3
原爆画物語『ピカドン』より（＊画）
丸木位里／赤松俊子　3
写真「原爆の図」製作中の丸木・赤松両氏　3
青婦人は斗いの先頭に――第6回青婦人代表者会議　4－5
行動目標　5
組織部会〝組織を強くするために〟
全自動車委員長・益田　哲夫　5－7
益田氏との質疑応答　7－8
文化部会〝文化と人間革命〟　国分一太郎　9－11
国分氏との質疑応答　11－13
アンケート
組織　広島・小林　海水　10
文化　大分合同・佐藤　智子　13
情宣　羽後・石田　為治　13
情宣部会　皆のための〝情宣〟　吉村　英　13－14

早帰運動 15
文芸
K子よ（＊詩）（『非唱』より） 東海・桜川　直子 16
僕の処にも〝詩の会〟が生れた 北陸詩の会・碓井真樹人 16
あとがき 16

第四一号　一九五二年九月一日

総評賃金綱領より 1
祖国（『銀行員の詩集』五二年度版より） 石垣　りん 1
末期給与斗争に臨んで 2
やめよう奪い合い！ 帝銀・G　子 3
不満はみなぎつている 協和・H　子 3
再軍備に反対する青年　日本と英国／ふるわない予備隊員の募集 3
平和！平和を！　盛大な文化祭挙行全サークルが参加――日銀青年部結成記念 4―5
文化ニュース 5
書評　松岡三郎著『労働法の理論と闘争』 弦 5
活気みつ組合学校〔山梨中央従組／協和労組〕 6
直接立候補もある各労組の選挙対策 7
青婦人各地のうごき 7
文芸
オリンピックと選挙 弦 7

ばあさんの涙――ある思い出（＊詩） 農中・いしかわ・としお 8
投票（＊詩） 国金・清野　未知 8
あとがき 8

第四二号　一九五二年九月一五日

H生日記より 1
全銀連選挙対策スローガン 1
哀れの中で安息している魂よ（＊詩） 富士・白鳥　あい 1
給与統制反対 2
産業別月収比較表 2
破防法劇場　初演　三越首切りの場 3・2
総選挙は職場の討論から――関信支部青婦人の座談会 4―5
社会講座　恐慌（上）――恐慌とはどんなものか 6
書評　ジヤツク・ベルデン著、安藤・陸井・前芝共訳『中国は世界をゆるがす』 弦 6
ひろばの仲間――紀陽に新しい仲間〝銀友会〟 紀陽・Y・K生 7
規約審議に正一時間〔秋田青婦協〕／20人あまりが演壇に〔荘内青婦人部〕 7
機関紙評　平和特集号
『職組時評』〔興銀〕／『組合通信』〔富士〕／『大阪第一組合だより』〔第一大阪支部〕／『銀星』〔大和大阪支部青婦人部〕 弦 8

あとがき　8

第四三号　一九五二年一〇月一日

カール・マンハイムの言葉　1
秋の光に（『銀行員の詩集』一九五二年度版より）
日本興業銀行・石井　洋子　1
写真　旧農林中央金庫前広場　1
わが国労働戦線の現状　2-3
波紋ひろがる「女工哀史」——NHK婦人プランナーを解雇　4
組合学校をどうひらいたか〔関信北越支部／北拓／山梨中央〕　5
勤労者としての自覚をもて
全銀連中央執行委員長・藤　虎彦　5
社会講座　恐慌（中）——ヨボヨボの恐慌　6
書評　I・E・ストーン著、内山敏訳『秘史朝鮮戦争（上巻）』　弦　6
アジア太平洋地域平和会議とは？　7
機関紙評　平和特集号
〔キンキ青婦人／関信／秋田従組本部／荘内銀行従組青婦人部〕　弦　8

第四四号　一九五二年一〇月一五日

ウイリアム・モリスの言葉　1
考えさせられること　1
（『一握の砂』『悲しき玩具』より）　石川　啄木　1
資本攻勢とは　2
いつも腕をくみ〔静岡従組〕　3
「ひめゆりの塔」——紙上封切　4-5
社会講座　恐慌（下）——ヨボヨボの恐慌　6
読者より　桜川　直子　6
われらの楽しい歌「ピクニック」　7
『銀行員の詩集』1953年版　原稿募集　7
機関紙評　平和特集号
『花の輪』〔第四青婦人部〕／『芙蓉』〔埼玉青婦人部〕／『平和特集号』〔帝銀東京青婦人部〕／『雄叫』〔広島本部〕　8
編集部より／桜川直子さんえ　8

第四五号　一九五二年一一月一日

『砂漠の反乱』より　1
静かな一とき（富士従組文化部編『私達の文化運動』巻頭言より）　1
『銀行員の詩集』一九五三年版　原稿募集　1
戦前復帰の賃金斗争とは　2-3
第十四回全国大会議題　2
映画評「真空地帯」　3
関信支部だより——組合学校　4
明るく楽しく手をつないで　興銀従組・湯沢　秀世　4

よかつた点　大阪従組・山林　完　5
改めるべき点　富士従組・渋江　覚　5
コーラス交歓会　10・18全銀連会館
富士青山支店・堀　江　5
青婦人だけの全金融――野村ビル懇談会　6-7
文芸　二十世紀の幽霊――保安隊観閲式によせる（＊詩）
第一・森　尚和　7
われらの楽しい歌「新入生のうた」（ドイツ民謡）　7
『新樹』　帝銀婦人部・久　永　8
編集者より　8

第四六号　一九五二年一一月一五日

伊東俊子〔勧銀和歌山〕（＊詩）　1
闘いの前面に立ちふさがるもの（ハロルド・ラスキ『現代
社会に於ける労働運動』より）　1
（＊詩）　1
写真（炭労本部提供）　1
電産炭労の斗いの波は何故つづくのだろう　2-3
合評会メモ――東北支部演劇コンクール　3
青婦人組織の発展のために　4-5
家族も一緒に芸能祭〔大阪従組東日本支部〕　6
上演の裏話　大阪従組・猪　熊　生　6-7
ロケを訪ねて「真空地帯」　6-7
若人の夢　大和銀座・奥出　一男　7
われらの楽しい歌「ずいずいずっころばし」（日本ワラベ
歌）　8
レポート　軍事化・首切り・植民地化――ゴーモン職場防
備隊の暴力女工さんの首切り強行〔繊維統一〕　8
原稿募集　8

第四七号　一九五二年一二月一日

桜井昇八「通信員の仕事」より　1
夕やけにうたつた歌（『銀行員の詩集』五二年度版より）
日銀従組・千早耿一郎　1
最低賃金制　弦　2-3
生活の祭典――九州支部芸能祭　3
名古屋でも文化祭――東海愛知地協主催で　3
今日の問題　闘う炭労現地写真ルポ　4-5
四国支部青婦人代表者会議　6
広島従組青婦人の役員交替　6
レポート　討論会――再軍備徴兵問題について　7
私の声　生活の中に音楽を（協和大阪地区文化部月報）
N　生　8
われらの楽しい歌「ゆりかご」（平井保喜作詞作曲）　8
原稿募集　8
あとがき　8

第四八号　一九五二年一二月一五日

統一的労働運動の展望より　1
用意（『銀行員の詩集』五二年度版より）　興銀従組・石垣　りん　1
越年闘争を省みて——青婦人の座談会　2-3
青婦人大会をわれわれの手で——12・13準備委員会の発足　3
わたしたちはどんな状態におかれている？——青婦人層世論調査集計表　4
東海東京支部で文化祭　5
ウイーンで諸国民平和大会　5
電産炭労の闘いは教える——注目すべき政府がわの態度　5
映画絵物語「女ひとり大地を行く」　6-7
会館でクリスマスのコーラス会　7
書評『祖国の砂　日本無名詩集』　弦　7
私の声　協力編集より　8
われらの楽しい歌（＊クリスマスソング）　8

第四九号　一九五三年一月一日

日本国憲法第九条より　1
希い（『祖国の砂　日本無名詩集』より）　松永　浩介　1
青婦人に寄す——五二年度の回顧から　全銀連中央執行委員長・藤　虎彦　2
新年号特集1　みちのく　病床にて五二年を顧みる　七十七・高橋　孝子　3・2
新年号特集2　新しい婦人の地位のために　労働省を訪ねて　富士・前田　沢子　4
編集部より　4
新年号特集3　私の生活　職業人としての訓練を　興銀・中込　梅子　5
指針　われわれの置かれている地位——一般情勢報告　6-7
第七回全国青婦人代表者会議実施要領　7
戦前復帰闘争における青婦人の任務　7-8
青婦人対策部と準備委員からの訴え　8
もうれつなメリット——経営者案の実態〔大和〕　8
北海道支部だより
冬の根室港　北拓根室支店・万年　謙二　9
炭労ストと銀行と銀行員——石狩炭田の職場から　北拓歌志田支店・石原　昇　9-10
冬の北海道とスキー　北拓札幌・中時　康夫　10
真実を知つている私達はだまされません　北拓職組青婦連会長・大家　健　10
四国支部だより　この一年のわたしたちの歩み　四国従組・西谷美代子　11-12
「屈原」を観て——前進座に声援を送る　日銀・A　生　12
東海支部だより　思い出　吉田茂君が光つたやかんになる？——青婦人懇談会の楽しい忘年会　13
「白毛女」鑑賞会——山陽支部で　13

東邦従組で県の演劇コンクール出演 13
全銀連の芸術家たち
冬天（＊詩） 日銀新潟・こふなど・しんいち 14
デッサン 秋田・上村恵一郎 14
新しい年が（＊詩） 静岡新居・かとうようこ 15
踊る人形（＊詩） 福岡・西田 葭江 15
未来への期待――子供の願い（＊詩）
東海新城・桜川 直子 15
『銀行員の詩集』 原稿募集 15
文芸 師走の街で（＊詩） 帝国大阪川口・小西 通恵 16
懸賞募集 16
あとがき 16

第五〇・五一合併号 一九五三年二月一日

末弘厳太郎『日本労働組合運動史』より 1
語られねばならぬ（『祖国の砂 日本無名詩集』より）
吉田 欣一 1
写真 昨年末ウイーンで開催された諸国民平和会議のポスター 1
青婦人会議報告特集
〝横断的統一要求へ今一歩を〟――第一日目の討論から
日銀従組青年部長・川崎 明 2－4・8
大会申し合せ事項 3
最賃闘争を強調――全金融各代表の挨拶
（全損保青婦人部対策部長）大沢正治／（全生保青年部長）皆川延男／（全生保婦人部長）丸山節子 4
議題討議の中から
最賃闘争を真ちに組織すべきである
日銀従組・守屋 利 5
前提条件の統一が先決である
七十七従組・吉田敬治郎 5
情宣部会に出席して 大阪従組・植木 逸生 6－7
（＊私が富山県の或る紡績工場に行った時） 6
法規部会に臨んで 福岡従組・後藤 安夫 7－8
賃金部会の討論内容 8－9
天達先生のお話から 天達 忠雄 9
青婦大会参加の記
準備委員として 東海支部東海職組・西雪 良雄 10
地方から 初めて 富士岡山・清水 芳郎 10
行動の中から考えを――会議をおえて
青婦人対策部長・平賀 春次 11
労働強化に悩む人々――多くの問題が未解決
日銀の遺族国債事務の場合 12
競輪にカリダサレの記――A君の日記より 12
夜学をやめなければ 慢性的労働強化に問題――都内支店での問題 13
損保生保の最賃要求――生保は一月から突入 13
皆さん覚えておられますか？この写真を！ 14
三越の職場の皆さん（全三越機関紙より）（＊詩） 14

三越年末スト営業妨害不起訴と決定 14
文芸
星のうた（『時間』より）（＊詩） 桜川 直子 15
ならぬづくし（『シャンデリヤ』より）（＊詩） ホテルレストラン従連・和 子 15
われらの楽しい歌 「DUNCAN GRAY」（スコットランド
民謡） 16
女性ヨリ もうジーとしてられない 関信北越支部婦人部員 16
あとがき 16

第五二号 一九五三年二月一五日

田添鉄二議会政策論『黎明期の日本労働運動』より 1
機械のように（『銀行員の詩集』五二年度版より） 帝国・小西 通恵 1
労働基本権を守る斗い
労働法の役割は何か／現実の弾圧立法をどうみるか 2-3
婦人の立場から
職制お手もり当番制 4
婦人月間近づく 4
平和のために婦人の力を！――民婦協で国際婦人デーに
訴え 5
国際婦人デーとはどんな日か？ 5
世界を一週して年賀状 世界平和人民大会日本代表団 5

地協・分会を巡つて 6
居残り問題――東京都協分会巡りから 6
映画紹介 「村八分」 近代映協同人 7
随想 「村八分」に出演して 日高 澄子 7
書評 ジヤック・ベルデン著、安藤・陸井・前芝訳『中国
は世界を揺るがす』 7
機関紙評
『伸樹』（秋田従組本店支部青婦人部）／『直線』（四国
銀行従組青婦人部） 8
われらの楽しい歌 「権兵衛が種まく」（日本古謡） 8
あとがき 8

第五三号 一九五三年三月一日

全港湾運動方針より 1
（＊創造主 人間ワ・詩） 1
写真 新丸ビルの夜景 柳 瀬 1
国際婦人デーに寄せて 櫛田 ふき 2
婦人よ団結せよ――総評で婦人協議会を開催 3
全金融で青婦人会議を再建 3
組合以前のこと 3
婦人問題の所在――組合役員を囲む婦人の座談会 4-5
青婦人が分会強化の中心に――近畿青婦人会議で具体策 6
関信婦人部委員会 6
婦人の組合役員を――各単組でも真剣に討議 6

全職場で婦人の集会 6
婦人月間の集い具体化進む 6
読もの紹介　反戦平和の灯――〝君死にたまうこと勿れ〟の背景 7
新刊紹介　『人間の歴史　第三巻女の全盛時代』 7
機関紙評
『青婦人』（住友従組東日本支部青婦人部）／『ながれ』（北拓職組青婦人部連合会） 8
「さーさー一緒に」（＊楽譜） 8
鳴らぬラッパ（青山銀唱会誌『第一生』より） 8

第五四号　一九五三年三月一五日

スターリン『ソ同盟における社会主義の経済的諸問題』より 1
愛をふたたび（合唱詩）　日銀従組コーラスサークル 1
写真　国際婦人デー当日日比谷公園 1
皆んなの討議から要求案を――四―六賃上闘争準備の問題点をひろう 2―3
近づく権利ようご国際会議――ウイーンから青婦人対策部に便り　リー・ナック 3
組合無用論ハ心理戦術也 3
楽しく意義ある集い――婦人月間の催しから
五百人の大集会――日銀婦人部六歳の誕生日 4
恒例のひなまつり――女だけの演劇もとびだした富士の集い 4
反戦旗を仰いで――国際婦人デーに参加して　ひらが・はるじ 5
協和東京支部で文化祭 5
ンダー、ンダー、土地の言葉を… 6
水仙の匂う職場――それは私達がつくった美風　千代田銚子・A子 6
婦人問題をどう読むか　平井　潔 7
新刊紹介
レオ・ヒユーバーマン著、小林・雪山共訳『資本主義経済の歩み（上）――封建制から現代まで』 7
われらの楽しい歌「君死にたまふことなかれ」（吉田隆子作曲） 8
あとがき 8

第五五号　一九五三年四月一日

フリチヨフ・ナンセンの言葉 1
みんな集れ――メーデー会場で撒れた詩（野間宏編『日本抵抗詩集』より） 1
写真　三月十四日の労働者大会に参加した全銀連の隊伍 1
総選挙と労働運動 2―3
闘いの勝利を祈る――中国人民銀行から全銀への便り 3
私はこう行使する――社会人一年生、はじめての選挙権 4
はじめての有権者に　全銀連青婦人対策部長・ひらが・はるじ 4

銀行女子職員の実態――既婚者が九～一三％　生休請求日数は何と〇・〇五日（婦人少年局の調査報告）　5
具体的にうごきだした総評の青婦懇談会　5
給仕さんの要求から出発　輝かしい全保大成火災の成果――一～三臨給最低一〇、〇〇〇円を確保　5
硫酸浴びたミス・青銀――憎しみと背中合せの同性愛　硫酸事件と組合のあり方
組合を身近なものに（青森従組機関紙）／社会的なつながりの中で幸福を（協和労組橋井婦人部長）／組合や婦人部の反省の資としたい（帝銀従組藤田婦人部長）／しのびよるファッシズム〝悪魔は夜くる〟そして私達の生活環境が変ってゆく（日銀読書サークル）　6－7
新刊紹介　福田定良著『民衆と演芸』　6
協和箏曲部の初舞台　7
原子時代に鎖国政策？――ウイン会議への渡航拒否　7
『銀行員の詩集』選衡進む　7
われらの楽しい歌「美しき祖国の為に」（岩上順一作詞、関忠亮作曲）　8
あとがき　8

第五六号　一九五三年四月一五日

三笠宮の言葉　1
たでくう虫もすきずきで（中国抵抗詩集『イエンアンからペイチンえ』より　1
版画　疎開　李　樺　1
総選挙と職場の女性　丸岡　秀子　2
益田委員長のいる全自動車大会をみて　ひらが・はるじ　3・5
近づく世界婦人会議――北京からの便り　中国全国民主婦人連合会　3
新しく入行した僚友へ
組合の立場から
現実を曇りなき眼でみつめよ　住友従組・H　生　4
正しく強い人間になれ　日銀従組・K　生　4
女性の立場から
力をあわせて明るい職場に　富士従組・ま　り　子　5
労働は社会の実りのために　日銀従組・ひ　ろ　子　5
メーデーの歴史　6
ショスタコーヴィッチとその二つの批判について　7
われらの楽しい歌「エルベ河」（ショスタコヴィッチ作曲）　8
全金融メーデー前夜祭　8
あとがき　8

第五七号　一九五三年五月一日

宮本百合子の言葉　1
ばらともくせい草（＊詩）　アラゴン　1
画「若い平和の戦士」　レシエトニコフ　1
春とともに平和が――だが合理化メリット給化の嵐も　2－3

世界婦人大会をめざして――全国の動きから　3
新入行員の初印象
　失望したサラリーマン根性　協和・Y　子　4
　労資協調をモットーにして　勧銀・R　子　4
神経の疲れる銀行――青森従組の世論調査　4
一人一人が私の考えをのべる――第四従組南西支部婦人部の活動から　5
中国の婦人に学ぶ――協和婦人部の座談会　5
世界をつなげ花の輪に――盛況だつたメーデー前夜祭　6
躍進する新中国――木村荘十二氏の講演　木村荘十二　6
『銀行員の詩集』から　死者と娘――亡き父へおくる　青森従組・谷村　康子　7
われらの楽しい歌「秩父音頭」（埼玉民謡）　8
あとがき　8

第五八号　一九五三年五月一五日

宮沢賢治の言葉　1
私たちのメーデー　1−2
一人もいない女子代議員――第十五回全国大会開かる　3
盛況だつた文化祭（国金労組）　3
開催迫る日本婦人大会――今月下旬東京で　3
銀行員でもストはできる――大分従組の経験から
　勝利への苦闘と喜び／信頼と団結の力　M子／S子　4
職場の中から
“女の子”はやめましょう（第一従組大阪支部婦人部機関紙『あゆみ』より）　大木　恵子　5
見合わせた女子行員の採用（興銀職組機関紙『職組時評』より）　M　生　5
短波
フランスの銀行従業員賃上げでストに立つ／インド全銀連、中労委の裁定をける　5
地道な活動でさらに前進しよう――職場に帰るにあたつて
サヨウナラとは言いません　青婦対策部長・平賀　春次　6
盲点を克服しよう　文化部長・新郷　勇夫　6
詩集『ぶどうぱん』――三越従業員の闘かいのなかから生れた記録　7
採決（＊詩）　啓　子　7
製作すすむ独立プロ「赤い自転車」「カニ工船」　7
われらの楽しい歌「泥鰌つこふなつこ」（東北民謡）　8

第五九号　一九五三年六月一日

魯迅の言葉　1
潰えいく九十九里浜（『基地日本』より）　1
合理化の嵐に抗して　2
脅かされる婦人の権利――帝銀婦人部総会開催さる　3
みんなで活動に参加しよう――静岡従組青婦人大会開催さる　3
私達の願いをコペンハーゲンへ――日本婦人大会開催さる　4−5
婦人大会に出席して　協和・内田登美子　5

短波　ヒトラーの盟友マッカーシーとは　5
新中執の身上調書――『ひろば』記者との一問一答
いささか恐妻家の方で　教宣部長・大野　正市　6
これでもまた独身です　教宣副部長・小西　寛　6
（＊編集が青婦人対策部から教育宣伝部に移る）　6
文芸
挨拶――原爆の写真によせて（＊詩）興銀・石垣　りん　7
札カン銀行員（＊詩）　青森・提　治介　7
職場の中から　組合幹部の封建性について（勧銀従組機関
紙『波動』より）　加藤　啓子　7
われらの楽しい歌「おやすみ坊や」（ドイツ民謡、岡本敏
明作詞、全銀連文化部編曲）　8
機関紙コンクール迫る　8
編集者より　8

第六〇号〈基地問題特集号〉　一九五三年六月一五日

ラ・デイアーヌ・フランセーズ序曲より　1
小さくとも正しいものはつぶれない（＊詩）（『平和のうた
ごえ』第二集より）　1
日本代表ついに旅券獲得――空路コペンハーゲンへ出発　2
しっかりやってきて下さい――土屋欧米局長も激励？　2
感激を語る代表　2－3
もっと自信をもって　帝国従組・T　子　3
日本婦人大会をかえりみて　清水幾太郎　3－4
行動は身のまわりの問題から――関信北越支部青婦人会議
ひらく　4
新緑の鎌倉建長寺で関信支部組合学校きまる　4
基地内灘に行く　5－7
ミナト・ヨコスカ探訪記　7－8
火をふく浅間山――接収には実力行使？　8
目撃者の証言――阿部知二特別弁護人メーデー事件公判廷
に立つ　9
短波
ローゼンバーグ夫妻米政府の申出を拒否／ジェラール・
フイリップ夫妻の救助を支持　9
わが抱負をかたる　青婦対策部長・宮崎　時朗　10
職場の中から　組合は女性を甘やかしているか（東海職組
東京支部機関紙『東京支部レポート』より）市橋美智子　10－11
『銀行員の詩集』ができるまで　11
私の好きな雑誌　協和・K　子　11
われらの楽しい歌「わがふるさと」（ソヴェト歌曲、編集
部編曲）　12
あとがき　12

第六一号　一九五三年七月一日

与謝野晶子の言葉　1
たにしの歌（＊詩）（『平和のうたごえ』第二集より）　1
朝鮮休戦と賃上げ斗争　2

青婦人会議年一回は逆コース——第一回青婦連絡協議会ひらく　3
職場大会を傍聴して
　真剣味の足りない女子行員　山陽支部・Y 生　3
　熱意に乏しい職場委員　近畿支部・S 生　3
要請文　全銀連近畿支部青婦人会議委員会　3
歌声も高らかに——関信支部合唱交歓会ひらく　4
「白毛女」をみて　第一従組・Y 子　4
婦人の権利の宣言——世界婦人大会で採択　4
七十七銀行で青婦人の昇給切下げ　5
全銀連青対部の動き　5
青婦人部も順廻オルグ——大和従組の闘いから　5
関信支部組合学校見聞記　6－7
　心によりどころをもて　全銀連委員長・奥 原　6
　もつとつつこんだ討論がほしかつた　協和労組・K子　7
　団結することの重要性をつくづく感じた　第四従組・N　7
他の銀行の友達も一緒に——盛んな大和従組の幻灯会　7
ミナト・ヨコスカ探訪記　8
東ドイツ暴動事件の真相　佐藤　定幸　9
ローゼンバーグ夫妻によせる悲憤の叫び　清水慶子／阿部知二　9
「日本の貞操」にのぞむ——家城監督を囲む懇談会から　10－11
映画物語　「白毛女」　11
私たちの楽しい歌　「ブルー・ベル」（人形劇団プーク編『自由と平和の歌集No.4』より）　12
あとがき　12

第六二号　一九五三年七月一五日

総評運動方針より　1
せんそうはやめ（＊詩）　あべはつひこ　1
総評大会と今后の労働運動　2－3
市銀共闘よ、我々を裏切るな！——関信北越支部青婦人会議ひらく　3
主義者と言われた銀行員　X従組・信 子　4－5
三井生命で不当転勤問題おこる——弱腰の執行部に余儀なく赴任　4
結婚はしたけれど——いづらくなつた職場　5
日中貿易と日本経済——協和労組で講演会　5
職場の中から
　いやになるマツチ配り　帝国従組・K 子　6
　青婦人部に切崩しの策動　大和従組・Q 生　6
短波　「赤桃不許入米国」　S　6
起て祖国の子ら——フランス人民と革命記念日　小此木真三郎　7－8
私たちの楽しい歌　「ラ・マルセーズ」（ルヂェー・ドリル作詞作曲、中央合唱団訳詩）　8
あとがき　8

第六三号　一九五三年八月一日

宮本百合子の言葉　1
さあ、みんなしつかりと腕を組もう！（三越従組詩集『ぶどうぱん』より）　1
写真　本店前でジグザグ・デモをやる福岡従組の仲間たち　1
水害は何故おこる――根本は政治の貧困　2－3・6
全銀連からメッセージ――ブカレスト平和祭ひらく　3
幹部まかせでは闘えぬ――市銀共闘に憤激する近畿代表　4
私達の要求を組合全体のものに――富士従組青婦人会議ひらく　4
斗いのあとをかえりみて――福岡からの現地ルポ　金　子　5－6
殴られの記　福岡従組・井　手　生　7
私たちもストができる――荘内従組青婦人部から寄せ書　伊藤和子／富山邦雄／小松美津子　7
立ちおくれた情宣活動　富士従組・Y　子　7
闘いとつた夏の事務服――賃上げと併行して要求（横浜興信従組）　8
（＊風刺）　興銀・Y・K生　8
私たちも闘える　鹿児島従組・山　下　生　8
サークルめぐり――北拓銀声会の巻　9
食事も料理部の手で――山梨中央従組組合学校ひらく
平和と子供たちの為にこそ　大　久　保　生　9
ローゼンバーグ夫妻の獄中からの手紙をよんで　井手　文子　10
真実は死せず　第一・山形　徳治　10
短波　ベリヤ追放とソ連　S　10
昨年以上の出来栄え――『銀行員の詩集』いよいよ発行　11
私たちの楽しい歌「収穫の歌」（ドナイエフスキー作曲）　12
あとがき　12

第六四号　一九五三年八月一五日

世界平和評議会のアピールより　1
戦争という言葉に（一九五三年度版『銀行員の詩集』より）　深山　杏子　1
画　ヴェトナム戦争に送る軍需品を満載して、バク進してくる貨物列車を止めたフランスの少女ライモンド・ヂエーン　1
朝鮮休戦と平和のみとおし――休戦成立で強まつた平和の確信　S　2
平和の祭典の幕ひらく――ブカレスト平和大会からの便り　3
旅券問題に支持たかまる――中野好夫氏ら文化人二百名が抗議　3
日本青年学生平和大会の日どりきまる　3
静岡従組青婦人部有志が日本代表団にカンパ　3
帝銀青婦人部で平和と文化の集い　3
四～六賃上げ闘争に鋭い批判――第二回全国青婦人連絡会

ひらく 4
第八回全国青婦人代表者会議開催要領 4
なごやかなうちにも固い決意――静岡従組組合学校ひらく 4
平和を呼ぶ斗いの波（＊写真と文）
ああ美しい祖国が……蝕ばまれゆく日本 5
平和へのあゆみ 5－8
労働者を先頭に前進する平和の闘い 6
美しき祖国のために――噴きあげる基地反対ののろし 7
平和は話合いで――国際的な規模で拡がる平和闘争 8
平和を守るために　M従組・森山　登 9
軍事基地反対署名すすむ 9
職場の中から
お掃除のこと　荘内従組・M　生 9
夏服をきて勤務する店　協和労組・T　生 9
原爆は何故おとされたか　N 10
八月六日（一九五三年度『銀行員の詩集』より）　日銀・井汲　伸 11
映画物語　「ひろしま」 11
私たちの楽しい歌　「平和を守れ」（水谷建一作詞、種市蔵一作曲） 12
皆川全生保青年部長不当転勤撤回署名運動に協力しましょう 12
編集者より　男女差＝生理休暇？ 12
次号休刊予告 12

第六五号　一九五三年九月一日

野間宏の言葉 1
みのり（＊詩）（『平和のうたごえ』第二集より） 1
一九才九〇〇〇円の最低保償給獲得の為に――四～六の成果を生かしてメリットを排除しよう　I 2
執行部案丸のみはナンセンス　七十七従組・C 2
平和と友情のため団結しよう――日本青年学生平和友好祭ひらく 3
ブカレスト青年学生祭盛大におわる――メッセージを発表 3
平和は身近なところから　全銀連青対部長・みやざき・ときろう 3
坐り込みの電産を応援――福岡従組の婦人たち 4
協和労組で合唱交歓会 4
軍事基地反対署名すすむ 4
関信支部で『青婦人活動の手引』 4
これでいいのでしょうか　一婦人市銀従業員 4
サークルだより　大理石グループの巻〔青森〕　N 5
すこやかにのびて一年――大和従組青婦人のつどいひらく 5
随想　失われた青年の夢　三菱従組・H　生 6
コント　ハツさんとストライキ　東海・佐橋　克清 7
「蟹工船」の映画化なる 7
銀行員としての小林多喜二　静岡従組・K　生 7
私たちの楽しい歌　「ともしび」（ソヴェト歌曲） 8

読者より　（帝国従組）T子／（三菱従組）ひろ子　8

第六六号　一九五三年九月一五日

魯迅の言葉　1
東京湾（日本無名詩集『祖国の砂』より）　1
MSAと最近の労働運動――炭労・全自はいかに闘っているか　2－3
あれから一カ月たったが　協和労組・津田やす子　3
軍事基地反対署名（＊表）　3
組合活動の自由を守ろう――スローガン　4
第8回青婦人代表者会議　4－7
組織部会　組織を強化するために
福田幸次郎氏を囲む討論から　全自動車労組書記長・福田幸次郎　7－8
代表者会議に出席して　8－9
（福岡従組）永松勝彦／（七十七従組）吉田敬治郎／（協和労組）内田富美子／（静岡従組）柳田孝一　7
賃金部会　わたしたちの賃金　黒川　俊雄　9－10
アンケート　10
教宣部会　読まれる機関紙とは　吉村　英　11－12
炭労、日産の闘争を激励――代表者会議でカンパも　12
松本治一郎氏も激励――福岡従組青婦人決起大会ひらく　12
職場の中から
靴みがきまでさせられます　協和労組・K　子　13
居残りは当り前でしょうか　帝国労組・S　子　13
短波　ＩＬＯとはなにか　13
『山びこ学校』の無着先生かえる――ブカレスト平和祭より　14－15
ブカレスト平和祭報告会ひらく　15
書評　Ｉ・Ｆ・ストーン著、内山敏訳『アメリカ逆コース』　15
私たちの楽しい歌「村祭り」（ドイツ民謡）　16
あとがき　16
次号休刊予告　16

第六七号　一九五三年一〇月一五日

無着成恭の言葉　1
無理をしない政治（朝日新聞社『新しい中国』より）　1
写真　華北の集団農場　西園寺公一　1
お米はなぜ高いか――再軍備政策がその原因　2
注目される東邦の不当転勤問題　3
青婦人統一組織を確立――神戸従組青婦人会議ひらく　3
活動家をとばす御用幹部――西日本相互でも不当転勤おこる　4－5
低調な基地反対署名　4
四年ぶりに女子代議員二名――富士従組代議員改選おわる　5
東北支部青婦人協議会――十月十七日に発足の予定　5
関信支部第五回組合学校の日程きまる　5

青婦人会議をかえりみて
我々はこう考える　日銀従組青婦人有志　6
森さんの負けおしみとしか思えません　大分・増野　泰子　6
大会の成果をどう活かすかが問題だ　北拓・清野　五朗　7
青婦人代表者会議に出席して　三和従組・森　崇　7
幻灯サークル懇談会誕生　8
内灘の詩集『アカシヤ』を出版――日銀従組金沢支部文化部で　9
『アカシヤ』によせる　伊藤　信吉　9
もつと話し合いの時間を――勧銀従組組合学校おわる　清水　昭子　9
松川事件第二審判決せまる――くつがえるか第一審判決？　太田　省次　10-11
（＊松川事件被告よりの手紙）〔日銀従組〕　10
〝じやあ一体誰がやつたんだ〟――山中の松川事件カンパすすむ　並　木　11
第四従組でも署名運動　11
東京平和祭！　それは全世界に平和がくることだ――ブカレスト平和祭報告会ひらく　11
私たちの楽しい歌「黒い瞳」（ロシヤ民謡、諸井昭治編）　M　12
一九五三年〝日本の歌声〟日どりきまる　12

第六八号　一九五三年一一月一日

パール・バックの言葉　1
世界平和評議会のアピール　1
写真　平和の群像　1
松川事件公判一ケ月延期か――背後に政治的圧力？　2
公正な判決を要請――七十七松川事件に決議文　2
被告たちを救おう――第四で署名と資金カンパ　2
直江津支店長谷川豊君　長谷川　豊　2
開運と厄よけの成田山で関信支部組合学校ひらく　3
デッサン　住友従組・長　岡　3
泊りがけでNHKが録音　3
お賽銭に同情？／成田山の後利益　3
A子さんを見殺しにするな！
全銀連執行部御一同様へ　三菱・泉　澄子　4
三菱従組青婦人の皆様へ　協和・内田登美子　4
大きくとり上げることはないと思います　十八・中村　初江　4
三菱の青婦人と手をつなごう――関信支部組合学校で対策を討議　5
A子さん一人の問題ではない――勧銀従組でアッピール　5
組合学校に三菱従組中執が出席　5
前進した青婦人の斗い――七～九闘争の記録から
闘いのなかから青年行動隊〔青森〕　菊地百合子　6

青婦人部が腕章づくり〔鹿児島〕
　腕章を作りつつ想う　鹿児島従組・T　生　7
RRセンター反対に神戸従組など労組立つ　6
職場の中から　こんなことはないでしょうか　富士従組・K　子　7
サークルだより
　勧銀の読書会　S　8
　協和の人形手芸講習会　8
三人に一人の割合で参加――北陸・福井支部組合学校ひらく　8
〝ある田舎銀行の二十四時間〟――東大学生創作劇コンクールに入選　9
　みんなに見てもらいたい――宮崎文化部長談　宮　崎　9
　働く若い人達の共感を　志田　茂吉　9
「車馬賃」たつた五十円也　9
映画物語「日の果て」　10
全損保と合同で文化祭〔全銀連秋田市地協〕　10
九州支部で卓球大会　10
東邦従組東北支部バレーボール大会に優勝　10
ひろば娯楽室（＊笑話）／詰将棋／クロスワードパズル　11
読者より　東海・桜川　直子　11
私たちの楽しい歌「オ、ブレネリ!」（スイス民謡）　12
五四年版『銀行員の詩集』選者きまる　12
〝日本のうたごえ〟のプログラムきまる　12
あとがき　12

第六九号　一九五三年一一月一五日

神戸にRRセンターが出来てから…（帝国従組婦人部機関紙『新樹』より）　孝　子　1
真実を守るために――大仏次郎氏ら裁判長に要請　2
一人でも多くの人に真実を――松川事件全国大会ひらく　3
日本婦人大会開催さる――来月上旬東京で　4
　日本婦人大会へのよびかけ　平塚らいてう　4
売られる思想（『社会タイムス』より）　戒能　通孝　4
私たちも何かしなければ――三菱従組婦人懇談会ひらく　5
　北陸職組青婦人部よりメッセージ　5
A子さんへカンパと激励文――協和労組の組合学校で　5
他産業労組もとり上げる　5
三菱でまたも退職強要!!――こんどは敢然とハネ返す　6
どうしたらよいか分かりません――A子さんのお友達からの便り　6
A子さんの問題について私はこう考える
　三菱の経営者に復職を要求しよう　七十七・吉田敬次郎　7
　納得できない三菱従組の態度　協和・小泉とも子　7
　私もなんだか不安になりました　三菱・村田　洋子　7
　A子さんを守ることは平和を守ることです　第四・手島　雪子　7
全部揃えたら十五万円――結婚資金にいくらいるか
　ミシンも揃えたら十四、五万かかりました

協和・F子　8
お友達の作ってくれた晴着で　日銀・A子　8
うちでも随分無理をしたらしいです　協和・S子　8
せめて結婚できる退職金を　8
メリットを取消さす〔肥後銀行青婦人部〕　8
結婚したらお辞め下さい――イギリスの銀行でも同じ悩み　9
二十九日に組合学校の実況が放送されます　9
〝ソビエットの歌はまかりならん〟　9
職場の中から　こんなひどい職場もあります　K従組・Y生　10
帝銀で青婦人合同　10
銀ブラ・レジスタンス〔全損保〕　10
こんなお人形が出来上りました〔共和労組大阪支部〕　10
サークルだより　百五の彼岸花サークル　H／編集部　11
斗いの中から歌声はおこる――鹿児島従組で組合歌　11
私たちの楽しい歌「親友のうた」（フレニコフ作曲）　12
読者より
桜川直子さまへ　青森・石岡　錦　12
半年前に退職された読者からの便り　増田みや子　12
編集部より　12

第七〇号　一九五三年一二月一日

写真　秋出水（第一回全銀連写真展入選二席）　東京銀行協会・井上善太郎　1
外套の詩（日本無名詩集『祖国の砂』より）　北村　篤　1
男の封建性と女の封建性――ある対話　玉城　肇　2－3
知性と団結の力で――日銀でも松川事件の公正判決要請　3
世界平和評議員会ひらく――櫛田さんも空路出発　3
時間外手当を完全に支給せよ――注目される七十七の不払反対斗争　4
〝寝るまがあったら預金勧誘〟――H銀行で女子行員ついに発狂　4
忙しくて食事もゆっくりとれない――佐中の実態調査から　4
残業で蝕ばまれる健康――はげしくなる時間外労働の実態　M　5
勝利の日まで斗い抜きます――杉山智子さんから力強い便り　杉山　智子　6
小出さん、がんばって下さい――三菱から激励の寄せ書　E子／K子／S子　6
一人一人が葉書に激励文――七十七本店支部青婦人部で　山田寿子／佐藤律子／浦沢照子　7
杉山さんにカンパ一万四千余円　7
他産業労組機関紙も大きくとり上げる　7
真実をつたえた一枚の新聞（＊詩）　S従組・古山　正美　7
身近かな問題で活潑な論討――帝国従組青婦人代表者会議ひらく　8
ささやきを歌声に――京都地協懇親会からの便り　8
身近かな問題で討論会を　京都・沖野　信子　8
知らない方ばかりで…　東銀・K子　8

サークルだより
日銀人形劇サークル 9
人形劇で職場オルグ——活躍する七十七の文化班
七十七仙台従組・H 生 9
『にごりえ』について——樋口一葉の人と作品 10
ひろば娯楽室 詰将棋／クロスワードパズルの正解は？ 11
お年玉つきアンケート 11-12
私たちの楽しい歌「別れの曲」（ショパン作曲） 12

第七一号 一九五三年一二月一五日

詩集『山芋』より 1
正月前になると（＊詩）（農中九州地区協機関紙『いぶきニュース』より） 1
写真 客待（第一回写真展佳作） 富士従組・帯包 隆一 1
婦人の歴史に輝く一頁——第二回日本婦人大会ひらく 2-3
関信支部婦人部でカンパ一万八千円 3
朝日と読売が婦人大会で競争戦 3
日本婦人大会に出席して（＊詩） 杉山 智子 3
私達の期待は裏切られました——日銀静岡支部から杉山さんへ激励文 岡 敏夫 4
十％の賃上げよりも重要だ——帝銀従組全国総会でも問題になる 4
年賀状はまかりならぬ——銀行協会で申合せる 4
三菱鉱業でも退職強要起こる——拒否すれば遠くへ転勤 5
料理屋へ連れこまれやめろといわれました——S子さんの手記 5
大和関東支部ニュースより 5
結核にたおれた人々の訴え——要注意者の座談会 6
一番切実な問題は身分保障——日赤中央病院をたづねて 7
短波 迫り来る世界恐慌 N 7
もりあがつた越年斗争
はげしい切崩しを固い結束ではね返す（横浜） T支部・A 生 8
解散後も単独デモ——総決起大会に七割動員（七十七） 吉田 8
九州全土から集つた四千名——盛況だつた九州支部芸能祭 9
平和は身近なところにある——最近の幻灯活動から 全銀連文化部 9
電波にのつた『銀行員の詩集』——NHK「勤労婦人の時間」で放送 10
原爆第一号の日本民族の詩を 青森従組大理石グループ・谷村 康子 10
集体創作 木下 順二 10
ひろば娯楽室（＊笑話）／詰将棋／クロスワードパズル 11
読者の皆様へ 11
読者より
（静岡従組）伊藤文子／（三菱従組）山崎よし江／（紀陽従組）久保田弘 11・12
私たちの楽しい歌「ジングル・ベル」 12

あとがき 12

第七二号　一九五四年一月一五日

『銀行員の詩集』「ゆかた抄」より 1
祖国（日本無名詩集『祖国の砂』より） 1
世界平和への偉大な歩み――一九五三年をふりかえって　岡倉古志郎 2-3
今年こそ労働強化の解決を　東海職組・佐橋　克清 3
裁判官はなぜ笑ったか 4
（＊詩）　草野　心平 4
松川事件判決を裁く 4-5
松川事件判決を私はこう考える
判決をみて暗い気持になつた　青森・山田　一夫 5
被告の無罪を信じたいと思います　伊予・佐々木ます子 5
判決にのこる一抹のうたがい　神戸・青木　八郎 5
その後の三菱高田馬場支店 6
杉山さんにお年玉――大分・七十七からカンパ 6
職場の中から
あるミセス行員の抗議　静岡従組・真　知　子 7
忘年会の席上でバクハツした不満　伊予従組・M　子 7
話し合いでお正月の着物を追放〔三井〕 7
男の封建性と女の封建性――女の立場から　井手　文子 8-9
「男の封建性」を読んで　三井従組・久永　てる 8
今年こそは平和への年に　小笠原貞子 9
日本婦人の宣言日本婦人大会で採択 9
サークルだより　荘銀のサークル活動　Y　生 10
第二回詰将棋の正解は 10
「銀行員の一日」――大和でもスライドの自主作製 10
映画物語「唐人お吉」 11
「にごりえ」が第一位――キネマ旬報のベストテン 11
私たちの楽しい歌「仲間達」（くすみ・まこと作詞、芥川也寸志作曲） 12
読者より　山梨中央・岡村　芳郎 12
あとがき 12

第七三号　一九五四年二月一日

ベートーベンの言葉 1
唱っておくれ風のように（五二年度『銀行員の詩集』より）　興銀・住吉　弘人 1
国民は死すとも国家は死せず――二十九年度予算をめぐつて　N 2-3
協和労組東京支部青年部結成に当つて　部長・芝辻　善蔵 3
モスクワの孤児院――櫛田さんの旅だより　櫛田　ふき 3
会社側ついに不当転勤を撤回――勝利した三菱鉱業の斗い 4-5
職場の中でもつと話し合つてゆこう――三菱問題懇談会開く 4-5
友山さん最高点で当選――三菱従組の代議員選挙おわる 5
否定できない労働強化――ユニット・システムの実態を探

る　N　6―7
職場の中から　ある田舎銀行の話　住友従組・Y生　7
松川事件判決を裁く――赤間被告の自白をめぐつて　S　8
サークルだより　協和の読書サークル　みどり　9
脅かされる婦人の職場――東宝の二十五歳停年制など　9
露骨になつた銀行側の干渉――九州支部初の組合学校開く　10
百名をこえる大コーラス――三和従組本店支部にうまれる　10
第三回詰将棋の正解は／クロスワードパズルの正解は　10
〝君の名は〟をめぐつて――二つの職場での話　日銀・Y子　11
晴れて語れぬ恋　南　博　11
私たちの楽しい歌「五木の子守歌」（九州民謡）　12
関信支部で文化祭／全商協では平和祭　12
読者より　扶桑相互銀行・Y子　12
お願い　12
あとがき　12

第七四号　一九五四年二月一五日

宮本百合子の言葉　1
雪ふみ（詩集『山芋』より）　大関松三郎　1
平和と女性の立場――最近感じたことから　赤松　俊子　2―3
三菱従組に要請文――総評はつの青婦人代表者会議ひらく　3
職場の問題を中心に話合い――東京従組婦人部幹事会ひらく　3
斗うデパートの仲間たち――東京デパート　4
日曜も夜もやつている銀行　Y生　4
新段階に入つたA子さん問題――動き出す三菱の婦人層　5
どうすればよいのでしょう――三菱女子組合員の訴え
（築地支店）友山せつ子／（浅草橋支店）晒栄子　5
職場の封建性が壁――早出のお掃除をめぐつて
みんなの話合いと男子の協力で解決（第一従組両毛支部）　6
私たちはどうして失敗したのだろうか（北陸職組新潟分会）　7
職場の中から
男子の弁当箱洗いも　静岡従組・伊藤　文子　6―7
女子の雑用をめぐつて　興銀職組・H生　7
労働強化の実情を訴える
たえずつきまとう結核の不安　第四従組・手島　雪子　8
考える気力さえなくなる　三菱従組・山崎　春江　8
読書の時間もない　東邦従組・Y子　8
ノーモア堀米君　佐興従組・Y生　8
松川事件判決を裁く――謀議関係について　9―10
サークルだより
日銀のかみきり虫の会　日銀本店・瀬名　恵子　10
〝全銀連の歌〟を放送――秋田職組コーラス　10
随想　母・おとうと　三井従組・増田　和子　11
銀行にもあつた〝二十五歳停年制〟　11
私たちの楽しい歌「仕事の歌」（ロシヤ民謡）　12
『ひろば』三年の歩み　N　12

あとがき　12

第七五号　一九五四年三月一五日

ジェラード・ウインスタンリーの言葉　1
春よまずしき子らの上に（詩集『夜の貨物列車』より）　こばやし・つねお　1
太陽と光のまっただ中で——人間をまもる斗い　武田　清子　2-3
婦人月間3・8〜4・16——スローガンは戦争反対と平和憲法を守れ　3
職場の不満で活潑な討論——三井従組東京支部組合学校ひらく　3
第9回青婦人代表者会議
組織部会　話し合い運動で組織を強化しよう　4-5
文化部会　みんなの要求に根ざした文化活動を　5-6
代表者会議に出席して（静岡従組）T子／（羽後従組）U生／（紀陽従組）M子／（日銀従組）H生／（青森従組）O生／（北拓殖組）R生　6
婦人部会　職場を民主化し婦人の権利を守ろう　7
賃金部会　メリットを排除し賃上げを斗いとろう　8-9
（1）職場の要求を統一して労働強化と斗おう！　9
（2）A子さん問題は民主主義を守る斗い　9-10
婦人部副部長に転勤命令——横浜興信で問題になる　10
『A子さんと私たち』——斗いの中で生まれた記録　11
三菱従組斗争打切りか——全店一斉職場大会ひらく　11
預金争奪戦はなぜ激しくなるのか　12
〝納得のいく預金増強策〟で——三井従組のぶつかった問題　12
あの手この手の預金争奪戦　13
行員の家族まで利用して預金勧誘　杉山　智子　13
病床の友から悲痛な訴え　14
退院するまでベットを確保して下さい　K銀・S　子　14
病気がなおるまで首を切らないで下さい　F銀・T　生　14
結核は一度はかかるもの？　14
映画物語「勲章」　15
全銀連でも自主映画製作へ　15
私たちの楽しい歌「全銀連の歌」（野内七三郎作詞、鳳秋夫作曲）　16
詰将棋　16
あとがき　16

第七六号　一九五四年四月一日

ジユリー・ローゼンバーグの言葉　1
東京（＊詩）（一九五三年版『平和のうたごえ』第二集より）　野間　宏　1
水爆実験は何故行われたか——ジユネーブ会議をめぐる世界の動き　2
経営者側ついに辞令を撤回——横浜興信従組森さんの不当

転勤問題解決す　3
近づく二十五回メーデー――中華総工会からは招請状　3
全銀連は方針を明確に――A子さん問題懇談会ひらく　4
既婚婦人を首にして新入行員を採用〔山陰合同〕　4
結婚退職に限り二割増し――第四銀行の退職金回答　5
欲しかった五年五万円
やめたくてもやめられません　住友従組・M子　5
斗いは終ったのではありません　大分従組・A子　5
私の結婚の夢は
銀行員なんか細かくてイヤだわ　富士・K子　6
銀行員の中から探すことにするヨ　日銀・T君　6
恋愛のチャンスってなかなかないものネ　富士・T子　6
結婚したら銀行をやめるつもり　協和・S子　6
青婦人部に結婚攻勢？　6
サークルめぐり　一～三斗争のポスターも――第四の絵画サークル　7
『銀行員の詩集』の締切りを延期　7
書評　7
アンドレ・スチール作、河合亨訳『最初の衝突』　日銀・K子　7
リロ・リンケ著、阿部知二訳『憩いなき日々』　協和・T子　7
私たちの楽しい歌　「世界をつなげ花の輪に」（篠崎正作詞、箕作秋吉作曲）　8
多喜二・百合子祭ひらく　8
あとがき　8

第七七号　一九五四年四月一五日

ジヤン・ゲーノーの言葉　1
希い（日本無名詩集『祖国の砂』より）　松永　浩介　1
再軍備経済の一布石――一割天引貯金の意味するもの　N　2
A子さん問題終そくへ――斗争指導委員会できまる　3
しつかり頑張つて下さい――電産北見分会からの便り　3
これからの女性　羽仁　説子　4
水爆実験に反対しましよう――東京で中央婦人大会ひらく　4
誰よりも悪い組合役員の昇給〔住友従組〕　5
女子代議員が四分の一〔三井従組東京支部〕　5
徹夜団交に婦人部が炊き出し〔山梨中央従組〕　5
サークル活動を育成しよう〔大和従組〕　5
結婚しても働ける職場を――奥さん行員の座談会ひらく　6
結婚すればそのまま退職――就業規則できめる〔三井精機〕　6
職場の中から
プラスとマイナスが二になる話〔富士銀行S支店〕　7
Mさんが怒るのも無理はありません〔三菱銀行K支店〕　7
その後の結婚退職問題――山陰合同従組からの便り　7
二つの詩集『ともしび』と『大理石』
あにき（『ともしび』から）　渡辺美恵子　8
正しいことだ（『大理石』速報より）

古川分会・藤本　雄太　8
第二回写真展の作品を募集　8
全銀連メーデー前夜祭　8
メーデーの歴史　9
第二十五回メーデー・スローガン　9
映画物語「若き親衛隊」　10
中国映画の試写会ひらく　10
ひろば娯楽室（＊笑話）／詰将棋／クロスワードパズル　11
書評　木村禧八郎著『これからどうなる』　M　11
私たちの楽しい歌「晴れた五月の」（江森守弥作詩、関忠亮作曲）　12
「二つの世界」を結んだ世界卓球選手権大会　12
あとがき　N　12

第七八号　一九五四年五月一五日

魯迅の言葉　1
メーデーの日に（＊詩）　山梨中央・飯田　芙美　1
汚職と水爆にはげしい怒り――日本労働運動史上最大のメーデー
中央メーデー　原水爆禁止も決議――全銀連からは六百名参加　2
地方メーデー
秋田職組はつの参加――前夜祭にはコーラス出場　秋田職組・太　田　3
県はじまつて以来の大統一メーデー　富士従組・井　上　3
職場に広まるメーデー歌〔十八従組〕　3
たのしかつたメーデー――晴れの祭典に参加して
子供にかえつたような気持　協和・後藤　隆子　3
参加できない人がたくさんいます　三井・増田　和子　3
元気がなかつた全銀連のデモ　兵庫地協・A　子　3
定期昇給は賃上げではない――百五従組の斗争が教えるもの　4
一番低い日本の賃金　4
苦境にたったA子さん　5
女子に三十五歳停年制――男子の三割が賛成〔平和生命〕　5
新入行員の第一印象
とても忙しくてくたくたになります　協和労組・Y　子　6
第一印象はみんなの顔色の悪いこと　福岡従組・A　生　6
〝サークルに入るには……〟――富士銀行本店で新入行員の歓迎会　6
職場には恋愛の自由もありません〔住友銀行〕　6
職場を明るくするために一人一人が話し合う――三和従組
青婦人部の活動から　7
パッと職場が明るくなつた――秋田職組で女子事務服獲得　7
原子力と平和　武谷　三男　8－9
真実は語られねばなりません――平和を訴えるベーカーさん　9
短波
英の有力労組水爆禁止を呼びかける／米各紙、ダレス外交の敗北をみとむ／アメリカでも増える青少年の重犯罪　9

詩集の選をおえて　村野　四郎　10
勉強が足りない――金子光晴氏談　10
書評　堀江・大友・天達編『労働者の権利と自由』　10
サークルめぐり
住友従組東日本支部日本舞踊サークル　11
百五十名の経済研究会――日銀本店に生まれる　11
第四回詰将棋の正解　11
私たちの楽しい歌「五月の恋人」（アンリ・バシス詩、ジョセフ・コスマ曲）　12
読者より　第四従組・織井　明子　12
あとがき　12

第七九号　一九五四年六月一日

ゲーテの言葉　1
なぎなたほおずき（日本無名詩集『祖国の砂』より）　川口しげ子　1
斗かわねば奪われる！
実質賃金の切下げに利用された四月の昇給〔日銀従組／富士従組〕　2
いたい居残り料の削減――〝早帰り手当〟の声も〔三井〕　2
総力を結集して賃上げ斗争へ
映画も大事ですが賃上げに全力を　住友従組・T　生　3
自分たちの家計簿を忘れている人がいる　日銀従組・Y　子　3
グラフは物語る小売物価の上昇　3
楽しかつたはつの組合学校――富士従組で百五十名も参加　4
恋人と一カ月間縁を切る人も――組合学校裏ばなし　4
責任をもつて就職斡旋を――関信支部婦人部総会ひらく　5
A子さんの態度に失望しました　三和従組・一　女　性　5
職場の中から　知らない間に開扉時間が早くなつた話〔富士銀行S支店〕　5
わたしはこうして転勤させられた――一女子組合員よりの訴え　6
編集部より　6
足りない銀行の雰囲気――ストーリーの検討はじまる　7
非文化部長の汚名を返上　前青対文化部長・宮崎　時朗　7
私たちの楽しい歌「心の歌」（関忠亮作詞作曲）　8
関信で新演の「検察官」買切り　8
第五回詰将棋の正解／クロスワードパズルの正解は？／お願い　8

第八〇号　一九五四年六月一五日

ヴィクトル・ユーゴーの言葉　1
信じあおう（『日本ヒューマニズム詩集』第二集より）　木村三津子　1
盛りあがる平和への道――日本平和大集会ひらく　2
原水爆禁止署名一問一答　2

山中でも不当転勤問題おこる――本店の五味さん手記を発表　3
納得のいかぬ転勤理由に私は黙つていられません
五味　久子　3
その後の天引貯金
なしくづしに実施か――組合総会では否決〔三井〕　4
天引預金勧誘のビラを配布――某市銀広島支店が取引先に　4
みんな発言の新記録――盛況だつた青婦人大会〔十八〕
婦人部・T　子　5
楽しい分会の世論調査――北陸職組H分会の経験から　5
生理休暇はなぜ取れないか　6
私たちはこうして全員とつています〔三井従組神田分会〕　Y　子　6
「縮図銀行版」がほしい――勧銀でもストーリーを検討　7
皆さんの注文を期待します　映画製作委員長・十時　志雄　7
職場ルポ　誰がための為銀問題――東銀上野支店訪問記　8
文化　良い音楽が安く聴ける勤労者音楽協議会とは　9
労音に入会して　協和労組・Y　子　9
女子停年制は全労働者の問題――全生保で撤回署名運動始める　9
サークルめぐり
東銀従組東京支部お人形つくりサークル　N　子　10
人気を集めた山中コーラス――春の関信合唱交歓会ひらく　10
合唱発表交歓会（＊詩）　三菱銀行・S　子　10
ひろば娯楽室　クロスワードパズル／詰将棋　11
全国民の怒りをよそにユーモア劇場ついに廃止　11
私たちの楽しい歌「稗搗節」（日向地方俚謡）　12
チエーホフ祭の催し　12

第八一号　一九五四年七月一日

ロマン・ローランの言葉　1
一体何のために――皇太子巡察の話をきいて（紡績女工の詩集『機械の中の青春』より）　1
写真　近江絹糸彦根工場の決起大会　1
問題をはらむ時間外指令制
強制される労働強化――協和銀行の場合　2
時間外予定表などで目立つ時間外の削減〔三井〕　2
原水爆署名十万を突破――8月15日を目標に継続　3
窓口でも競争で署名運動――お客さんも〝原水爆禁止〟で統一〔七十七〕　3
明るい職場を築くために　青婦対策部長・村田　洋文　3
衛生講話会から女子部を結成――日銀青婦人代表者会議開く　4
婦人の問題は婦人の手で――夏の事務服二着獲得〔七十七〕　4
大分従組で結婚資金要求　4
五味さん問題で熱心な討論――山梨中央で組合学校ひらく　5
職場の中から
新丸ビル屋上にこだまする歌声〔協和銀行本店〕　5
何とかしたい二貫目の氷運び〔三和銀行本店〕（青婦人部機関紙『なかま』四号より）　5

乙女心は一すじに　泣いて説得する新組合員――近江絹糸
彦根工場の表情　K　6
既婚婦人を市外支店へ転勤?――山陰合同で問題になる　6
サークルめぐり
大和従組大阪支部ともしびサークル　7
各サークル熱演の文化祭――住友従組の新入行員歓迎会　飯　沼　7
私たちの楽しい歌　「ジグーリ」（スミルノフ作詞、モクロウソフ作曲）　8
読者より　映画ストーリーを読んで　第四従組・手島　雪子　8

第八二号　一九五四年七月一五日

ベルリン平和特別会議より　1
夏がやつてきたならば（詩集『夜の貨物列車』より）　こばやし・つねお　1
賃上げをいかに斗うか　N　2
前進する統一と団結――第五回総評大会ひらく　K　3
短波　西欧を追いつめたアジア民族解放運動　3
近江絹糸の斗いと私達　島津千利世　4
全銀連で支援カンパを決定　4
お茶くみを廃止しよう――十八従組青婦人部でオルグ　5
事務服地の改良を!（三和従組）　5
夏事務服の着替を獲得――実を結んだ婦人部の活動（福岡）　5
職場の中から　女子寮をめぐつて　5
夏の関信組合学校ひらく　三百名を超えた参加者――組合学校の最高記録　6-7
非常に元気づけられた　商工中金・岩　井　生　7
話合いの時間が足りない　協和労組・鶴島　育子　7
みんなで育てよう私達の組合学校　S　7
注目される全銀連各地でも組合学校　7
他組合からも参加（四国従組）　7
岡山地協でもはつの組合学校　7
A子さん問題の教訓
組織の弱さはどこにあつたか　山梨従組・並木　達二　8
A子さんを組織的に守れなかつた責任　日銀従組・上市喜代子　8
A子さんに同情カンパ――就職斡旋はついに断念　8
A子さんは全銀連書記局を希望　8
詩集の選をおえて　金子　光晴　9
風立つ村（一九五四年『銀行員の詩集』より）　DAI・なかはら　9
映画紹介　「どぶ」　10
阿呆のツルと阿呆の群れの物語　新藤　兼人　10
「若い人たち」の配役きまる――シナリオも第一稿なる　10
ひろば娯楽室　クロスワードパズル／詰将棋／正解　11
書評　ミシエル・ゴルデー著『モスクワゆき旅券』　11
私たちの楽しい歌　「若者よ」（ひろし・ぬやま作詞、関忠亮作曲）　12

あとがき　S　12
次号は休刊します　12

第八三号　一九五四年八月一五日

ポツダム宣言より　1
橋の上――人人よ足ぶみをやめるな（一九五四年版『銀行員の詩集』より）　日銀・水木　則子　1
デフレ下の組合活動　全自動車・益田　哲夫　2
今日の問題　デフレ政策は何をもたらしたか　全銀連調査部・松　成　2-3
職場の話合いは斗いの基礎――賃上げを斗い抜くために　I　3
前進した青婦人の統一行動　スローガン　4
第10回青婦人代表者会議　4
（1）権利を守る斗いを進めるために　5
（2）生活の改善を斗いとるために　6
（3）私達の文化と平和を守るために　7-8
抗議文　全銀連第十回全国青婦人代表者会議　7
経営者のスローガン　8
統一と団結の話合い　8-9
乙羽さんに花束　9
戦争に奉仕するアメリカの原子力産業　K　10
終戦前后の銀行員生活　一日一時間足らずの勤務　三和従組・河村　周二　11
平和運動に新しい成功を――世界平和評議会よりメッセージ　11
A子さんの就職きまる――職業紹介所を通じて獲得　12
高原で友愛の誓い――全金融岡山地協で登山　12
サークルめぐり　東海職組本店支部人形劇サークル　13
オラトリオ〝森の歌〟――大阪労音で上演　13
映画紹介「太陽のない街」　14
「若い人たち」をめぐつて――北陸職組N分会の座談会　14
随想　こんなこと　静岡従組・若本しのぶ　15
書評　平井潔著『新しい性』　井手　文子　15
私たちの楽しい歌「平和の歌」（ドルマトウスキイ作詞、白樺合唱団作訳詞、ショスタコーヴィチ作曲）　16
第七回詰将棋の正解は／クロスワードパズルの正解は　16
あとがき／お知らせ　16

第八四号　一九五四年九月一日

ポール・エリユアールの言葉　1
鬼怒川の秋（詩集『夜の貨物列車』より）　こばやし・つねお　1
一斉リボンはなぜ挫折したか？　組織部・佐　藤　2
全都五千の総決起大会――賃上げ貫徹へ固い決意を示す　3
協和労組から八百名参加　3
各単組に青婦人の行動組織生まれる（北陸職組／千葉従組）　3
こゝにも近江絹糸がある――二十年の歴史を誇る旺文社　4

男女同権は認めず　経営者暴言に憤激――広島従組婦人部で決起大会　5
今日の問題　大証ストをめぐって　5
権利を守る斗いと団結　沼田稲次郎　6
女子停年制ついに撤回さる――働く人びとの団結の力　6
不当お掃除と不当転勤の話――横浜興信従組の婦人のつどい　7
僕たちには開襟シャツを――十八従組青婦人部で要求　7
終戦前后の銀行員生活　ふたつの円周　興銀職組・石垣　りん　8
関信支部で講演と映画の夕　8
三度むかえる国辱記念日――再軍備と従属の講和条約　調査部・松　成　9
原水爆反対署名全国で八百万　9
サークルだより　第四従組南西蒲原支部ともしびサークル　10
『銀行員の詩集』をめぐって
（巻支店）渡辺利郎／（小須戸支店）長沢ノブ／（一ノ木戸支店）渡辺テル子／（三条支店）加藤千恵子　10
書評　阿部知二編『恋愛と結婚の書』／細井和喜蔵著『女工哀史』　日銀・N　子　10
ひろば娯楽室　クロスワードパズル／詰将棋　11
「民芸」九月講演を買切り（関信北越支部文化部）　11
私たちの楽しい歌「Zum Gali Gali」（パレステイナ民謡）　12
協和と住友が共催で〝映画と講演の夕〟　12
あとがき　12

第八五号　一九五四年九月一五日

憲法第二十五条より　1
『二十四の瞳』より　壺井　栄　1
賃上げ斗争から何を学ぶか　2
新聞料金値上げの内幕――〝広告収入の減少〟は全くの口実　3
ともかせぎ　玉城　肇　4-5
定時定額昇給制を廃止――東銀重役重大な発言　5
人が増えたら逆に忙しくなった話（住友銀行T支店）　5
書評　園部三郎著『愛と真実の肖像――ショパン評伝』　日銀・T　生　5
生活のにじみ出た演技を――岸旗江さんは語る　岸　旗江　6
銀行員も参加船橋競馬場でロケ　6
サークルだより
職場の問題も話しあう――三井従組の料理研究会　7
東京労音で第九を公演　7
寮で子供会を開く――興銀人形劇サークル　7
私たちの楽しい歌「牧師とどれい」（黒人民謡）　8
詰将棋／お詫び　8
あとがき　8

第八六号　一九五四年一〇月一日

ベートーベンの言葉 1
働く仲間たちよ（＊詩）　第四従組・渡辺美恵子 1
写真　第四のスト風景から 1
世界の窓　つまづいた西独再軍備――微妙な英、米、仏の対立 2
平和的共存への第一歩――アジアと欧州の安全保障体制　野　村 2-3
日鋼室蘭の斗いから　労働者の犠牲の上にあくなき利潤の追求――アメリカへの隷属がもたらした悲劇 3
気狂いじみた切り崩し――伊予の斗いから 4-5
毎日、毎日が残業つづきすでに長欠者三名――東銀から三井へ……そして二カ月　及ばぬ組合の恩恵〔三井渋谷〕 5
訪欧労組代表出発 5
役者稼業に一生かけて――神田隆さんの弁　神田　隆 6
限りない憤りと深い悲しみ――久保山さん遂に永眠 7
久保山さんの死によせて（＊詩）　三菱従組・森田　一郎 7
賃上げ斗争から経営再建斗争へ――東京デパートその後 8
損保に時間延長の動き 8
サークルだより　富士銀行小舟町支店演劇サークル　三　沢 9
書評『女の眼と心――〝ひとゝき〟第二集』 9
新刊紹介　園部三郎著『演歌からジヤズへの日本史』 9
斗いは詩を育て詩は斗いを育てる　シユプレヒコール〝斗いのほのほ〟〔青森銀行従組大理石グループ〕 10-11
私たちの楽しい歌「工場の中から」（井上文江作詞、木下航二作曲） 12
クロスワード・パズルの正解は 12

第八七号　一九五四年一〇月一五日

宮本百合子の言葉 1
中国から帰つて　平岡　昭代 1
写真　品川駅についた中国からの帰国者 1
世界の窓　吉田外遊とコロンボ計画――米国のアジア支配の片棒　気がかりな外遊みやげ　O 2
偉大な中国の発展――一〇・一国慶節によせて　光岡　玄 3
働く既婚婦人をめぐる明暗二題
妊娠すれば退職勧告　産前産後の休暇も休めず――富士の場合 4-5
若いお母さんたちが自分たちの力で託児所――東大の場合 5
身分制度が生んだ悲劇　入行一年ではやくも身分差――不明朗になつた職場〔北拓〕　O 6
はじめて全日ストを斗つた日に――第四従組一職場委員の手記 7
本郷新氏作のローゼンバーグ夫妻 7

協和労組で〝斗いのほのお〟を上演　7
〝働きよい独立プロ〟——日高澄子さん　日高　澄子　8
サークルだより　横浜興信銀行本店人形劇サークル　9
書評『女性詩集　星宴』　千早耿一郎　9
前進座のあゆみ　厳しい苦難に耐え民衆のための芸術に生きる　10
郷土が誇る月の輪古墳〔全銀連岡山地協〕　11
民衆が掘り起す歴史——妨害する者は孤立する　11
私たちの楽しい歌「せわしき流の河」　12
第八回詰将棋の正解は　12
あとがき　大和田　12

第八八号〈特集「若い人たち」〉一九五四年一一月一日

宮本百合子の言葉　1
特集　私たちが作った映画「若い人たち」
第一章　製作態度をめぐつて
銀行の封建性を中心に〔全銀連政策委〕／これは組合映画ではない〔吉村監督〕　2－3
スタッフ／キヤスト　2－3
ものがたり　3
第二章　シナリオをめぐつて
不明確な阿佐子の成長過程　なお問題残す考え方の差異　4－5
この映画を、こんごの職場活動に生かそう　全銀連青婦人対策部長・村田　洋文　5
第三章「若い人たち」を作る人々
ベテラン揃いのスタツフ　演技陣も芸達者を集める　6
出演者のことば　岸旗江／中原早苗／木村三津子　6
演技する花を映画に——勅使河原和風氏のはなし　7
第四章　組合員はこう期待する
つぎのストーリーを職場の中に築いてゆこう　富士・小山　博信　7
全国各地で上映対策すすむ　7
世界の窓　両陣営は共存できるか「共存」は世界人民の声——後退する〝力〟の外交政策　8
随想　貸付の窓口から見たこの頃の世相　富士・前田　沢子　9・5
げんだいの神話（＊漫画）　9
ホクソ笑むのは誰か——山梨中央の分裂が私達に教えるもの　10－11
ひろば娯楽室
冗談ヴアラエテイ　危い危い危い!!　冗談小僧　11
街のポスターから／十月のカレンダーから　11
私たちの楽しい歌「みんな友達」〔坂和武作詞、萩原希史夫作曲〕　12
関信支部から催し物のお知らせ
秋の組合学校／前進座買切り公演／新協劇団買切り公演／文化座公演の割引斡旋　12
あとがき　12

第八九号　一九五四年一一月一五日

石川啄木の言葉　1
子供と絵（五三年版『銀行員の詩集』より）　飯田　芙美　1
世界の窓
　米国ではげしい教員の思想調査　2
　民主党勝利の意味するもの――「アイク政治」への不信
　だが、戦争政策はまだ続く　小島　正夫　2
なんのための金融引締め――デフレ政策の正体を衝く　3
未婚の女性が語る家庭への期待と不安　座談会　4-5
げんだいの神話（＊漫画）　5
写真　三井本店にデモる労働者　6
「預金戦術」と銀行員――私たちは日鋼室蘭の斗いをどう
　支援したらいいのか？　三井銀行の場合　6
　全銀連でもはつきりした方針を……　副委員長・道　家　6
　まず職場での話し合いを……　代議員・H　6
東証ストの背景　弦　7
「芸術祭」は国民のものか　8-9
書評　川島武宣著『結婚』　8
新刊紹介　劇団プーク編『平和と自由の歌集』　8
芸術祭と民衆　福田　定良　9
ストライキの中に拾う――山梨中銀斗争のコボレ話　10
〝若い人たち〟を他産業の仲間はこう批判する　11
私たちの楽しい歌「若人の歌」（吉村公三郎作詩、伊福部
　昭作曲）　12
文化ポケットニュース
　勤労感謝の日に『銀行員の詩集』を放送／東京労音一週
　年記念「第九交響曲」演奏会／総評主催国民文化会議　12

第九〇号　一九五四年一二月一日

高野実の言葉　1
飛行機（『日本こども詩集』より）　越沼すみ子　1
写真　こんど東京の芝公園に建設されたこども平和塔　1
銀行労働者は前進する　統一強めた全銀連全国大会――各
　界の注視の中に今後の斗う方針を決定　2
世界の窓
　中国の新しい芝居　岸　輝子　3
　中国から通商使節団を招請　3
戦前にみる家族制度――〝醇風美俗〟の正体は……？　4-5
家族制度の復活の狙い　鍛治千鶴子　5
とばされた婦人部長――波紋をなげる稲葉さんの転勤
　ねらいは組織の弱化〔関信支部婦人部〕／不当とは断言
　できぬ〔住友従組執行部〕　6-7
　全ての職場での斗いに　全銀連中執・海　老　原　7
　みんなのための斗いに――病床で語る稲葉さん　7
女性たちよ！目をひらこう――濠州のストリート・ウッド
　コック両夫人にきく　座談会　8-9
新刊紹介

『死の灰から原子力発電へ』／『新しい道徳教室』／『女
性のための人生論』 9
職場から締め出される女性――七十七銀行従組の組合員の
意見 10
サークルだより　場所のないのに悩む東海支部青婦懇サー
クル 11
つぎからつぎへと出された職場の問題――三井従組の青婦
人会議から 12-13
毎週一度の〝朝礼〟――組合員の多くは不満〔神戸〕 13
げんだいの神話（＊漫画） 13
次号休刊のお知らせ　編集部 13
文学と平和について　堀田善衛 14・10
映画〝若い人たち〟をみて　壱岐一郎 15
私たちの楽しい歌「原爆を許すまじ」（浅田石二詩、木下
航二曲） 16
『ひろば』新年特集号原稿募集 16

第九一号〈新年特別号〉一九五五年一月一日

平和万才（＊画）　ピカソ (1)
初春随想　幸あれ!!１９５５年
戦争と平和　深尾須磨子 3
主役は労働者　徳永直 3
５４年の回顧
映画　苦しかつた独立プロ――「二十四の瞳」ひとり気
を吐く 4
音楽　平和と幸福への希い――「うたごえ運動」の高まり 5
職場の苦しみはどこでも同じだ　ビルの中に燃えあがるほ
のお――事務労働者はこうして立ち上つた　座談会
〔昭和信用金庫従組／大生相互銀行従組／チヤータード
銀行労組／東京証券取引所労組／殖産住宅労組〕 6-9
阿佐子とツル――映画「若い人たち」について　平田重明 9
コント　十円のXマスケーキ　神戸・田辺哲 10
新年娯楽室
アカ恐怖病（＊漫画）　かねこ・とくよし 11
政界余波（＊漫画）　茶良平 12
新春お好みヒットパレード 12-13
若い人にむくお正月の髪 13
お正月映画のメニユー 12-13
今年はサラリーマンの当り年です 14
仲よし三人（＊漫画）　大西正美 14
クロスワードパズル／詰碁／詰将棋 14
新春訪問　今年の活躍を期待される久我美子 15
私はこんどこそ確信をもった――斗いの中でいくたびか悩
みぬいたすえついに真実をつかんだ山梨中銀一女性の手
記 16-17・23
ルポルタージュ　岡山地協を訪ねて 18-19
一九五五年の詩運動の発展のために
人々の手のウチに詩があるように　日銀・坂下克巳 20

話し合いの中から――大理石グループのひととき　青森・谷村　康子　20-21
夜話（＊詩）　興銀・石垣　りん　21
五五年版詩集の作品募集　21
〝お正月がなくてもガマンして……〟――厳寒の北辺に斗いつづく日鋼室蘭の子ら　22
サークルだより　沈滞から息を吹き返した開発銀行従組の歴史サークル　23
私たちの楽しい歌「東京北京」（下山・中山作詩、寺原伸夫作曲）　24
あとがき　24

第九二号　一九五五年一月一五日

高野実の言葉　1
ふきのとう（『全損保詩集』より）　丸山　節子　1
世界の窓　重光外交のゆくえ？　吉田外交の方針を継承――中ソとの国交回復は空手形　2
平和と友情のために　ようこそ!!世界民青連の代表たち　3
世界民青連のあゆみ　3
ついに出なかつた第二の〝A子さん〟――K子さんは仲間たちに支えられて斗い抜く　4-5
坪井繁治著『現代詩案内』を読んで　青森従組・石岡　錦　5
54年の出版界と組合図書室のぞ記
〝新書版〟の流行と驚くべき伊藤整ブーム　6-7
芳しくない利用度――あたら書庫に眠る組合図書　7
最高裁判――三鷹事件判決延期の大法廷を傍聴して（絵と文）　赤松　俊子　8
「ルポ　岡山地協を訪ねて」に対する一つの意見　岡山地協・Q　生　9
山梨に生れた斗いの記録二つ――幻灯「智子の日記」と詩集『にぎりめし』　Y・T　10
新春を飾る二つの映画　フランス映画「鉄路の斗い」／独立映画社作品「愛すればこそ」　11
私たちの楽しい歌「吹雪」（ロシヤ民謡）　12
五五年版『銀行員の詩集』作品募集　全銀連文化部　12

第九三号　一九五五年二月一日

ジエームズ・ラッセル・ロウエルの言葉　1
たこあげ（『日本こども詩集』より）　国政　敬美　1
原水爆禁止署名2000万票を突破　八月に広島で世界大会――原水爆禁止署名全国会議ひらく　2
原水爆禁止について全世界への訴え　原水爆禁止署名運動全国会議　2
走馬灯　勝敗／声なき声／共産党員／個人の自由　3
座談会　私たちの生活と政治――総選挙を前にして清き一票のために　4-7
総選挙に関するアンケート①

（紀陽）久保佳弘／（第一）Ｋ生／（秋田）高橋光夫／（秋
田）白沢健一／（東海）佐橋克清／（富士）Ａ子　4―5
チャッカリ時評（＊漫画）　日銀前橋支店・大六　恒憲　7
共稼ぎ白書　経験者の実態と未婚者の意見
（一）共稼ぎ生活の実態——婦人公論者の調査による　8―9
（二）未婚者の意見——第四・南西蒲原支部の調査　10
オイストラフの横顔　井上　頼豊　11
不安におののく現送要員
〝お金〟が怖い銀行員——協和銀行Ｋ君の場合　12
〝仕事だから〟とあきらめ風呂敷包みで電車利用　12
〝商売とはいいながらイヤな仕事だね〟——Ｓ地銀Ｓ氏
の話　13
無線自動車はきたけれど——現送手当のない市銀もある　13・15
機関紙の片隅から　〝歌うよろこびを〟職場のみんなのも
のに——電通の仲間とも交流する岩殖一関支店のうたご
え　14
「ゆき子」という名の女——映画「浮雲」をみて
富士従組・北村まり子　15
私たちの楽しい歌「ぼくらのふるさと」（ドイツ民謡）　16
新年号の詰将棋とパズルの正解　16
お詫び　16

第九四号　一九五五年二月一五日

ミチユーリンの言葉　1
早春（『銀行員の詩集』より）　前川千栄子　1
世界の窓　Ｍ・フランス内閣崩潰の意味するもの——反国
民的政策への反撃パリ協定発効に暗影　2
走馬灯　六単産共斗／日本満員／米作日本一／言論の自由　3
鳩山さんの手品——〝対米協調〟と〝独立〟は両立するか　4―6
二本のツエ（＊漫画）　南　義郎　5
私たちは平和を選ぶ（＊漫画）　江比　猛　6
日本よいとこ　①住宅／②生活／③教育／④基地　5・7・9・13
マレンコフの辞任と吉田内閣の総辞職　6
総選挙に関するアンケート②
（千葉）佐々木義郎／（東京）津田玲子／（協和）豊博／（静
岡）加藤洋子　6―7
全銀連の選挙斗争の方針　7
雑誌『改造』はどこへ行く？——ゆらぐ出版界の〝名門〟　8―9・15
銀行にもある…「臨時工」期限がくるとクビ——低賃金
…労働強化　活動家の転勤が投げた波紋　10
全国の仲間大交流　第十一全国青婦人代表者会議——みん
なの不満を…悩みを…要求を…　11
嫁をとるにも、子供をうむにも米軍の許可が必要——基地
になつた青葉城　12
サークルだより　三井銀行従組「詩」のサークル
神田　生大　13
構成詩　私たちの生活僕たちの生活
国鉄・詩サークル〝たんぽぽ〟　14―15
構成詩「私たちの生活僕たちの生活」について　15

お知らせ　LPコンサート〔関信支部〕 15
私たちの楽しい歌「世界の青春」（アレクサンドルフ作曲） 16
詩集の応募は二月一杯です 16

第九五号　一九五五年三月一日

魯迅の言葉 1
春（『日本こども詩集』より）　木村　若菜 1
三月八日は国際婦人デー――婦人デーの歴史 2－3
恋愛結婚共稼ぎ　石垣　綾子 3
育ちゆく〝若い芽〟――ある若い活動家の職場活動メモから〔北陸銀行N支店〕
職場の話し合いで年末の早帰りを実現／みんなの支持で要求を一つづつ解決／読書サークルの討論も身の廻りの問題と結びつけて 4－6
ココリ雛（＊詩）　興銀・地蔵　瑞子 5
トーマスさんの胸に――世界民青連代表歓迎余話　広島従組・新本　弘子 6
横暴な米人経営者レストラン「ヒビヤ・イン」――女給さんが組合を作り支配人をあやまらす 7
洗面袋が結ぶ縁――大阪・西野田に流れるうたごえ 8－9
苦しい暮しの手帖 8－9
女性をめぐる職場の問題――関信支部婦人部総会から 10
安心して生活できる政治を――働きたい、産みたい、育てたい　東京の一票生かす婦人大会 11
サークルだより
北拓・神戸支店の音楽部　黒田　完治 12
メシより歌がすき――第四・上越支部の木曜会（第四従組機関紙『だいし』より） 12
詩集『にぎりめし』を読んで　日向興業・清山　恵子 13
山梨中銀で『にぎりめし』の合評会 13
「ここに泉あり」（＊映画）　水野　宜信 14－15
北から南から読者の便り
嬉しかつた〝うたごえ〟特集――今年は相銀の人たちとも交流〔荘内従組飽海支部〕 15
各サークルの作品を交換しましょう　北拓しいのみ会・勝田　倫吉 15
私たちの楽しい歌「しゃれこうべの歌」（イタリー映画〝越境者〟より） 16
『銀行員の詩集』作品募集の締切り三月十五日に延期　全銀連文化部 16
関信支部で趣味と作品展 16
あとがき 16

第九六号　一九五五年四月一日

久保山さんの死をうたつた中原綾子さんの短歌 1
春の土（＊詩）（『綴方風土記・東北編』より）　斎藤　幹子 1
写真　雪どけ風景（関信支部〝趣味と作品〟展入選作品）

富士従組蒲田支部・横山　敏成　1
特集　たゆみなく前進する若者たち――第十一回全国青婦人代表者会議　2
1．私たちの職場の状態　3－5
2．私たちの組織の弱点　5－6
3．私たちの前にある壁　7－8
4．私たちの斗いの方向　9－13
スローガン　3
旅館で楽しい文化祭　6
私用電話論争　8
ひろがる〃話し合い〃――会議の成果と反省　10－13
出席者のアンケートから　13
出席者の感想　14
ビキニの悲劇・あれから一年　平和への悲願をこめて――
原子戦争反対の集い　15
原子戦争の準備反対の訴え――ウイン・アッピール　15
私たちのコーラス――アンケートにみる三和銀行本店の場合　16－17・8
サークルだより　商工中金職組本所支部の演劇部　岩　井　18－19
北から南から読者の便り
『ひろば』を中心に話し合つたり、歌つたり　三和従組浜松分会・佐藤　光男　19
静岡でも〃中部のうたごえ〃　静岡従組蒲原支店・入沢とし江　19
私たちの楽しい歌「ハイリリ・ハイロー」（映画〃リリー〃より）　20
あとがき　20

第九七号　一九五五年四月一五日

シヨスタコーヴイッチの言葉　1
写真　ポートレート（関信支部〃趣味と作品〃展入選作品）　神戸銀行池袋支店・松尾　則彦　1
特集　風かおる五月の空に…第二十六回メーデーを迎えて――職場に話し合いを!!　話し合いで団結を!!　2
メーデー物語――その起源とおいたち　3－4
思い出のメーデー
日本ではじめてのメーデー　市川　義雄　5
メーデーに参加した頃　松田　解子　5－6
二十六回メーデーに寄せて
おばあさんも子供も一緒に　清水　慶子　5
平和勢力強化の努力を　安井　郁　5
メーデー歌の歴史――うたいつづけられた日本のメーデー歌　6
昨年の世界のメーデー　6－7
メーデーの写真――群像の写し方　田村　茂　7
詩　メーデー　全損保・青牧　幸児　7
全銀連のメーデースローガン　8
去年参加した感想
とても愉快なお祭り　三菱従組・M　生　8

子供にかえつたような気持　協和労組・K　子　8
活気のあるジグザグ行進　三井従組・F　子　8
ことしもゼヒ参加　日銀従組・K　子　8
たのしいメーデーのお弁当の作り方　8
世界の銀行の仲間たち　希望と確信にみち日ましに豊かな
生活へ――中国の巻　9
特集　井上節子さんはなぜ死んだ？――香港上海銀行が生
んだ悲劇の背景　10－13
井上さんに（＊詩）　山梨中央銀行・M・K生　12
第二の節子を出さないで――節子さんのお母さんの話　13
とても苦しそうだつた――同僚の人の話　13－14
再び第二の井上さんを出すな――香港上海銀行大阪支店
従組の斗いの経過　14－16
最愛の人を奪つた者への怒り
香港上海銀行・藤田　靖幸　17
出版界アレコレ
『改造』五月号も絶望／大好評の経済学教科書　17
ちかごろの高校生気質――新入行員はどんな素地をもつて
職場に入つてくるか　18－19・22
中国通商代表団来日　19
いまなおつづく不安と怒り――死の灰の街焼津の表情　19－21
書評　渡辺春男著『片山潜と共に』　神戸従組・福　田　21
職場の中から　機械そのものの青春――なぜサークルは伸
び悩む？　富士・北村まり子　22
サークルだより　造形のよろこび――東銀の鎌倉彫の集い
私たちの楽しい歌「祖国の山河」（紺谷邦子作詞、芥川也
寸志作曲）　東京銀行・土田　徳子　23
　24
あとがき　24

第九八号　一九五五年五月一五日

グリンカの言葉　1
勝利の祭日（世界のメーデーの詩より）　ベツヒヤー　1
（第三回全国写真コンクール出品作品）　山梨従組・浅川　輝男　1
固く結んだ友情――第二六回メーデー万才　2
雨にもめげず四十万／家族づれも多い〔大阪〕／〝かけ
がえのない人達〟と知事〔第四従組〕／メーデー宣言（要
旨）／札幌で初参加　2－4
北京のメーデー――日本代表もあいさつ　4
はじめて参加して（三井従組）K子／（第四従組）S子　4
役席も素晴らしいと第四、岡山地協で前夜祭　5
この道（＊詩）　石垣　りん　5
フランスの全銀連――それはフランスの良心を守る力　6－7
昇給斗争と婦人たち　8－11
投書から　給与担当者も唖然――巧妙な銀行の昇給査定　11－12
私たちの楽しい歌「畑うちの歌」（朝鮮民謡）　12
あとがき　12

第九九号　＊未見

第一〇〇号〈一〇〇号記念特別号〉　一九五五年六月一五日

チエルヌイシエフスキーの言葉　1
協和従組大阪支部人形サークルの作品（＊写真）　1
『ひろば』と三つの願い　編集部　2
ひろば月間――6月15日から7月15日まで　2
100号記念座談会（その1）　読者からみた『ひろば』〔三井／伊予／埼玉／香港上海／住友／東京／支部書記局／近畿支部青婦人会議書記長〕　3－5
七十七従組の青婦人部大会ひらく　5
一〇〇号記念座談会（その2）『ひろば』の若芽のころ　高橋元滋／中田純一／（新青対部長）村本／（東北支部長）菊田　6－7
濃縮ウラン――受入れ交渉の背景　8－9・11
濃縮ウラニウムとは　9
その后の〃どんぐり〃達――お掃除もはじめた男子　10－11
半日スト後の出来事　東北銀行従組・小川　義一　10
嬉しかつた万場の拍手――静銀清水でうたごえに参加　静岡・清水　H子　12
世界の歌になる〃原爆ゆるすまじ〃　12
銀行ぶし（三井従組機関紙より）　12
懸賞募集・佳作コント集
笑い屋さん　神戸従組・渡辺　哲哉　13－14
鯉上り　鹿児島従組・下西　和夫　14－15
ラブ君　青森従組・あいいち・あおやま　15－16
懸賞コント入選発表　15
社会時評　三つの歌　野口　肇　16
「日本のうたごえ」ワルシヤワへ　16
全体の力を強める事――これが今年の課題です　青婦対策部長・村本　昭　17
海外トピック
全米五十市で大防空演習／英鋳物組合など原爆禁止を決議／英ロンドンで原爆製造抗議大会／ブラジル議員、米の原爆戦争準備に反対　17
新中国の銀行生活　託児所から学校もある――人民銀行の福利施設　18－19
さすがは労働者の国――高野実氏の報告から　19
ソヴエット訪問の労組代表帰る　19
こうしてつかんだ職場の実態――『つどい』編集部の経験から　その実情／その経験〔荘内銀行従組青婦人部飽海支部〕　20－21
初のお母さん大会　22－23
大会宣言　世界の母親と大きな団結　日本母親大会　23
世界大会にアルバム　23
『銀行員の詩集』にみる銀行員の像　伊藤　信吉　24
銀行員としての父　河村真木子　24

銀行員と劇場員　平田　兼三　25
銀行員を夫に持つ妻の立場から　黒沢　和子　25
新演劇研究所「サークルものがたり」（鈴木政男作）　Y・T　26
イメージ（＊詩）　竹内　景助　26
書評「ルポ銀行員」（『中央公論』6月号）　F従組・Q　生　27
新映画　今年のメーデー　27
私たちの楽しい歌「私達のブカレストにて」（モーリス・ヴェスカン作曲、芥川也寸志編曲）　28
あとがき　28

第一〇一号　一九五五年七月一日

アレクセイ・トルストイの言葉　1
七月三十日からワルシャワでひらかれる世界青年学生平和友好祭のポスター（ワルシャワの準備会から送られてきたもの）（＊写真）　1
『ひろば』百号によせて（中央執行副委員長）中山秀治／（教育宣伝部長）中川敏　2
〝無実の人を殺すな〟――謎につつまれた三鷹事件の判決　3-4
裁判を傍聴して　松田　解子　4
裁判官の〝感じで死刑〟――岡林主任弁護人談　岡林　辰雄　4-5
これこそファシズム　5
なお残る幾多の疑問　5
退職金――その現状と問題点　6-7・15
（別表一）勤続五年の退職金　6
（別表二）新制高校卒初任給　6
（＊漫画）　三井銀行従組・北村　知久　7
サークルと職場――北陸従組石川支部演劇部の場合　8-9
十八従組福岡支店のおしゃべり会　9
詩　新券の匂ひ　福銀従組・波多野たかを　9
世界各国の銀行員　その三　斗うインド全銀連――ゼネストで労相追放〝裁定〟めぐつてなおつづく斗い　10-11・13
ついに太陽をとらえた――実を結んだ山口の組合づくり　12
サークルだより　横浜興信・第一北支部の手芸サークル　13
懸賞募集・佳作コント集
小さな青春譜　神戸従組・富永　満文　14-15
綴方教室
わたしのおとうさん　根上　泰子　15
一銀行員の家　広瀬　清　15
私たちの楽しい歌「しあわせの歌」（石原健治作詩、木下航二作曲）　16
あとがき　16

第一〇二号　一九五五年七月一五日

山口健二の言葉　1
ピカソの「子供とうま」（＊画）　ピ　カ　ソ　1

解説　吉井　忠　1
詩のページ　くらしの歌から　本のうた・空のうた　青森従組・石岡　錦　2
世界青年平和友好祭万才！
うたごえにはこばれた旅――平和を求める日本を訪れて　マルコム・ニクソン／マリー・モルヴァン　3－5
世界青年学生平和友好祭　5
レポート　統一と勝利をめざして――青和従組ドングリ・クラブの生いたち　6－7・11
ソヴェトの印象　前全銀連副委員長・田中　哲雄　8－10
ソヴエートにお友達を作り、通信を致しましょう　10
出納金不足に人権無視の検査　マッチ占いで犯人きめる――憤慨した組合、経営者を陳謝さす〔四国〕　11
みんな手をとり合って――日銀の第三回全国青婦人代表者会議から　12－13
北から南から仲間たちの動き
七十七の青婦人部で文化活動者の話し合い〔仙台〕　14
東北の「どんぐり」青婦人部として新発足〔盛岡〕　14
「佐賀のうたごえ」に全金融の仲間も参加〔佐賀〕　14
横浜興信の本店で婦人だけの共稼ぎ談義〔横浜〕　15
十八の青婦人部で賑やかに大会の前夜祭〔長崎〕　15
勧銀の埼玉三カ店で正丸峠へ合同ハイキング〔浦和〕　15
私たちの楽しい歌「禁じられた遊び」（スペイン民謡、花田英三・飯塚広作詞、長沢勝俊編曲）　16
レポート懸賞募集　私はこうして署名をあつめた　16

第一〇三号　一九五五年八月一日

宮本百合子の言葉　1
東京渋谷の鳩の森保育園にて（＊写真）　1
詩のページ　K駅にて　日銀従組・橋立芙美子　2
世界の窓　話し合いの道ひらく――世論の期待にこたえた四大国会議　3
職場にひろがる斗い――全国青婦人連絡協議会から　4－5
八・六大会に前夜祭――広島従組で本店中心に　5
Wアピール十万票突破　5
八・六大会に世界各地から激励の手紙――フランスのセーゼ市長から　5
私がみた近畿の青婦人――関信と近畿のタイプのちがい　千葉従組・ふじもと・ゆたか　6－7
第四従組南西支部組合学校――海水浴客ともうちとけてはればれと美しい若者達の顔　7
内勤からいきなり庶務へ――協和銀行で一婦人の職種変更が問題化　8－10
Yさんの手記　現在の私の心境　9
うだつのあがる法――人事課長と次長との対話から（七十七従組気仙沼支部機関紙『ほむら』より）　10－11
岩手殖産従組で初の組合学校　11
八月の映画展望　おしなべて〝夏枯れ〟――話題は「アウシユウイツの女囚」　10－11

〝狼〟の映画批評コンクール　11
文化活動者のページ――経験の交流のために
関信支部音楽教室について　12―13
誰の役にも立ちたい――この欄の企画に当つて　全銀連文化部　13
職場大会の終つたあと　一幕　日銀従組・こふなど・しんいち　14―15
私たちの楽しい歌「夜に」（ウイトリン曲）　16
レポート懸賞募集　私はこうして署名をあつめた　16

第一〇四号　一九五五年八月一五日

宮本百合子の言葉　1
東京上野の不忍池にて（＊写真）　1
詩のページ　悲劇断章／雨におもう　第四銀行従組・渡辺美恵子　2
過ちは再び繰返しません　世界の良心をあつめ平和の誓いも新に八・六大会終る
大会宣言――ヒロシマ・アピール　原水爆禁止世界大会　3
理くつでない平和への希い――原爆被害者の訴え　4
〝立場のちがいをこえて〟――切々訴える久保山すずさん　4
8・6大会から
各国代表の感想　5
原水爆署名三千二百万票を突破　5
ヒロシマ寸描　5
（＊短歌）
八・六大会に出席して　宮崎　白蓮　5
余りにも深刻な印象　浅田　石二　5
平和合唱交歓会に参加した「金融のうた」――広島従組　木下　航二　5
細川さんからの便り　細　川　6
署名運動・私の経験
週刊朝日の切り抜きを利用して……　神戸従組・S　子　6
忘れていたこと　三井従組・木下　康夫　6
解説　総評と全労――統一への前進示した二つの全国大会　7
友情と平和の喜び――日本でも平和友好祭の幕開く　8―9
永久に消えないほほ笑み――七十七の古内君から仲間へのたより　9
小林氏に特別賞――平和友好祭国際文化コンクール　9
八月十五日　あれから十年（その1）
栄養失調に泣きつつ　静岡従組・丘　伸子　10―11
未来を求める第二の人生　紀陽従組・野原　亮　11―12
くらしと職場の中から　東北従組・平山　節子　12
父の元金　秋田職組・岸部　繁　12―13
忘れられぬ抑留生活　第一従組・K　生　13
サークル活動の実態――荘内従組田川支部の場合　14―17
この調査をみて　全銀連文化部・水　野　16―18
書評　イリヤ・コチエンコ『友情・恋愛・結婚』　大　和　田　18
新映画紹介　イタリヤ総天然色「夏の嵐」　19
電産の自主映画は「しあわせの歌」　19

文化活動者のページ――経験の交流のために
合唱団一覧 20
構成詩　平和　広島銀行従組・構成詩研究会 21―23
私たちの楽しい歌　「子守唄」（野上彰詞、団伊玖磨曲） 24
あとがき 24

第一〇五号　一九五五年九月一日

ロマン・ローランの言葉 1
東京稲田多摩川の梨畑にて（＊写真） 1
詩のページ　斗う香港上海の友に　住友銀行従組・N　子 2
『銀行員の詩集』55年版――今月中旬いよいよ出来 2
（＊カット）　長岡　澄子 2
8・15―あれから十年（その2）
あの頃の僕いまの僕　岩殖従組・広田　豊 3―4
生きては帰つたが仕事をうばわれた父　東銀従組・山内　啓子 4
ストに教えられて……　伊予従組・T　生 4―5
永久に消えぬ傷　東銀従組・津田　玲子 5―6
すべての苦しみのもと――サンフランシスコ条約　紀陽従組・吉岡　保夫 6
賃上げ斗争で板挟みになつた職場委員　T従組・S・K生 6―7
悲惨だつた朝鮮の生活　神戸従組・S　子 7―8
あれから十年　ラッシユその1昭和二十二年／ラッシユその2昭和二十九年（＊写真） 5・7
文化時評　読書十年　野口　肇 8
十年の年月をこえて――よみがえるエルベの誓い　ジヨセフ・ポロウスキイ 9
海外短信
インドも各地で八・六記念集会／ネール首相がソ連へ小象の贈物 9
仲間たちは呼び合う――香上従組〝よこはまの声〟より 10―11
一般新聞紙の投書から　鈴木　正臣 11
お稽古ごとをめぐつて
1、お稽古と組合活動――山梨中銀の人たちの意見 12―13
2、〝お稽古〟是か非か――第四銀行の人たちの意見 13―14
3、お稽古のサークル――岩殖・一関支店の場合　吉家　和子 15
えらいお方と青春性について　山梨中央従組・G　生 15
〝折角集つた仲間だから〟――組合学校から阿蘇登山へ　福岡従組・山田　浩子 16―17
署名運動・私の経験　旧佐賀中央従組・犬塚　義人 17
うたごえの関鑑子さんかえる 17
秋口の髪と肌の手入れ――山野愛子さんにきく 18
若々しい直線裁ちワンピース――平和友好祭のファッション・シヨーから 18―19
九月の映画界展望
巨匠の作品出揃う――初秋を賑やかに飾る邦画陣 18―19
製作ニユース 19

文化活動者のページ――経験の交流のために
調査運動について――私はこう思う　天達　忠雄　20－21
合唱団一覧（その2）　21
友達に技術を分とう――職場の詩活動発展のために　21
サークルをどのように育てるか――私たちのサークル懇談
会の経験から　千葉従組・桜井ひとし　22－23
私たちの楽しい歌「わが故郷」（増岡敏和詩、村中好穂
曲）　24
あとがき　24

第一〇六号　一九五五年九月一五日

壺井繁治の言葉　1
とりいれ――新潟県西蒲原郡にて（＊写真）　1
詩のページ　幕のかげから　神戸従組・渡辺　哲哉　2
解説　国際婦人労働者会議について　全銀連青婦人対策部　3
海外ニュース
原水爆禁止を決議英TUC年次大会／自殺や逃亡が流行
金門、馬祖の国府軍　3
二つの「新生活運動」
鳩山内閣の新生活運動　歴史はくりかえす？――再軍備
コースの精神作興運動か　4－5
日銀従組の新生活運動　形式よりも内容――職場を明る
くすることが主眼　5
はたして豊作か――日本一の米作地帯越後平野をゆく　6－7
全国青代会議終る――ちかく特集号を発行　6
懐ろの温いのは富農だけ――中流以下は〝凶作よりまし〟
（長野）　7
平和への道――石川達三の〝平和を信じ得るか〟に関連し
て　勧銀従組・H・S　8－9
構成詩「平和」について　山梨中央・あまの・とおる　9
映画の解放――みてたのしむことをつくること
時実　象平　10
新映画紹介　黒沢明のオリジナル「生きものの記録」　10－11
読者の映画批評をつのる　11
アンサンブル――平和友好祭のフアツシヨン・シヨーから　11
文化活動者のページ――経験の交流のために
フオークダンス――上手な教え方・教わり方　12－13
文化活動の豊富な経験と高い技術を交流し誰もが楽しめ
るようにしよう　13
真の女性解放のために　東海職組・仲　秀夫　14－15
私たちの楽しい歌「栄光のうた」（やまもと詩、こんの
曲）　16
あとがき　16

第一〇七号　＊未見

第一〇八号　一九五五年一〇月一五日

ベルツオルト・ブレヒトの言葉　1
詩のページ　五五年版『銀行員の詩集』に掲載されなかった優秀作品集
Nさんよ　広島・真澄　修一　2
秋　日銀・落合さゆ子　2
ふるさとを、生活を奪うもの
基地拡張問題の背景——なぜ日本人同志が血を流し合わなければならないのか　3－4
その後の砂川の表情　土地を守る心は一つ——ますます強まる反対の決意　4－5
世界の働く婦人たち　イタリヤの巻
切り下げられる労働条件——牧師が職場からの婦人締め出しに一役　6－7
国際婦人労働者会議を準備しましょう——世界労連第七回総会におけるよびかけ　フラシヨン　7
もつと討議を深めたかつた——青代会議出席者のアンケートから　8－9
アンケートを読んで〝更に経験をゆたかに〟　全銀連青婦人対策部　8－9
趣旨は職場活動で生かす——流産した日銀従組の新生活運動　10
書評　小田切秀雄著『いやなことはいやだということ』　10
新映画紹介　山本薩夫監督の異色作「浮草物語」　11
サンマの秋　末広　恭雄　12
おしゃれ手帖　イヤ・リング　笠置八千代　12
妊婦の化粧　12
毛糸の洗濯のしかた——アルカリ性は絶対禁物　12
若い人の通勤着——平和友好祭のファツシヨン・シヨーから　13
季節のメモ　夏もののお洗濯／夜具の手入れ　13
働く者の新しい日記——五六年版国民日記　14
少女たちは歩む——一〇八日斗つた杏林製菓の少女たち（＊詩）　鈴木　初江　14
詰将棋　14
秋の撮影メモ　14
職場と婦人——青代会議の婦人懇談会から　15－17
文化活動者のページ——経験の交流のために
「日本のうたごえ」をむかえコーラス活動に思うこと　18－19
甘くみてはダメ——あたりまえの活動も安易には出来ない　全銀連文化部長・片島　康彦　19
合作詩　人形劇のうた——「裸の王様」の人形劇製作の中から　青森銀行従組東青支部人形劇サークル　20－23
私たちの楽しい歌　「いってしまった小鳥」（ポーランド歌曲）　24
あとがき　24

第一〇九号　一九五五年一一月一日

宮沢賢治の言葉　1

スポーツの秋——東京明治神宮外苑にて（＊写真） 1
詩のページ　五五年版『銀行員の詩集』に掲載されなかった優秀作品集
くらしの歌から　青森・石岡　錦 2
白いノオト　東海・清水　典子 2
ヨーロッパに旅して——国際婦人労働者会議の準備会に出席した落合基子さんのお土産話 3–5
国際婦人労働者会議を準備しましょう——世界労連第七回総会におけるよびかけ　落合　基子 5
世界の働く婦人たち　フランスの巻　フラシヨン
力強い平和への努力——斗いの中で前進する統一行動 6–7
私たちの組合学校
近畿支部青婦人会議堺分会からのお便り　堺分会幹事・A　子 8
はじめてやつた喜び——進行はヘタでも一日を楽しく 8–9
『財閥』を読んで　一読書愛好者 9
おしやれ手帖　マフラー　笠置八千代 10
ことしの婦人服地 10
新酒 10–11
十一月の映画界展望　独立プロから二本——問題作は「生きものの記録」 10–11
「しあわせの歌」について　電産労組・石原　健治 11
お詫びと訂正（前号十頁の書評欄） 11
事務服のファツシヨン　日本興業銀行／東北銀行 12
童話　なかなおり　川尻　則子 13
（え）　高頭　洋八 13
この力はどこから？　不当転勤を撤回さす——斗いの中核となつた青婦人（日向興業従組） 14–15・20
職場の話し合い——北陸従組荒町分会のレポート（機関紙『ほくりく』より）
喜ばれる職場新聞——率直な声はアンケートで　村田　久雄 16–17
はじめて出した「生休」届　岩手殖産従組・K　子 17
文化活動者のページ——経験の交流のために
次回への足がかり——文化活動調査報告（1） 18–19
詩集売り捌記 18
関信合唱懇・うたごえ参加を申し合わせる！ 19
私たちの楽しい歌「美しきわが故郷」（朝鮮歌曲、金提善編曲） 20
あとがき 20

第一一〇号　一九五五年一一月一五日

ネール首相の言葉 1
詩のページ　五五年版『銀行員の詩集』に掲載されなかった優秀作品集
ロンザーニ神父を悼む　住友・松村　素子 2
風の夜の愛　協和・瀬能　敏子 2
私は裸にされる——住友の協約に第四の「組合情報」から
改訂の趣旨——まづ不平、不満の制限と組合発言力を鈍

らせる事 3
非組合員の数を多くした 3
業務妨害のヤキ印も――仕事、人事問題はタブー 3
銀行はピストルに弾をこめて来た 3
何とまあ高圧的な――聞えて来る進軍ラッパ 4
青婦人への便宜を縮小――二重組織論で内部をカク乱 4－5
内部からの抵抗鎮圧――これは全銀連だけでなく全労働者の問題だ（労働情報より） 5
（＊カット） A・Kōno 4－5
世界の働く婦人たち イギリスの巻 5
男女同一賃金めざして――斗う被服産業の婦人労働者 6－7
国際婦人労働者会議の準備会できまつたこと 7
基地日本 県知事も一緒に――飛行場拡張に反対する新潟 8－9
全国基地斗争――発展する〝砂川〟 8－9
家内安全 静岡従組・坂田 英樹 10－11
新映画紹介 ドイツ版「真空地帯」――西独の話題作「零八一五」 10－11
「胸より胸に」クランク・アップ 11
おしやれ手帖 お肌の手入れ マヤ・片岡 11
事務服のフアツシヨン 青森銀行／協和銀行 12
私の場合の共稼ぎ 亭主の洗濯 全銀連書記局・金子 徳好 13
共稼ぎ体験者の生活記録募集 13
若い銀行員は常識家？――全銀連組織白書基礎調査から 14－15
私達はこうして勉強している――第四従組学習サークルの経験 16－17
時評 マーガレット王女の悲恋 17
海外ニユース 中国で最初の郵便切手工場／米でストライキ弾圧に戦車出動 17
文化活動者のページ――経験の交流のために 個人の知識を尊重し趣味・研究を深めよう 18－19
ブツクガイド 18
よい演劇を安く！――東京労演の発足に期待 19
私たちの楽しい歌「むすめさん」（ポーランド民謡、東大音感作詞） 20
「ひろば」新年号原稿募集 20

第一一一号　一九五五年一二月一日

ゲオルギ・デイミトロフの言葉 1
塀の上の子ら（第四回全銀連写真展出品作品より） 七十七・北川雄一郎 1
詩のページ 五五年版『銀行員の詩集』に掲載されなかつた優秀作品集
セーターを編むS子 京都・なか・つとむ 2
昭和三十年に 三井・伊藤 郁子 2
職場と政治 組合と選挙――全銀連全国大会・参院選挙問題の討論から 3－5
世界の働く婦人たち――国際婦人労働者会議の準備委員会

の報告から
不安な生活の中で権利を守る斗いすすむ――資本主義諸国では　6
人間以下の労働条件――植民地・半植民地では　6―7
あらゆる職場にめざましい婦人の進出――人民民主主義諸国では　7
平和のために団結を――国際民主婦人連盟のよびかけ　7
一九五五年日本のうたごえ
曲目も地方色豊かに――地方別のうたごえ　8―9
美しい六百の大合唱――金融のうたごえ　9
事務服のファツシヨン　三井／秋田　10―11
新映画紹介　女性の悲劇が三つ――十二月の邦画「胸より胸に」外　10
生活　お米の統制が外されたら台所の経済にどうひびくか　11
私の結婚式観――秋の結婚シーズン幕　三つの場合から　12―13・11
文化活動者のページ――経験の交流のために
多彩なサークル活動を――型にはまらず自由奔放に　14
ブックガイド　14
レコード　近頃のシヤンソンから　15
人形劇・構成詩　シナリオ創作について　15
私たちの楽しい歌「祖国」（窪田亨作詞、芥川也寸志作曲）　16
『ひろば』新年号原稿募集　16

第一一二号　一九五六年一月一日

ベツヒヤーの言葉　1
少女（第四回全銀連写真展出品作品より入選第五席）　日銀・新藤　敏雄　1
新年随想　希望多き新年に当つて　松山　樹子　2
新しい年に（＊詩）　菅原　克己　2
1955年よさようなら
〝娘いじめ〟の社会が悪い――「三十娘」は無責任な流行語　ノイローゼはむしろ新聞屋さん　日銀従組・大石真也子　3―5
一九五五年世界の大きなニユース
四巨頭会談と外相会議／国連総会と国府の立場／ソ・印首相共同宣言／マーガレツトの〝悲恋〟／チヤーチル首相辞任と英総選挙／A・A会談ひらく／カンチエンジユンガ初登／マレンコフ首相の辞職／ソ・西独の国交回復／オーストリヤ講和／中国で人民代表大会／ペロンの亡命　4―5
越年資金返上の森永労組――こう云う事もあるのかね　5
労働運動戦后十年のあゆみ――たえまない変動の中に統一と団結へ着実に前進　6―7
育ちゆく「どんぐり」――東北従組青婦人部のあゆみ　座談会　8―10
羽子板　9

励ましたり励まされたり――岡山地協で初の婦人懇談会 10
婦人　簡単に自分で出きる若い方のツーピース　土方　梅子 11
子供の科学　生命のはじまり 12―13
お正月の映画案内　賑やかな新作二本立――期待される天然色・文芸作品 12―13
五五年読書界回顧抄　野口　肇 13
お正月の撮影メモ 14
俺と女房の意見／筆／テレビ 14
詰将棋／第一回正解 14
特別読物　私のみた中国　ジヤン・ポール・サルトル 15―17
わたくしの生活綴方
ある日　神戸・福田　豊 18
夕鶴――ある冬の日の印象　七十七・高橋　久男 18―19
日曜の朝　肥後・上村　康雄 19―20
夫婦　香港上海・小川　惇 20
大山郁夫氏逝く 21―23
平和の足音――大山郁夫先生に捧ぐ（＊詩）　壺井　繁治 23
私たちの楽しい歌「白いバラ」（フィンランド民謡） 24
明けましておめでとうございます　全銀連教育宣伝部『ひろば』編集部 24

第一一三号　一九五六年一月一五日

宮本百合子の言葉 1
雪国の子（第四回全銀連写真展出品作品より）　岩殖・中村　宏 1
詩のページ　小さな庭／海　福岡銀行従組・岩橋　智子 2
総評の春季賃上げ斗争と私たちの1～3賃金斗争
はげしい斗いの中で反省された画一戦術――賃上げ斗争の歴史 3
職場の力を基礎に実質的な賃上げへ――今度の斗いの性格 4―5
三月中旬をヤマに三百万の大攻勢――総評の春季賃上げ斗争 5
再び「三十娘」をめぐって――どう解決してゆくべきか 6―8
私の一番いいたいこと――前号の対談を補足する意味で　日銀従組・大石真也子 6―8
女の幸福　第一大阪・三橋　葉子 9
特別寄稿　職場における女性の座　日冷労組・佐藤　俊子 9
新映画紹介　踏みにじられた人間群像――今井正監督の「真昼の暗黒」 10―11
事務服のファッシヨン　東銀／荘内 10―11
今日の話題
廻れ右ッ、北アフリカ！　仏総選挙の意味するもの／深刻な政府の内部矛盾？　注目される全労働の首切り 12
童話　ふぐの港　青森従組大理石グループ・谷村　康子 13
（え）　河野　昭 13
私たちの職場――大和従組大阪支部青婦人部のアンケートから 14―16

若い母の日記　北陸従組・長山　弥生　16－17
ソ同盟全金融から田中さんへの手紙　F・S・グルヤエフ　17
季節のことば　節分　17
文化活動者のページ——経験の交流のために
　文化誌の編集は気軽に——より多勢の向上が目標　18
　ブックガイド　18
　幻灯　活用法さまざま——面白い日銀のやり方　19
　東京労演いよいよ発足!——会員を募集中　19
私たちの楽しい歌「狩人の歌」　20
あとがき　20

第一一四号　一九五六年二月一日

ジエームズ・ブライスの言葉　1
この冬はじめての雪に大喜びの東京の子供たち（＊写真）　1
詩のページ　夜の営業部　三井銀行従組・加藤　道雄　2
国際婦人労働者会議
　準備はこのようにすすめられてきた　3－5
　世界の婦人労働者へのよびかけ
　　国際婦人労働者会議準備委員会　4－5
お産休暇はどうあるべきか?——臨給カット問題から表面
　化〔荘内銀行〕　6－7
「軍事監獄」のクサリを断って——団結の火をかかげたア
　メ銀日本人従業員　8－9
事務服のファツシヨン　日銀／横浜興信　10－11
新映画紹介　期待される小津の「早春」——二月の邦画大
　半は粗製品　10－11
詰将棋／第二回正解　11
今日の話題
　西欧諸国もその成果に注目　ソビエトの第六次五カ年計
　画／シワ寄せは印刷労働者に　婦人雑誌界にB・5版旋
　風か　12
青代会議を実のあるものに——第八回青婦連絡協議会ひらく　13
第十三回全国青婦人代表者会議（＊予告）　13
ものがたり全銀連十年史　第一話　新しい時代の息吹き　14－15・19
生活綴方運動をひろめるために
「廻し日記」の体験から——H銀従組N分会の報告　16－18
　この運動の特徴と今後の展望
　　全銀連関信支部文化部・高田　佳利　17
宮本百合子のこと（全損保機関紙より）　江口　渙　18
書評　ルイ・アラゴン著『スタンダールの光』——飛躍し
　たスタンダール論　佳　19
五六年版『銀行員の詩集』作品募集中　全銀連文化部　19
私たちの楽しい歌「兵隊さんが戦争に行くとき」（F・ル
　マルク作詞作曲、風間耿太郎訳詩、長沢勝俊編曲）　20
あとがき　20

第一一五号　一九五六年二月一五日

ヴァレリ・レヴスキーの言葉　1
寒さも峠を越して春の足音とともにほころぶ梅（＊写真）　1
『銀行員の詩集』五五年度賞受賞作品
　われらのコーラス　三井・長岡　忠一　2
ヨーロッパの映画界見聞記　牛原　虚彦　3-5
再び起つ日あるを信じて――アメリカ銀行従組解散てんまつ記　弦　6-7
『銀行員の詩集』応募締切り近ずく　7
日銀従組新潟支部人形劇サークルの生い立ち　8-9
詩集五五年度賞に輝く地道な活動の成果――三井の巻きぐもサークル
　これこそ「巻きぐも」の成果だ　神田　生大　9
　くさされても楽しい巻きぐも会　長岡　忠一　9
　生活の内容を素直に捉えて　伊藤　郁子　9
事務服のファアツシヨン　第四／静岡　10-11
新映画紹介　楽しめる名曲のかずかず――シユーベルトを描く「愛の交響楽」　10-11
今日の話題
　国民のからだか、潜水艦か　健康保険法改悪の意味するもの／のけものにされたフランス　米英首脳会談に不満と失望の色　12
ものがたり全銀連十年史　第二話　銀行にも組合への胎動　13-15・17
三十娘をめぐつて――「ジャーナリズム」よもつと問題にしてほしい　三菱従組・E　子　15
文化活動者のページ――経験の交流のために
　書く習慣をつけよう――生活綴方に因んで　16-17
　全国FDK一覧表　16・20
　ブックガイド　17
　話しあいと生活綴方――職場の生活綴方運動の基礎的なことがら　全銀連関信支部・高田　佳利　18-19
私たちの楽しい歌　「永遠の菩提樹」「氷滑」　20
あとがき　20

第一一六号　一九五六年三月一日

平井潔の言葉　1
今年のおひな様にはこんな活動的な姿も現れました（＊写真）　1
詩のページ『銀行員の詩集』五五年度賞受賞作品
　笹だんごに寄せて　山梨中央・放菜法師　2
　折り鶴　三井・伊藤　郁子　2
国際婦人デーにちなんで　K子さんの歩んできた道　3-5・17
減税と言う名の増税　6-7
（＊カット）　昭　7
職場はこうありたい――山銀婦人部のおしゃべりから　8-9
事務服のファアツシヨン　鳥取／広島　10-11

新映画紹介　巨匠連の作品に期待——三月の映画異色作「雪崩」　10－11
詰将棋／第三回正解　11
今日の話題
米・英の利害対立もからむ　イスラエル・アラブ紛争の背景／「憲法改悪」への道ひらく　小選挙区制へ政府・与党の狙い　12
第九回日本アンデパンダン展をみて　真野　直司　13
丸木伊里・赤松俊子共同製作「原爆の図（第十部）署名」（＊画）　13
関信青婦人会議から
ドア・ガールはどうしても女です　14－15
文化活動者のページ——経験の交流のために　15
深めたい討論　無視されたもの——サークルでの個性の尊重　16
ブックガイド　16
近頃のシャンソンから　モンタンサブロン「パリ解放の唄」　17
日本短波　ロシア民謡の時間とそれを聴く方法　17
生活綴方（3）　具体的な書き方について——職場の生活綴方運動の基礎的なことがら　全銀連関信支部・高田　佳利　18－19
私たちの楽しい歌「漕役刑囚の歌」（ロシヤ民謡、人形劇団プーク訳詞、松村裕編曲）　20
『ひろば』購読のおすすめ／3月15日号予告／『ひろば』購読申込書　ビラ

第一一七号　一九五六年三月一五日

ゲーテの言葉　1
仲良し（＊写真）　1
詩のページ『銀行員の詩集』五五年度賞受賞作品
職場のひととき　三井・神田　生大　2
全員を結束させた給仕さんたち（農林中央金庫従業員組合）　3－5
ことの始りはこんな事だつたのです　4
要望書　農林中央金庫従業員組合　5
世界の働く婦人たち　カナダの巻　ジヤン・ボートウール　6－7
新映画紹介　日本人の生活感情から——山本薩夫作品「雪崩」　8－9
事務服のファツシヨン　七十七／北陸　8－9
今日の話題
賃上げに有利な地歩　その妥当性認めた国鉄調停案／どう変るか力の政策　近く来日するダレス氏　10
活躍する各国の合唱団　ロンドン合唱団／デンマーク合唱団／東欧諸国の合唱団／中国の合唱団　11－13
書評　明るい建設への破戒——芥川賞の「太陽の季節」をよんで　協和労組・内田登美子　13
ゆかりの地ザ市で——モーツアルトの二百年祭　13
生活綴方（4）　皆によろこびを与えること——生活綴方

運動を指導する人たちに　国分一太郎　14－15・7
私たちの楽しい歌「初恋」（石川啄木作歌、越谷進之助作曲）　16
あとがき　16

第一一八号〈特集・第十三回全国青婦人代表者会議〉　一九五六年四月一日

ゲーテの言葉　1
特集　第十三回全国青婦人代表者会議
職場の苦しみはどこも同じ　秋にまた逢いましょう――みんなで誓いあつた統一と団結　2
第一分散会　報酬のない労働強化／目立つ女子への圧迫　3－5
第二分散会　やはり悩みは労働強化／話しあいは謙虚に　6－8
第三分散会　活動にも新しい形を／実情を卒直にみつめみんなと一緒に一歩、一歩　9－11
第四分散会　職場の実情／六行提案　12－14
第五分散会　「作つてはつぶれ」から／組合をさける人とまず仲良しになること　15－17
「六行提案」をめぐって――第二日全体会議における討論　18－20
明るい笑声あふれる文化交歓会　20
婦人懇談会　まだみんなのものになつていない生理休暇　21
最近の情勢について　中村九一郎　22
この会議に寄せられた祝電／あいさつ　22
季節のことば　さくら（桜）　8
おそばやさんのデモ　14
生活と文化　中国の労働者の家計簿をのぞく　17
今日の話題　改正選挙法は選挙統制法である　長島　又男　23
時のことば　ロックアウト　23
私たちの楽しい歌　「つみくさ」（小学唱歌）　24
あとがき　24
銀行マンの写真コンテスト（＊作品募集）　24

第一一九号　一九五六年四月一五日

ナジム・ヒクメットの言葉　1
メーデー当夜祭――一九五一年東京神田共立講堂で（＊写真）　1
詩のページ　愛について　日銀従組・里見　一夫　2
6行提案をめぐって　組合幹部の悩みは分るしかし職場の問題は共通だ　座談会　3－6
赤ちゃんおぶつて出勤――国際電々の職場育児室　6
解説　世界的な動き「選挙法の改悪」――めざましかつたイタリア労働者の反対斗争　7
1956年5・1近ずく第27回メーデー
メーデーの起源　8
日本のメーデーの歴史――国際連帯の精神につらぬかれて……　8－9
メーデーの服装　集団の美しさを　9
事務服のファツション　北拓／富士　10－11

夫婦のあり方を追求する——歌舞伎座作品「或る夜ふたたび」　10―11
被爆者に教わった本当のリアリズム——「生きていてよかった」の亀井監督　11
今日の話題
結婚と職業の問題　外国ではどうなっているか／勤労所得税は軽減したが　サラリーマンの税金はどうなる　12
ものがたり全銀連十年史　その3　連合会か協議会か　13―15
〝田舎に残した女房が野暮ったくなった〟——中国の婦女連合会議機関紙で批判された浮気男　15
美術サークルが拡がらないこと　富田　妙子　16―17
東京都内画廊案内　17
文化活動者のページ——経験の交流のために
創意性とは——職場の友人の手紙から　18
ブックガイド　18
破られた音楽の抽象性——シャンソン「小さな雛げしのように」を聴いて　真野　直司　19
私たちの楽しい歌「山ほととぎす」（石川啄木作詞、益子九郎作曲）　20
あとがき／訂正（前号「春の野辺」曲題）　20

第一二〇号　一九五六年五月一五日

『日本学生詩集』より　1
五月のバラ（＊写真）　三和従組・岡本　義一　1
詩のページ　この道　興銀・石垣　りん　2
新宿三越前で興銀グループのコーラス（＊写真）　2
晴れた五月の（＊第二七回メーデー・写真と文）　3―5
世界のメーデーから　6―7
はたして「エレガント」か？——常陽銀行東京支店の昼食をめぐって　8―9
事務服のファッション　十八／山中　10―11
新映画紹介
愛情をめぐる人生批評——新藤兼人監督の「流離の岸」　10―11
独立映画でシネスコ「粘土」の製作　11
今日の話題
葬り去られた小選挙区制法案　改憲に抵抗した世論の勝利／「力」一点ばりを放棄　西欧の変化ＮＡＴＯ理事会　12
ソ連の銀行員の生活と仕事　13
世界の働く婦人たち　インドネシヤの巻　14―15・17
ハンガリーの婦人労働者昔と今　15
働く婦人の中央集会——みんなのしあわせのためにあきらめず、助けあい、根気よく……　16―17
この集会に参加して
井の中の蛙大海に出て　三井従組・Ｋ　子　17
働く場所は違っても　日銀従組・Ｍ　子　17
文化活動者のページ——経験の交流のために
望まれるサークル協議会——詩集応募作品をめぐって　18―19
ブックガイド　18
全国写真展作品募集〆切りは六月二十日です　19

私たちの楽しい歌　「ぼくの恋人はチロル娘」　20
あとがき　20

第一二一号　一九五六年六月一日

ハイネの言葉　1
田植（＊写真）　1
詩のページ　青森従組『大理石』五月号から
くらしの歌から　食卓　石岡　錦　2
初めての深酒　佐々木四郎　2
青婦人の声から
この前は規約改正……で、今度は〝脱退〟……で——東海職組の機関紙から　3-4
国会ばりの「総退場」——組織の反省とはうけとれぬ　4
臨時大会を傍聴して——三井のある婦人組合員から　4-5
「早く混乱を収めたい」……とこれだけを考える人たちの意見から　5
ブルジョアジャーナリズムのデマゴギーの正体——東洋経済新報のデッチあげ記事　6-7
抗議文　第三〇回臨時全銀連全国地銀従組協議会　7
職場新聞——北陸職組一年の経験から　8-9
職場新聞のアンケートから　9
新映画紹介
すぐれた文学作品の映画化——ソヴエト映画「オセロウ」　10-11
対談「失われた大陸」と「カラコルム」について
第一生命内勤組合・佐々木淳　10-11
量よりも芸術性を——ソヴエト映画の新方向　11
今日の話題
世論の反対も〝史上最大〟　ついに強行された米国の水爆実験／独特の持味と民族的な色彩　来日公演する梅蘭芳の「京劇」　12
私の自画像（上）　横浜興信従組・大木ひろ子　13-15・7
「太陽の季節」をめぐって——ある銀行の読書会の討論から　16-17
文化活動者のページ——経験の交流のために
美しい初夏の合唱にはたのしい小学唱歌を　18
べコーの自作自演〝私の手〟／全国写真展作品募集締切は六月二十日です　19
野で山で　野外ゲームの遊び方——みんなで楽しく　19
私たちの楽しい歌　「青葉」（小学唱歌）　20
あとがき　20

第一二二号　一九五六年六月一五日

近江絹糸「らくがき」より　1
雨の出勤時（全銀連第5回写真コンクールより）　日本銀行従組・堀　泰三　1
詩のページ　東京の名所／むろまち　日銀従組・沢　玲子　2
投票はだれに？　近づいた参議院選挙——大和さん一家の家族会議　3-5

（＊カット）　昭　4−5
労働者の協力でよい住宅を安く――東京土建の住宅建設運動　5
世界の働く婦人たち
スウェーデンの巻　婦人の働きにくい社会――弱い男女同一賃金の要求　6−7
西ドイツ　八時間の賃金で十二時間拘束する分割交替制　7
世界婦人労働者会議はじまる　7
女らしさということ
私たちは職場のアクセサリーではない――女性の立場から　C　子　8−9
問題は仕事のやり方　責任は女性の側にもある――男性の立場から　U　生　9
お茶のみ運動やお化粧運動――全鉱の道婦協でひろがる　8
新映画紹介
美しく哀しい愛情物語――民芸作品「あやに愛しき」　10−11
監督の弁　宇野　重吉　11
八月上旬に完成　日仏合作「忘れ得ぬ慕情」　11
新刊紹介
働く者こそ歴史のにない手――河出新書職場の歴史　10
日本独自の山水画を開拓――画僧雪舟歿後四五〇年　10−11
売春禁止法と労組　神崎　清　11
今日の話題
どう運用するかに問題点　私鉄、日産などで年間賃金協定／西欧側はどう出るか？　ブルガーニン書簡とアイクの病気　12
私の自画像（下）　横浜興信従組・大木ひろこ　13−15
一九六五年版『銀行員の詩集』――いよいよ七月下旬に発行　15
物語十年史　日貯・庶金斗争の巻　16−17
文化活動者のページ――経験の交流のために
幼年期の『銀行員の詩集』　青森従組・中田　純一　18・11
アコーデオンは何を選ぶか　19
私たちの楽しい歌「夏の思い出」（中田喜直作曲、江間章子作詞）　20
あとがき　20

第一二三号　一九五六年七月一五日

もうすぐ夏休み（＊写真）　1
全銀連の解散に伴い本号で一応終刊――今後も復刊めざして努力　編　集　部　2
お別れのことば　再刊を期待しつつ　青婦対策部長・村本　昭　2
銀行の職場で婦人が歩んできた道　3−5・17
往復書簡　全銀連の分裂から――戦後十年の労働運動の反省　6−
つかの間の夢の世界――花ひらく花火の季節　9
新刊紹介　小田切秀雄編『発禁作品集』　9
合評「処刑の部屋」をみて　10−11
新映画紹介　夫婦愛の一つの型――アメリカ映画「灰色の服を着た男」　11

今日の話題
　確信ある党と政府の態度　ポーランド暴動の背景とその後／自然までオートメイション化？　12
写真ルポ　ふみにじられた沖縄の現状　13－15
　沖縄へ激励文をおくりましょう　14
　私の家はアメリカ兵にこわされた――涙で綴る沖縄小学生の手記　14
むかつく上役の小言　広島東支部・A　生　16－17
文化活動者のページ――経験の交流のために
　文化団体内容一覧　18－19
　ヒット曲No.1〝大人と子供〟――近頃のシヤンソンから　19
私たちの楽しい歌「海に来よ」（ナポリ民謡）　20
あとがき　20

＊七・八頁は未見

第一二四号　一九五六年八月一五日

アナトール・フランスの言葉　1
長崎の浦上天主堂（＊写真）　1
人よ（＊詩）　清水　高範　2
荒廃に立ちて／川よ　とわに美しく（＊詩）　米田　栄作　2
再刊するにあたつて　銀行労働研究会『ひろば』編集部　2
特集　三たび許すまじ原爆を
　長崎になる平和の鐘――第二回原水爆禁止世界大会ひらく　3
　悲惨な被爆者の実状――千羽鶴の祈りも空しく……　4
　映画「生きていてよかつた」を観て　A銀行・X　L　生　4－5
自殺した原爆乙女の手記　きずはなお痛む　鈴田まさえ　5
性と愛の分裂時代――「処刑の部屋」にカタズのむ、この若者に愛を囁く自由があるか!!　平井　潔　6－7
御存知ですか　左翼のかたちをとつた極右――「創価学会」という名の新興宗教　7
対談時評〝現代にとりくめ〟が合言葉――「オセロ」と最近のソビエト映画界　8－9
書評　森赫子著『女優』　協和銀行・内田登美子　9
新映画紹介　チヤツカリ娘の行状記――フランス映画新作「巴里野郎」　8－9
今日の話題
　中東の新しい夜明け――スエズ運河国有化の意味するもの　10
北から南から仲間たちの動き
とんだ合理化運動――日銀でテンヤワンヤ　11
都銀演で合同公演――演し物は「海抜三千二百米」　11
阿波商惜しくも敗退――第二十七回都市対抗野球　11
実務競技会を存続――富士・弊害は運営面で改善　11
銀行写真連盟が誕生――幹事長に白井元全銀連委員長　11
今後も情報交換を――関信婦人部最後の一泊会議　11
銀行員は肉がお好き――長崎相銀で給食アンケート　11
アジア親善の旅から帰って
文化交流に大変な好意　杉村　春子　12

知的鎖国時代　石川　達三　12－13
職場随想　お茶汲み　勧銀・P　子　13
共稼ぎ　わたしたちの場合①——三井銀行・K夫妻の巻　14－15
共稼ぎ奥さんの集い——開発銀行の〝名前のない会〟　M　14
三鷹に市立保育所　15
私たちの楽しい歌「エデンの東」（矢沢保編曲）　16
原稿募集／表紙写真コンクール　『ひろば』編集部　16

第一二五号　一九五六年九月一日

ドラ・ド・ヨング『あらしの前』より　1
新潟県西蒲原郡にて（＊写真）　1
読者からの便り
　嬉しかった『ひろば』の再刊——よき生活の糧となるように　神戸銀行・岩瀬　万葉　2
中国の日本映画祭で　3－4
　乙羽信子さんとの一問一答——「意見書」で激励される
　いわゆるファンレターはない　乙羽信子／湊　4－5
　蒙古の山奥で日本映画が……／北鮮の地下劇場におどろく　5
モンペから落下傘スタイルまで——戦後の女性服装史①　村上　信彦　6－7
季節のことば　とうもろこし　7
映画評　暖かい愛情でつつむ——すぐれた映画詩『赤い風船』　M　8
映画短信　8－9
書評　幸田文著『ちぎれ雲』　東海銀行・市橋美智子　8－9
新映画紹介　幕ひらく秋のシーズン——九月の映画芸術祭参加作品も　9
今日の話題
　新聞代がまた上がる　組合は増ページ反対でスト準備／近ずく米大統領選挙　しのぎをけずる民主、反動両勢力　10
北から南から仲間たちの動き
　銀行にも多い山登り——組合学校もキャンプ式で　11
　原水爆禁止大会へ——第四の青婦人が街頭カンパ　11
　原爆犠牲者を偲び広銀で慰霊祭と追悼の夕　11
　職場の実情を交換——仙台で市銀の婦人懇談会　11
　〝合銀クイズ〟が登場——正解者は組合学校へ招待　11
　十一月に組合学校を——九州地銀協に青婦協が誕生　11
　トイレットの美化も——香港上海で厚生施設を改善　11
　三井銀行観瀾荘で市銀連はじめての組合学校　11
女にもてない銀行員　わたしたちにはこう映る——北越銀行従組のアンケートから　12－13
終戦記念日によせて　吸殻拾い　青森銀行・谷村　康子　13
共稼ぎ　わたしたちの場合②——日本銀行西田夫妻の巻　14－15
労働省の調査から　毎年ふえる共かせぎ——妊産婦の四割は退職　14
職場の「ひととき」　15
ものしり手帖　15
私たちの楽しい歌「七つの子」（野口雨情作詩、本居長世作曲）　16

原稿募集／表紙写真コンクール　『ひろば』編集部　16

第一二六号　一九五六年九月一五日

魯迅の言葉　1
上高地にて（表紙写真コンクール）　商工組合中央金庫・岩井　義照　1
今日の話題
南千島二島は日本領か――時事問答　日ソ交渉の問題点をめぐつて　N　2
大正年代の女子行員――日銀の職場の歴史をつくる運動から　3－5
共稼ぎ　わたしたちの場合③――神戸銀行・N夫妻の巻　6－7
職場に働く母の悩み――第二回日本母親大会から　7・5
銀行員タイプについて――「女にもてない銀行員」を読んで　三井銀行・T　生　8
書評
二つの岩波新書――岩崎昶著『映画の理論』／瓜生忠夫著『日本の映画』　住友銀行・安里　史朗　8－9
映画評
恵まれぬ子供たちに暖かい眼――ギヤバンの「首輪のない犬」　N　8－9
〝裸一貫〟のヒューマニズム――日活の「ニコヨン物語」　O　9
北から南から仲間たちの動き
〝太陽族〟をテーマに分科会――三井銀行従組大阪支部の林間学校　10
伊予銀行にすばらしい独身寮　10
〝私用は一切おことわり〟――広島銀行のA支店で役席に申入れ　10－11
映画会や職場の祭典――日銀従組青年部の結成記念行事　11
投書　創価学会の記事ははたして事実か？　岩手殖産銀行・久慈　満代　10
せめて歌う間だけは幸福に　アメリカ黒人民謡のおこり――フレデリック・ダグラスの自伝から　11
トピック　ベルギーの銀行労働時間を短縮　11
新れんさい　銀平くん（＊漫画）　北陸銀行・河上　弘　11
ルポ　フレンドシップ・サークル河口湖一泊ハイク記　12－13
モンペから落下傘スタイルまで――戦後の女性の服装史②　村上　信彦　14－15
珍しい外国切手を頒売――外銀教で全国の愛好者によびかけ　15
私たちの楽しい歌「ケ・セラ・セラ」（レイ・エヴァンス作曲）　16
原稿募集／表紙写真コンクール　『ひろば』編集部　16

第一二七号　一九五六年一〇月一日

エリユアール『とだえざるうた』より　1
楽しいフオークダンス（表紙写真コンクール）　オランダ銀行・黒沢　栄司　1

一九五六年版『銀行員の詩集』から
古い事務服　和田　秋代　2
蝶類図譜　高橋　忠男　2
日本の労働組合——その歴史とこれからの道　大河内一男　3－5
北越従組の共稼ぎアンケートから——半数が子供ができる
まで　まだまだつらい周囲の事情　5
共稼ぎ　私たちの場合——農林中央金庫N夫妻の巻　6－7
結婚の季節　7
臨給はどこへ消える——「ボーナスの季節」に思う
東京銀行・H　生　8－9
新映画紹介　明るく楽しい子供の映画——俳優座の「森は
生きている」　8
二科展をみて　真野　直司　9
東郷青児「白い花」（＊画）　9
北から南から仲間たちの動き
過去三カ年の時間外を獲得——印度銀行争議に中労委が
乗り出す　10
楽しかつたキャンプファイヤー——市銀連ではじめての
組合学校ひらく　10－11
「誰が言ったのかけしからん奴だ」——基準局の不払調
査に支店次長の暴言（神戸銀行従組機関紙より）　11
男性が炊事当番——山梨中央で婦人の集い　11
書評　五味康祐著『剣法奥義』　勧銀・吉　衛　10－11
新れんさい　銀平くん（＊漫画）　北陸銀行・河上　弘　11
作者のことば　河上　弘　11
足ぶみする女子の停年延長　組合内部にも微妙な空気——
過去にもなんべんか立消え（山陰合同銀行）　12－13
カメラ講座　秋の撮影心得　小池　賢三　13
モンペから落下傘スタイルまで——戦後の女性服装史③
村上　信彦　14－15
季節のことば　十三夜　15
『銀行員の詩集』売切れ近し！　15
私たちの楽しい歌「十二月の歌」（S・マルシャーク作詩、
湯浅芳子訳詩、林光作曲）　16
原稿募集／表紙写真コンクール　『ひろば』編集部　16

第一二八号　一九五六年一〇月一五日

黒川玲子『東京のサラリーガール』より　1
秋の榛名山（表紙写真コンクール）　埼玉銀行・片岡　修　1
カメラ・ルポ　自衛隊記念日——「大正三十一年……」と
鳩山観閲官〝一発必中〟を説く海上自衛隊員　2
『銀行員の詩集』を採点する——国鉄の大井工場と大崎被
服工場の人たちの合評会から　3－5・15
今日の詩——この合評会記事を読んで　日本銀行・千早耿一郎　5
女の幸福と結婚
まず職場での幸せを　大和銀行・松山　俊子　6－7
もっとのびやかな交際を　開発銀行・T　生　6
女の幸福も社会と共に　静岡銀行・丘　伸子　7

映画「夜の河」とメーデー　住友銀行・A　生　8-9
俳優座「三人姉妹」　8
映画評　近来にない力作——ルネ・クレマンの「居酒屋」　N　9
北から南から仲間たちの動き
〝赤パンツ〟が〝赤シャツ〟に——福銀と十八で似たような服装干渉　10
全金融からも二五〇名が参加——地方別で初の〝九州のうたごえ〟　10-11
市銀連で多彩な文化行事を計画　11
三井従組東京支部で青婦人部が合同　11
水の趣味　香港上海銀行・小川　惇　10
うたごえ祭の季節に想う　関　鑑子　10-11
お知らせ（『銀行員の詩集』売切れ間近）　11
レンサイマンガ　銀平君　河上　弘　11
貴方の職場はどうなっている?——青和銀行従組の労働環境実態調査から　12-13
書評　藤原審爾著『東京のサラリーガール』　富士銀行・前田　沢子　12
生産性向上運動と労働組合　田沼　肇　13
モンペから落下傘スタイルまで——戦後の女性服装史④　村上　信彦　14-15
岩殖従組機関紙より　15
私たちの楽しい歌「手のひらのうた」（伊黒昭文詩、寺原伸夫曲）　16
原稿募集／表紙写真コンクール　『ひろば』編集部　16

第一二九号　一九五六年一一月一日

ポール・エリュアールの言葉　1
公園の秋（表紙写真コンクール）　三井銀行・塩崎昇一郎　1
特集　うたごえの季節におくる
うたごえの発展　北川　剛　2-5
銀行のコーラス・サークル
「エデンの東」も歌う協和銀行本店の「屋上コーラス」／全国に花ひらく歌声農林中央金庫の「うたう会」　3-5
続女の幸福と結婚
結婚は幸福の終着駅か　千葉銀行・T　子　6
まず女性に経済力を　三菱銀行・K　子　6-7
勤労者の愛情と性モラル　平井　潔　7
砂川
ある傍観者の感想　市銀・A　生　8
専制立法への抵抗——砂川事件に思う　中野　好夫　9
映画評　戦場における人間像——アメリカ映画「攻撃」　9
北から南から仲間たちの動き
人員増加からネズミ退治まで——成果をあげた勧銀の職場協議会　10
関信地銀協初の組合学校ひらく　10
重役からは〝ネエヤ〟扱い——但馬で組合より先に婦人部結成　10-11

新潟に青婦人の懇談会が発足　11
市銀も地銀もみんな一緒に――松山にも青婦人の懇談会
誕生　11
書評　芥川也寸志著『私の音楽談義』
山陰合同・北川　礼子　10-11
つきと月　第四・R　子　11
レンサイマンガ　銀平君　河上　弘　11
トピック
中国のある小学校で生徒のお尻に校印？／ジャズで明け
暮れたモスクワの夏　11・15
共稼ぎ　私たちの場合　第四銀行・西田　信子　12-13
共稼ぎの由来　N　12
どこまでも人間的に――日本の青年と魯迅の魅力　T　生　13・8
モンペから落下傘スタイルまで――戦後の女性服装史⑤
村上　信彦　14-15
おしらせ　編　集　部　15
私たちの楽しい歌「フルー・フルー」（Henric CHATA
作曲、石狩仁訳詞）　16
表紙写真コンクールの作品募集　『ひろば』編集部　16

第一三〇号　一九五六年一一月一五日

藤島宇内の言葉　1
秋深き奥日光（表紙写真コンクール）日本銀行・児島　満子　1
今日の話題
社会主義国に貴重な教訓――ハンガリア暴動とソ連軍の
出動　N　2
ニコポン主義――P・Rとは　富岡　隆　3-5
虚飾のない生活記録――『銀行員の詩集』を読んで
青森銀行・工藤　慎三　5
私の感想（＊『銀行員の詩集』）　谷村　康子　5
戦時中の女子行員――日銀の職場の歴史を作る運動から
渡辺美知子　6-8
労働運動千夜一夜　お酒と労働運動　佐　藤　8
映画時評〝壁あつき部屋〟と松竹　9
書評　島崎照雄著『日本の銀行』　三井銀行・山田　道夫　9
北から南から仲間たちの動き
明確になった〝懲戒解雇基準〟――住友銀行で新協約に
労資が調印　10
鹿児島銀行で行員預金の利息一部引下げ　10-11
「ひがみと真実」――協和銀行大阪地区演劇部「牡丹の会」
で上演　11
文化の日…各銀行で賑やかな運動会　11
北越銀行で組合の地銀連加盟に介入　11
全国の釣を愛する仲間に――一つの提案
香港上海銀行東京支店・小川　惇　10
夢（＊詩）　千葉・飛田　文也　11
レンサイマンガ　銀平君　河上　弘　11
新年号の原稿募集　11
共稼ぎ　私たちの場合　大和銀行・F　子　12-13

女らしさと男らしさ　勧業銀行・中川　正子　13
私たちの文化を育てるために――国民文化全国集会から　高　田　14-16
私たちの楽しい歌「希望の歌」（瀬能豊作詞、いずみたく作曲）　16

第一三一号　一九五六年一二月一日

ロベルト・エベルハルトの言葉　1
晩秋（表紙写真コンクール）　山陰合同銀行・林　寿延　1
詩　二つに引き裂くもの　京都銀行・有馬　敲　2
読者からの便り（住友銀行）A生／（京都銀行）S子　2
一つの読書案内――揺れ動く世界の情勢を正しく理解するために　陸井　三郎　3-5
心中する二人の男（＊漫画）　山崎　定雄　5
慎重なチエッコ――東欧にも国情の相違　5
文学のなかのサラリーマン像①　二葉亭四迷著『浮雲』（構成・小田切秀雄）　西野　辰吉　6-7
私たちの新しい日記――『鍵』と『仲間のなかの恋愛』と　山梨中央銀行・並木　達二　7
映画
話題よぶ独立プロ作品二つ　近代映協「女優」／まどか・グループの「台風騒動記」　8-9
海員組合で教育映画　9
今年の日展から　長岡　澄子　9
川崎鈴彦「ビール工場」（＊画）　9
書評　徳永直著『草いきれ』　三和銀行・長野　福夫　9
北から南から仲間たちの動き
失恋の悩みの解決方法も――よく語りよく遊んだ協和の組合学校　10
アメリカ系銀行に初の組合――FNCバンクで　外銀連にも加盟　10-11
全銀総連の早期結成へ努力――市銀連・地銀連の中央委員会おわる　11
家庭　この冬の暖房――主婦には苦労のタネ　10
僕のワイフ　静岡銀行・比呂　志　生　11
レンサイマンガ　銀平君　河上　弘　11
ミカン　12
スポットライト　朝のお掃除はパートタイム制で――青森銀行従組の巻　12
労働運動千夜一夜　伝説の時代　佐　藤　13
どんな本が読まれているか　映画化作品が多い――大和銀行従組大阪支部の本棚から　13
共稼ぎ　私たちの場合　三井銀行・T　生　14-15
おとうちゃんの休日（＊漫画）　ともながゆきお　15
時の話題　エチオピア　15
私たちの楽しい歌「椰子の実」（島崎藤村作詩、大中寅二作曲、矢沢保編曲）　16
あとがき　16

第一三二・一三三号〈新年特別号〉 一九五七年一月一日

ゲーテの言葉 1
年頭にあたつて 銀行労働研究会 1
詩 未来へ――新年をむかえて 菅原 克己 2
新年随想
農村と都市を結ぶもの 鶴見 和子 3
気長にたゆまず 中島 健蔵 3
1956年日本のうたごえ（えと文） 長岡 澄子 4－7
感想 歌う人と聞く人の気持が一つに…… 地銀連・杉本 忠司 6
今年も記録映画を製作 7
今年のうたごえ祭典の特徴 井上 頼豊 7
〝高知のうたごえ〟に銀行合唱団も参加〔勧銀・高知〕 7
青婦人活動あれこれ――横浜と第四の青婦人部交流会から 8－9
賑やかにクリスマス・パーテイ――フオークダンスの集い
F・Sサークル 9
訂正（前号「僕のワイフ」筆者銀行名） 9
共稼ぎ 私たちの場合 第四銀行・とも子 10－11
年始多忙（＊漫画） 河上 弘 11
新春ごらく室
豆落語 一万円札 12
レンサイマンガ 銀平君 河上 弘 12
（＊クイズ） 12
トリ肉吟味（＊漫画） 佐 藤 13
労働運動千夜一夜 東雲のストライキ 13
戦争映画からみた五六年の映画界 柳瀬喜久雄 14－15
映画短信 独立プロだより 15
1956年の回顧
氾濫したドライとウエット――一九五六年の社会風俗 野口 肇 16
太陽ものと左翼批判ブーム――一九五六年の読書界 小森 孝児 16－17
五六年のベストセラー 17
十大ニュース募集／日ソ共同宣言調印（＊笑話） 17
新しい靴 秋田銀行・岸部 繁 17
話題を呼んだ新しい形の結婚式――式から披露宴まで企画・運営の一切を職場の仲間で〔山梨〕 18－19
スポットライト 自主映画の製作も教宣活動に映画撮影機――神戸銀行従組の巻 19
文学のなかのサラリーマン像② 森鴎外著『あそび』（構成・小田切秀雄） 壺井 繁治 20－21
総裁更迭と私たち 日本銀行・M 子 21
年始祝賀会を虚礼だからと廃止――三井銀行京都支店で 21
作詞、作曲とも女子組合員の手で――日銀の組合歌きまる 21
編集部より 21
魯迅と許広平の往復書簡集『両地書』について 勧業銀行・T 子 22－23
新春家庭教室 23

私たちの楽しい歌「祖国のうたごえ」(藤本洋詩、いづみ・たく曲) 24
原稿募集/表紙写真コンクールの作品募集 24

第一三四号 一九五七年一月一五日

リードの言葉 1
砂丘の歌(表紙写真コンクール) 静岡銀行・奥村 利彦 1
『銀行員の詩集』にみる銀行員の職業意識 三井銀行・水沢 辰朗 2-5
国民生活にどう響く?——消費者米価・国鉄運賃の値上げ 5
文学のなかのサラリーマン像③ 水上滝太郎著『大阪の宿』(構成・小田切秀雄) 田村 義也 6-7
私たちの人形劇サークル 十八銀行・山田 偉夫 7・15
ありがためいわく——二本立映画の害について A 8-9
書評 石川達三著『誰のための女』 勧銀・佐川 祐子 8-9
映画評 美しい愛情とユーモア——デ・シーカの「屋根」 N 9
北から南から仲間たちの動き 9
報いられた友情のカケ橋——親和銀行で組合結成に成功 10
余りものに福?——七十七銀行のクイズ 10-11
労働運動千夜一夜 将棋とストライキ 佐 藤 10
スポットライト レントゲンカーで機動的な健康診断——静岡銀行従組の巻 11
レンサイマンガ 銀平君 河上 弘 11
共稼ぎ 私たちの場合 大和銀行・K 子 12-13
新年ともなれば……(*漫画) 長岡 澄子 13
「ひろばクイズ」についてのお詫びと回答締切りの延期 『ひろば』編集部 13
私たちのサークル活動の歩み——地銀連関信地銀協文化担当者会議の報告から① 千葉銀行従組文化部 14-15
私たちの楽しい歌「雪山讃歌」(アメリカ民謡、沖沢やすお編曲) 16
原稿募集/表紙写真コンクールの作品募集 16

第一三五号 一九五七年二月一日

三木清の言葉 1
雪と子供たち(*写真) 1
冬の日記(一九五四年『銀行員の詩集』より) 渡辺 信子 2
一九五七年版『銀行員の詩集』作品募集 2
銀行員の教養調査から その一 映画鑑賞調査の項 3-5
家計簿拝見——デパート婦人の巻 4
ファシズムに抗した良心——トスカニーニの横顔 5
文学のなかのサラリーマン像④ 山本有三著『波』(構成・小田切秀雄) 安田 武 6-7
職場随想 年末の風邪 静岡銀行・近藤 三郎 7
読書 鮮明な働く婦人の姿——村田、帯刀、玉城、小林共著『婦人の歴史』 井手 文子 8-9

書評　山代巴著『荷車の歌』　羽後銀行・高橋由紀子　8
暗い谷間の青年像――野上弥生子著『迷路』
十八銀行・柏崎　三郎　9
獅子文六作『大番』　9
北から南から仲間たちの動き
既婚者の機関紙『窓』――日銀で授乳室も大繁盛　10
北陸で冬休み運動　10
真知子も出る年忘れパーティ〔勧銀従組〕　10–11
昼食費を要求〔伊予従組〕　11
大晦日と正月の宿直に福音〔福岡従組〕　11
労働運動千夜一夜　第五話　警官のゼネスト　佐　藤　10
一万円札（＊漫画）　荘内銀行・高橋　邦安　11
スポットライト　自転車通勤者に手当　スクーター乗務者
には被服――三井銀行従組の巻　11
共稼ぎ　私たちの場合　協和銀行・S　子　12–13
職場の恋愛　三和銀行・中野　勝　13
私たちのサークル活動の歩み――地銀連関信地銀協文化担
当者会議の報告から②　千葉銀行従組文化部　14–15
就職戦線異常あり　閑古鳥なく銀行の門――〝初任給が安
すぎる〟か？　15
私たちの楽しい歌「私は藪医者」〔ドイツ民謡、三浦和夫
訳詩、おきはるを編曲〕　16
原稿募集／表紙写真コンクールの作品募集　16

第一三六号　一九五七年二月一五日

マクシム・ゴリキーの言葉　1
冬の由布岳を望む〔表紙写真コンクール〕
大分銀行・大友　悠　1
銀行員の教養調査から　その二～六　銀行員の知性をさぐ
る　2–6
労働運動千夜一夜　第六話　労働運動とうたごえ　佐　藤　7
ひろばクイズ　正解　7
文学のなかのサラリーマン像⑤　中野重治著『空想家とシ
ナリオ』〔構成・小田切秀雄〕　西田　勝　8–9
映画評　美しい自然をバックに零細農の貧しさを描く異色
作、今井正監督の「米」　寛　9
北から南から仲間たちの動き
再び会えた喜びに湧く――地銀連で初の青婦人代表者会議　10
秋田銀行で業務検定を企画――青婦人部の反対で今期は
見合せ　10
親和銀行で長期療養者の扶けあい運動　10
千葉銀行従組でも男子事務服を要求　10–11
ドライとウエット――静岡銀行十週年記念祭でのこぼれ話　11
〝停年にはまだ早すぎる〟――三和銀行四谷支店のサイ
クリングクラブと河村さん　11
レンサイマンガ　銀平君　河上　弘　11
ミレーのことば　11

私たちのサークル活動の歩み――地銀連関信地銀協文化担
当者会議の報告から③　千葉銀行従組文化部　12－13
書評　戸川行男著『新・立身出世論』　協和銀行・しまかずお　12
共稼ぎ　私たちの場合――大和銀行のK子さんに　大和銀行・神坂　庸　13
がつかり減税　池田財政のカラクリを衝く――〝神武景気〟
は誰のもの減税分も結局は国民が負担　14－15
一九五七年版『銀行員の詩集』作品募集　15
私たちの楽しい歌「春のたより」（マラン作曲）　16
原稿募集／表紙写真コンクールの作品募集　16

第一三七号　一九五七年三月一日

スメドレーの言葉　1
春の足音もまじかに……（＊写真）　1
現代のサラリーマン論　鶴見　俊輔　2－4
共稼ぎ　私たちの場合　三井銀行・緒方　真二　4－5
商魂（＊漫画）　荘内銀行・高橋　邦安　5
既婚婦人の立場をめぐって
既婚婦人から　果して甘やかされているか　千葉銀行・森田紀美子　6
未婚婦人から　自己に対する厳しさを　第四銀行・瑞本　久子　7－8
ある美談　開発銀行・K　7
お雛祭りの起り　8
増えてきた時間外――生理休暇もとれない（協和銀行）　9
労働運動千夜一夜　第七話　銀行員組合の起源　佐　藤　9
北から南から仲間たちの動き
〝さつぱり楽にならない暮し〟――開銀の婦人部で用務
掛の小母さんと懇談　10
〝オッサン〟呼ばわりはやめて――勧銀従組の北陸地方
部で労務員の懇談会　10－11
組合出張中に泥棒――七十七銀行の佐々木さん十万円相
当額の被害　11
書評　野間宏他著『文学的映画論』　京都銀行・有馬　敲　10
映画評　日本で初の長篇記録映画大映の総天然色「白い山
脈」／風刺のきいた庶民ばなし渋谷実の「正義派」　寛　11
レンサイマンガ　銀平君　河上　弘　11
文学のなかのサラリーマン像⑥　石川達三著『四十八歳の
抵抗』（構成・小田切秀雄）　木曾　隆一　12－13
八〇％が「希望」――長崎相銀の学習アンケートから　13
支店長になるのはいつの日か――福銀のF君が描いた〝僕
の未来像〟　14－15
一席は和蘭銀行の黒沢氏――表紙写真コンクールの入選作
きまる　『ひろば』編集部　15
一九五七年版『銀行員の詩集』作品募集　15
私たちの楽しい歌「春の唄」（喜志邦三作詞、内田元作曲、
矢沢保編曲）　16
銀労研・第二回研究会のおしらせ／原稿募集　16

第一三八号　一九五七年三月一五日

竹内好の言葉　1
春の海（＊写真）　神戸銀行・小坂　登　1
詩のページ　忘れられないもの　東京銀行・竹内　節子　2
一九五七年版『銀行員の詩集』原稿募集　2
婦人月間特集　私たちの賃金と男女差　島津千利世　3－5
婦人月間はじまる3・8～4・16――地銀連で美しいポスター　5
婦人月間におくる二つの話題「働く母の会」の歩みから／日銀に授乳室が誕生　6－7
アメリカの銀行員の生活　8－9
職場随想　ソロバンのことども　岩手殖産銀行・I・S生　9
トピック　南極でアイスクリーム？（米）　9
北から南から仲間たちの動き
　調子に乗りすぎた経営者？――伊予銀でモラル調査　10
　結成大会は五月末に――全銀総連結成準備会ひらく　11
　「昼食費要望」が圧倒的――十八従組でアンケート　11
　銀行側、再考を約束す――千葉銀行の珠算競技会　11
　親和銀行に明るいうたごえ　11
斜陽国さいごのデモ――何を狙うXマス島水爆実験？　N　10
レンサイマンガ　銀平君　河上　弘　11
ドライヴ・ウエイ　12
スポットライト　女子の大半が共稼ぎ――北陸銀行従組の巻　12－13
労働運動千夜一夜　第八話　歴史はくりかえす　佐　藤　13
西ドイツでも亭主関白？――家事を手伝う夫は三・二％　13
読書
　ほのぼのとした愛情――三島由紀夫作『永すぎた春』　羽後銀行・高橋由紀子　14
　才気にみちた心理描写――原田康子作『挽歌』　農林中金・前原　和子　14－15
　モニカ・フエルトン著、阿部知二訳『あたりまえの女たち』　住友銀行・音木　新吉　15
短歌　北陸銀行・成瀬　典子　14
技術革新　15
特別寄稿　シヤンソンと私たち――醍醐味は庶民の香りに　佐藤　美子　16
銀行員と薬　王座はやはり栄養剤――協和銀行本店協組の売場から　17
映画評　封建時代の商人を描く――吉村公三郎監督「大阪物語」　17
私の自画像　神戸銀行・江口八重子　18－19
夢（＊漫画）　八十二銀行・松崎　光男　18
時評　安保条約の再検討を望む――学者・文化人の声明に関連して　上原　専禄　19
私たちの楽しい歌「帰れ愛の日よ」（ラルフ・エルヴァン作曲）　20
原稿募集／表紙写真コンクール作品募集　20

第一三九号　一九五七年四月一日

魯迅の言葉　1
雪が人を誘う大船山頂（表紙写真コンクール）　親和銀行・大曲　浩暢　1
表面化した出納事故補償　2－4
いつそ神さまになりたい――「モダン・タイムス」銀行版　山梨中銀・N　生　3
入行一年を顧みて　三井銀行・N　子　4－5
お花見をかねて春の武蔵野へハイキング――フレンドシップサークル　5
訂正（前号婦人月間日付）　5
〝正しいほめ方〟とは――あの手この手の労務管理　N　5
文学のなかのサラリーマン像⑦　広津和郎著『泉へのみち』（構成・小田切秀雄）　池田みち子　6－7
働く婦人の中央集会下旬に開催　7
他産業より低い銀行の初任給　7
職場随想　押入れのベッド――K子さんのことについて　大和銀行・F　子　7
共稼ぎ　私たちの場合　横浜銀行・高橋　初江　8－9
労働運動千夜一夜　第八話《ママ》　歴史はくりかえす　佐　藤　9
映画評　革命に散る恋物語――イタリア映画「愛は惜しみなく」　10
詩　走馬灯　オランダ銀行・大沼　昌平　10
書評　田中純著『女のたたかい』　第一銀行・安西　恒平　10
北から南から仲間たちの動き
〝事務服を支給して下さい〟――山口銀行女子行員の願い　11
鹿児島で開襟シャツを要求　11
狭いながらも楽しい屋上――農中でフオークダンス　11
米国将軍・重役になる――マックは年棒二千万円　11
幅広い感動の泉に――『銀行員の詩集』に投稿して下さい　藤島　宇内　12－13
北の春（詩集『仙境』から）　丸山　薫　13
選者紹介　藤島宇内／丸山薫　12・13
一九五七年版『銀行員の詩集』作品募集　13
私の自画像　神戸銀行・江口八重子　14－15
海外ニュース　米ソ競うシネラマ旋風――立体音響の怪物登場　15
私たちの楽しい歌「別れの曲」（ショパン作曲）　16
原稿募集／表紙写真コンクールの作品募集　16

第一四〇号　一九五七年四月一五日

ドラ・ド・ヨングの言葉　1
元気な子供たち（表紙写真コンクール）　静岡銀行・大林　利寿　1
詩のページ
残業　協和銀行・瀬能　敏子　2
新らしく仕事についた日（『銀行員の詩集』より）

メーデーを迎える職場の表情　第四銀行・佐谷　暮子　2
疲れもけしとぶ感激――去年参加した人の感想から　3
休めば他人の負担に――参加しにくい職場の空気　4
メーデーの起源　4
メーデーからメーデーへ（＊詩）　ポール・エリュアール　5
思い出の全銀連メーデー　5―6
入行して二年の記　青森銀行・佐々木四郎　6―7
平和友好祭と私の抱負　ショスタコーヴィッチ　7
〝精神的な疲れをいたしたい〟とウクレレ・サークルが誕生――東海銀行池袋支店　7
大分で生休二日を獲得　7
銀行員の職業意識――地銀連の組織実態調査から　8―9
職場随想　宮本君の生活と意見　静岡銀行・宮本　三郎　9
お知らせ　9
読書
詩の理解に役立つ書――大岡信他共著『詩の教室』　興業銀行・石垣　りん　10―11
丸山真男著『現代政治の思想と行動』　十八銀行・柏崎　三郎　10
鋭い観察と厳しい批判――安部公房著『東欧を行く』　東京銀行・杉本　文子　11
新刊紹介　神吉晴夫編『三光』――中国にいる戦犯の告白　11
詩　協和銀行・中島　年子　11
サラリーマンもの繁盛記――転落するサラリーマンの悲しい答案　櫛田　克巳　12―13
北から南から仲間たちの動き
〝責任感が薄くなる〟――役席が出納事故の個人負担を主張〔勧銀〕　14―15
劣悪な労働条件に抗してインド銀行従組が無期限スト　15
夏事務服の改善を要求――あわせてクリーニング代も〔興銀〕　15
労働運動千夜一夜　第八《ママ》話　我が国のメーデー前史　佐　藤　14
トピック　忠良なる泥棒（米）　15
レンサイマンガ　銀平君　河上　弘　15
映画評
現代に生きる人間像――フランス映画「罪と罰」　三井従組・T　生　16
「異母兄弟」独立プロで映画化――監督は家城巳代治　16―17
独立プロニュース　交番爆破後に消えた警官――山本監督の〝菅生事件〟撮影始まる　16
解説　注目される能率給の導入――給与体系合理化の問題点から　17
男の中の話①　神戸銀行・T・T・L生　18―19
アンケート「全銀総連に期待し望むもの」（＊募集）　19
一九五七年版『銀行員の詩集』作品募集　19
私たちの楽しい歌「リラの花」（サフローノフ作詞、ミューリーチン作曲）　20
原稿募集／表紙写真コンクールの作品募集　20

第一四一号　一九五七年五月一日

ホイットマンの言葉　1
春氷を打つ滝（表紙写真コンクール）　山陰合同銀行・林　寿延　1
解説　人類はシラミに転落しようとしている？――水爆実験競争をめぐつて　2
せばまる職場・強まる差別――はたらく婦人の中央集会から　3-5
私たちの誓い　5
まず問題の根本を――助言者の立場から　三瓶　孝子　4-5
海外ニュース　転落するホワイト・カラー――アメリカでは工場労働者以下　6-7
あなたも貯蓄できる（＊漫画）　荘内銀行・高橋　邦安　6
菅生事件の深刻性　正木ひろし　7
トピック　香水で戦争が防げる？（米）　7
早く仲よしに――新らしく銀行に入つたみなさんへ　静岡銀行・磯野　淡美　8-9
ヒユーバーマン氏を囲む会――全損保大阪地協の青婦人部で　9
労働運動千夜一夜　第十一話　武装メーデーと菅生事件　佐　藤　9
北から南から仲間たちの動き
総勢六十人の大ハイク――高知で金融機関の仲間たちが　10-11
〝共済は恐妻に通ず〟――東北銀行で互助会と名うって発足　11
〝加盟は見送られたい〟――特銀二行へ市銀連が回答　11
〝評判の悪い昼食〟――広島銀行従組の青婦人部で世論調査　11
新刊紹介　てるおか・やすたか著『すらんぐ』――ネオン街から屋台まで　10-11
レンサイマンガ　銀平君　河上　弘　11
映画評　開花しそこなつた庶民のロマンテイシズム――大江戸風雲絵巻「天の眼」　Q　12
セットめぐり　〝高い喜劇を〟と張切るフランキー「倖せは俺らの希い」　12-13
職場随想　職場の恋愛――私たちの場合　三和銀行・如月　旅人　13
男の中の話②　神戸銀行・T・T・L生　14-15
「銀行員心構え」とは？――最近の新入行員に対する講習会から　14
アンケート「全銀総連に期待し望むもの」（＊募集）　15
名刺が減れば預金が増える話　広島銀行・X　生　15
私たちの楽しい歌　「聞かせてよ愛の言葉を」（ジャン・レノワール作曲）　16
原稿募集／表紙写真コンクールの作品募集　16

第一四二号　一九五七年五月一五日

フランクリンの言葉　1

アヒル〔表紙写真コンクール〕　神戸銀行・小坂　登　1
詩のページ
君の手（『銀行員の詩集』より）　広島銀行・高橋　恒夫　2
星（『大理石より』）　青森銀行・石岡　錦　2
ルポ　第二十八回メーデー　志賀寛子／長岡澄子（え）　3－5
プラカード傑作集　5
トピック　アド・マン、高下駄のデモ　5
霧雨をついて——全金融から約千名が参加〔福岡〕　6
紙吹雪の中を〔盛岡〕　6
商店街も大歓迎〔横浜〕　6－7
プラカード・コンクールに入選〔千葉〕　7
不当弾圧反対などを決議〔佐賀〕　7
銀行の前で雨中の蛇行デモ〔鹿児島〕　7
美しい色彩の交錯——〝ジンクスの雨〟にもめげず〔新潟第四銀行従組〕　6
労働運動千夜一夜　第十二話　軍国主義とメーデー　佐　藤　7
今日の問題　まず行き過ぎた競争の排除を——門扉開閉時間の統一　N　8－9
銀行員の一日　預金係の巻
銀行の「掃除屋」的存在　三井銀行・多田　勤一　9
銀行における合理化の実態　日本銀行・真木　順子　10－13
男の中の話③　神戸銀行・T・T・L生　12－13
読書
カット　日銀・林田セツ子　14
賃金問題の研究——サークルでのテキストのために　14－15
人間の美しい宿命　田宮虎彦・田宮千代共著『愛のかたみ』　勧銀・芝山　美子　14
劇団三期会・生活を記録する会の集団創作「明日を紡ぐ娘たち」をみて　商工中金・伴　澄子　15
北から南から仲間たちの動き
市銀連加盟を指向——埼玉銀行従組の大会で可決　16
早くも活溌な意見——鹿児島従組で新入行員の組合学校　16－17
敬遠される出納係——北陸銀行職組のアンケートから　17
映画評
苦悩を背負つた女の一生——マリア・シエルの「枯葉」　三井銀行・小松　光子　16
ほりの深いドラマ——イタリア映画「道」　商工中金・岩　井　17
「新しい北京」公開　16
連載漫画　銀平君　河上　弘　17
サークル談義——フォーク・ダンスの「先生」の立場から　小俣　充　18－19
出納事故補償制度——山梨と青和の場合　19
私たちの楽しい歌　「アヴィニヨンの橋の上で」（フランス民謡）　20
原稿募集／表紙写真コンクールの作品募集　20

第一四三号　一九五七年六月一日

トルストイの言葉　1
帰り道（表紙写真コンクール）　佐賀銀行・酒井今朝雄　1
詩のページ　紀子の記録（『銀行員の詩集』から）　横浜銀行・ふかつ・たかお　2
作品数は八百篇――『銀行員の詩集』五七年版の作品応募状況　2
全銀総連に期待し望むもの――組合員の声
急がず、慾ばらず――各行婦人層の交流の場も　協和銀行・嶺川　安栄　3
共通の目標の実現へ――従来より進んだ形の運営を　福岡銀行・Ｔ　生　4
大きい再統一の意義――あせらずに腰をすえて　静岡銀行・田村　三郎　4
喜ばしい本来の姿――上部だけのつながりに終らぬよう　東海銀行・種橋　和子　4－5
常に前向きの姿勢で――地銀連も組織拡大の努力を　山梨中央銀行・岡　猛　5・9
全銀総連の基本方針　5
昔ばなし　ぎんこういん①　6－7
銀行員の一日　為替係の巻　いたばさみの悩み　三和銀行・中野　勝　7
共稼ぎ　私たちの場合（全損保『螢光灯』より）　日動火災・青牧　幸児　8－9
労働運動千夜一夜　第十三話　落下傘戦術の由来　佐　藤　9
北から南から仲間たちの動き
話しあつたり、遊んだり――新潟市内銀行青婦人懇談会の便り　10
アイスクリームのサービスつき――東邦銀行のレコードコンサート　10－11
労使協議会の設置を要求して運動――イギリス全銀連で　11
文学の中の女性像も追求――三井銀行従組の第五回組合学校　11
映画評
お人好しな人間の物語――伴淳の「糞尿譚」　商工中金・森　宏子　10
メルボルン大会の記録「美と力の祭典」　神戸銀行・常　松　11
連載漫画　銀平君　河上　弘　11
今日の問題　責任はどちらに？――春斗と組合幹部の処分　Ｎ　12－13
読書案内　汚職のカラクリを解く――堀真琴編『汚職』／岡倉古四郎著『スキヤンダル』　12
〝赤ちゃんができても勤めたい〟が圧倒的――日銀の既婚婦人に対するアンケート　13
お茶汲み問題・荘内の場合　女子採用の減少から問題化――新中卒を給仕として採用の方向へ　14－15
銀労研第三回研究会　15

私たちの楽しい歌「わが山小屋」（ウエスタン民謡、白石賢作編曲）　16
原稿募集／表紙写真コンクールの作品募集　16

第一四四号　一九五七年六月一五日

コリン・ウイルソンの言葉　1
松島（表紙写真コンクール）　商工中央金庫・杉田　蓉子　1
今日の問題　東京アピールの真の精神――新しい段階に入った原水爆反対運動　2
育ちゆく人間群像――私たちのサークル活動から
その1　新潟県燕市の「えんぴつの会」　3-5
その2　経済学を勉強する「読友会」サークル　5-7・15
昔ばなし　ぎんこういん②　8-9
労働運動千夜一夜　第十四話　世界最大の労働組合　佐　藤　9
サラリーガールの休日――銀行員井田美代子さん　藤原　審爾　10-11
筆者の言葉　藤原　審爾　11
共稼ぎ　私たちの場合　日本開発銀行・M　子　12-13
御存知ですか？　カレー粉の歴史（印度銀行従組提供）　13
読書
版画　三井銀行・木内　陽子　14
菱山辰一著『政府と労働者』――労働政策の実態　三和銀行・石神　洋　14-15
吉田秀和著『二十世紀の音楽』　住友銀行・音木　新吉　15
現代女性の常識――菊地綾子著『娘の幸福・妻の幸福』　三井銀行・椎名　美子　14
新刊紹介　日本労働運動に欠けた釘――高野実著『車座になつて』　15
北から南から仲間たちの動き
音楽のイロハから……――千葉銀行に合唱センター　16
労働環境の改善めざして――福銀従組で「一職場一要求」運動　16-17
三井銀行で労務のオバさんに夏被服　17
映画評　官僚主義の風刺――ソビエトの喜劇「すべてを五分で」　16
連載漫画　銀平君　河上　弘　17
スポットライト　男子行員にも事務服支給――十八銀行従組の巻　17
印度銀行争議始末記――組合員わずか二十三名で斗い抜いた三十一日のストライキ　外銀連書記・井　上　18-19
私たちの楽しい歌「いとしのアリス」（フォスター作曲）　20
原稿募集／表紙写真コンクールの作品募集　20

第一四五号　一九五七年七月一日

クロード・ロウの言葉　1
苗代（表紙写真コンクール）　神戸銀行・小坂　登　1
銀行員の一日　蚤の目からみた外務係T君　野見のぞみ　2-4

お偉方は平行員をこうみる――〝今どきの若い者〟アメリカ版　4―5
昔ばなし　ぎんこういん③　6―7
書評　なまなましい体験談――中島健蔵著『昭和時代』　7
サラリーガールの休日――中央電話局菊山千恵さんの場合　藤原　審爾　8―9
映画評　日本近代史の一断面――独立映画の「異母兄弟」　9
北から南から仲間たちの動き　10
〝明るい笑顔でサービスを〟――窓口の鏡で応対態度の反省？　10
岩手原水協に加盟――東北銀行従組で　10
昼休みぐらいは充分に休みたい――北陸の新入行員座談会から　10―11
かくれた芸能人の熱演に湧く――協和銀行労組の京浜地区文化祭　11
印度支那銀行で組合を結成　11
卓球三種目に優勝――県大会出場の羽後銀行　11
労働運動千夜一夜　第十五話　世界最小の労働組合　佐　藤　10
投書　支店長さんは早く帰って下さい　協和銀行・法華無生　11
連載漫画　銀平君　河上　弘　11
共稼ぎ　私たちの場合　12―13
文化　カリプソはなぜ流行る？――鋭い諷刺と強い生命力　S　12
訂正（前号読書欄）　13
海外トピック　22通りに変る「夢のドレス」　13
明るみに出た基準法違反　女子行員にまで徹夜を強制――監督署の手入れも行わる　組合、慢性的違反の一掃に乗り出す〔大分銀行〕　14―15
私たちの楽しい歌「白いバラ」（フィンランド民謡）　16
原稿募集／表紙写真コンクールの作品募集　16

第一四六号　一九五七年七月一五日

毛沢東の言葉　1
かっぱ（表紙写真コンクール）　佐賀銀行・酒井今朝雄　1
「組合学校」繁盛記
年々ふえる参加者――主催者はその収容に悲鳴あぐ〔富士〕　2―3
全国の各支部で開催――組合員四人に一人の割で参加〔勧銀〕　4
春（新人行員）と秋（組合役員）の二回――運営には細い神経をくばって〔横浜〕　5
市銀ではじめて――三井で全国青婦人部が発足　5
昔ばなし　ぎんこういん④　6―7
大学は出たけれど（＊漫画）　細木原青起　6
銀行員の一日　電話交換手の巻
電話は機械だが私は人　大和銀行・A　子　7
育ちゆく人間群像――私たちのサークル活動から②

横浜銀行の文学サークル――「近代日本文学研究会」　横浜銀行・川口　彰　8-9
労働運動千夜一夜　第十六話　サボタージユの語源　佐　藤　9
私の自画像　庶務係長の悩み　M銀行・青山　春夫　10-11
銀行員三態（＊漫画）　八十二銀行・松崎　光男　11
おことわり　編　集　部　11
随想
娘ッ子のどんばらまき　佐賀銀行・松下　玲子　12
五行運動と中国の婦人たち　丸岡　秀子　13
華麗な立ち廻り――東映の「大菩薩峠」　13
北から南から仲間たちの動き
とんだ〝高能率主義〟――年中無休と同様の平和相互有志五十名が組合を結成　14
業務量に反比例する人員――〝言語に絶する〟忙しさに不満爆発〔山陰合同Y支店〕　14-15
市・地銀の仲間が一緒にハイキング――金沢市内銀行従組懇談会初の行事　15
要求七十項目に及ぶ――福岡従組の職場要求　15
行員に映画をおごる――「明治天皇と日露大戦争」に感激した頭取が　15
書評　唐沢富太郎著『日本人の履歴書』――三代の人間形成図　15
〝原爆の図〟世界行脚の旅――丸木画伯夫妻のスケッチと土産話　丸木位里／丸木俊子　16-19
大学教授らの原水爆実験反対運動拡がる　19
私たちの楽しい歌「森を想う」（ブルガリヤ民謡）　20
原稿募集／表紙写真コンクールの作品募集　20

第一四七号　一九五七年八月一日

バートランド・ラッセルの言葉　1
山のたそがれ（＊写真）　1
賃上げの要因は揃つている――職場での話しあいのために　2-4
トピツク　パリの銀行員がゼネスト――生活費の騰貴から賃上げを要求　4
夏の健康法　4-5
労働運動千夜一夜　第十七話　続サボタージユ　佐　藤　5
昔ばなし　ぎんこういん⑤　6-7
書評　C・ライト・ミルス著『ホワイト・カラー』　協和銀行・夏草しげる　7
サラリーガールの休日――ウェイトレス渡部とし子さんの場合　藤原　審爾　8-9
瀬長市長夫人も参加――三日から第三回母親大会　9
北から南から仲間たちの動き
給料日繰下げの動き――職場では賛否両論〔七十七銀行〕　10
圧倒的に多い同僚への気がね――大和銀行従組生休利用実態調査から　10-11
メーデーがとりもつ縁――勧銀の人形劇サークル　11

組合出張に賃金カットを通告――福岡銀行で　11
放射能よけの日傘はいかが　10
レンサイマンガ　銀平君　河上　弘　11
一つの悩みを二人のものに――「現実に追いつめられた嘆きの妻」によせて　大和銀行・小村　春夫　12－13
教師の暴力事件と道徳教育　13
映画　ドラマチックな構成――マリア・シエルの「青い潮」　N　13
喜びと悩みをわけあう仲間たち――地銀連関信地協青婦人部長会議に出席して　静岡銀行・久保田佳郎　14－15
お知らせ　銀行労働研究会　15
私たちの楽しい歌「夏の思い出」（江間章子作詞、中田喜直作曲）　16
原稿募集／表紙写真コンクールの作品募集　16

第一四八号　一九五七年八月一五日

フェヌロンの言葉　1
ひまわり（＊写真）　1
女性と流行　個性を流行に生かせ　京都銀行・浅田　和生　2
第三回日本母親大会
母親の立場から娘や息子の恋愛と結婚　3－5
大会宣言（要旨）　5
母親と平和の問題　丸岡　秀子　5
昔ばなし　ぎんこういん⑥　野　田　6－7
サラリーマン生活断片（＊漫画）　長崎　抜天　6
生活の充実も勉強の一つ――「現実に追いつめられた嘆きの妻」によせて　大和銀行・A　子　7
サラリーガールの休日⑤――外国銀行員田川仙子さんの場合　藤原　審爾　8－9
短歌　短夜（みじかよ）のころ　京都銀行・T　子　9
読書
かくれた社会の一面――永井智郎編『日かげの労働者』　勧業銀行・K　生　10－11
平井潔・吉沢友吉共著『解放史上の三女性』　静岡銀行・寺島　澄子　10
荒正人著『小説家』　日本銀行・阿　窮　11
新刊紹介　佐木秋夫・小口偉一共著『創価学会』　11
誌上封切「長崎の子」　12－13
私の自画像　肥後銀行・上村　康雄　14－15
労働運動千夜一夜　第十八話　続々サボタージュ　佐　藤　15
北から南から仲間たちの動き
銀行におけるP・Rの実態――地銀連東北青婦人協議会の調査から　16－17
日本で一番小さな銀行に組合――直ちに二千円の賃上げ要求〔青森商業〕　17
市銀連チーム圧勝――対地銀連野球試合で　17
映画　盛り場の女の哀歓――吉村公三郎の「夜の蝶」　三井銀行・H　子　16
レンサイマンガ　銀平君　河上　弘　17

あるサークル問答――先崎金明著『サークル活動入門』をめぐつて 18–19
私たちの楽しい歌「仲間の歌」（広渡常敏作詞、石丸寛作曲） 20
あとがき 20

第一四九号 一九五七年九月一日

バートランド・ラッセルの言葉 1
せみとり（＊写真） 1
今期の銀行収益はどうなる――職場での話しあいのために 松 成 2–3
銀行員の一日 普通預金係の巻
せめて夏枯れ時は早帰り 第一銀行・明 星 生 4–5
『銀行員の詩集』電波に乗る――九月十八日にＮＨＫ第二放送で 5
下期に全国協議会を結成――勧銀で準備委員会開く 5
労働運動千夜一夜 第十九話 ソ連労組のスト権 佐 藤 5
忙しさに耐える愛情を――「現実に追いつめられた嘆きの妻によせて」 静岡銀行・伊東まき子 6–7
互に扶けあつてこそ――未婚者の立場から 大分銀行・Ｓ 子 7
第３回原水爆禁止世界大会
原子力利用の二つの道――第三回原水爆禁止世界大会に参加して 三井銀行・Ｔ 生 8
平和のために斗う婦人たち――世界大会婦人協議会を傍聴して 日本銀行・橋村 照子 9
東京宣言 9
北から南から仲間たちの動き
〝銀行員は一代かぎり〟――アンケートによせる女性の声〔京都〕 10
生休、産休を減額の対象に――臨給の配分に新提案〔十八銀行〕 10–11
五年五万、停年三六〇万――市銀連で退職金改善を要求 11
前委員長も一生徒に――山陰で組合学校 11
北陸従組で昼休み実施運動 11
映画 基地日本の一縮図描く――東映スコープ「爆音と大地」 10
あくび 住友銀行・美村 一夫 11
サラリーガールの休日⑥――商社のタイピスト堀秋子さんの場合 藤原 審爾 12–13
私たちのサークル活動のあゆみ――地銀連関信地協第二回文化担当者会議の報告 山梨中銀・井上文次郎 14–15
原水爆禁止世界大会にカンパ――三井従組が約三万円 15
書評 Ｓ・リリー著『オートメーションと社会の発展』 日本銀行・村瀬 康 15
私たちの楽しい歌「ゆるがぬ幸」（ザハーロフ曲、Ｍ・フレミオ編曲） 16
原稿募集 16
あとがき 16

第一五〇号　一九五七年九月一五日

ゲーテの言葉　1
釣り人（＊写真）　1
現代政治マンガの問題点　2－5・13
ドオミエ「ルイの頭は梨の顔」／カミングス「追放」／岡本一平「尾崎行雄」／下川凹天「浜口雄幸」（＊漫画）　3・4
〝貧乏人は外米を食え〟――米価値上げ強行の背景　K N A　5
今日の話題　原水爆時代から原子力時代へ――僕らの夢たくす第二の火　野口　肇　6
日かげで働く人々①〝折り〟づくめの十四時間――「太陽のない街」の製本屋　6－7
労働運動千夜一夜　第二十話　戦争とストライキ　佐　藤　7
求めるものと捨てるものと――「現実に追いつめられた嘆きの妻」によせて　大和銀行・F　子　8－9
ばね――銀平君に（＊詩）　京都銀行・有馬　敲　9
マンガ　北陸銀行・河上　弘　9
読書
えんぴつをにぎる主婦の姿――生活をつづる会著『おかあさんと生活綴方』　10
婦人解放史の貴重な一里塚――帯刀貞代著『日本の婦人――婦人運動の発展をめぐつて』　10－11
H・R対策への指針　総評編『これからの文化活動』　S銀行・K　生　11
新刊紹介　武谷三男著『原水爆実験』　11
北から南から仲間たちの動き
青婦人の交流の場に――市銀連の第三回組合学校終る　12
預金増強のリボン着用を強制――組合が〝憲法違反〟と撤回さす（青森銀行）　12－13
冷房装置をゼヒ！――三井銀行従組の全国オルグから　13
金商協福岡地協で〝平和の夕〟の盆踊り　13
映画評　感傷的な少女趣味――豊田四郎監督の「夕凪」　12
一席は神戸銀行の小坂氏――表紙写真コンクールの入選作きまる　13
連載漫画　銀平君　河上　弘　13
育ちゆく人間群像――私たちのサークル活動から③
銀行員が中心の読書会――〝めだか〟サークル　14－17
銀行員の一日　パンチヤーの巻
男性なら神経随弱に……　日本銀行・真山　信子　16－17
映画評　シックなスリラー喜劇――デュヴィヴィエの「殺人狂想曲」　日銀・茂　木　17
私の自画像　わたしの歩んできた道　山梨中央銀行・青山　恒夫　18－19
私たちの楽しい歌「老犬トレイ」（フォスター作曲、おきはるを編曲）　20
原稿募集　20
あとがき　20

第一五一号　一九五七年一〇月一日

ジユーベールの言葉　1
三ツ峠より富士をのぞむ（＊写真）　1
現代の愚民化現象を克服するもの――「人民的コミユニケーシヨン」の成立と展望　小田切秀雄　2－4
銀行従組が無期限スト　インド　4
人間としての俳優の発言――宇野重吉著『光と幕』　日本銀行・吉村とも子　5
日かげで働く人びと②
お産三日前まで就労――不安定で低い女工さんの賃金　大島ツムギ　5
明るい職場は私たちの手で……子供連れのお母さんも参加――岩手殖産銀行従組の婦人懇談会から　6－7
サラリーガールの休日――デパートの店員河上みどり・林敏子さんの場合　藤原　審爾　8－9
北から南から仲間たちの動き
『銀行員の詩集』が結ぶ東京と新潟――石垣さん迎えて合評会〔第四銀行〕　10
三井と大和の青婦人部が話しあい　10－11
千葉銀行で体育祭の記録映画？製作　11
映画評　ロンドン公演の記録――ボリシヨイ劇団の「バレーへの招宴」　S　10
行内誌アラカルト　十分間、半期で二千四百万円――ソロバンずくの早帰り運動〔三和銀行〕　11
連載漫画　銀平君　河上　弘　11
ほんとうに楽しかった――市銀連の組合学校に参加して　S銀行・T　子　12－13
映画　往復書簡――黒澤明の「どん底」をみて　S　子／T　13
今日のサークルの問題　関根　弘　14－16
私たちの楽しい歌　「タンチヤメの浜」（沖縄民謡）　16

第一五二号　一九五七年一〇月一五日

アインシユタインの言葉　1
タンプリング（＊写真）　1
文学散歩　新しい詩の領域　大島　博光　2
座談会　働く女性の新しい魅力　平林たい子／平井潔／西清子　3－5
私たちの約束　七十七銀行・三浦　正子　5
今日の問題　特集・露骨になつた政府の労組攻撃
手ごわい相手をまずたたく――政府はなぜ労働運動を強圧するか　長島　又男　6－7
公労法に対する政府の解釈――組合活動をおさえるに急な、あまりにも政治的な態度である　松岡　三郎　7
通れるものなら通つてみろ！（＊漫画）　大倉みつる　6
公労法　6
連帯スト　7

勇気と智恵と善意を――「現実に追いつめられた嘆きの妻」によせて　M銀行・A　子　8-9
私は芸者じゃない――開店記念行事と全店外交　大和銀行・S　子　8
職場の芸術家たち――外国銀行のサークル便り
F・N・C・Bデッサン・グループ／オランダ銀行人形教室　M・M　9
北から南から仲間たちの動き
〝産後八週間はぜひとも……〟――日銀従組で既婚者のための三要求　10
銀行協会にも申し入れ――市銀連の残業排除運動すすむ　10
九州のうたごえ開く――金融機関の仲間も500名が参加　佐賀従組・山　崎　10-11
地銀連で二十三日から青婦人代表者会議　11
N・C・B大津支店で組合結成　11
行内誌アラカルト　頭取自ら投稿を勧誘――家族との和合を強調〔勧業銀行〕　11
連載漫画　銀平君　河上　弘　11
読書
現代新聞の断層を衝く――城戸又一著『誤報』　12-13
松尾邦之助著『フランス人の一生』　南都銀行・砂野　光生　12
散文の形をとつた叙情詩――幸田文著『おとうと』　13
不幸を生きぬいた女の半生――望月優子著『生きて愛して演技して』　13
映画
映画の空想性と現実性　佐藤　忠男　14-15
社会性をもつた抒情篇――今井正の「純愛物語」　14
美しい夫婦の愛情の記録――木下恵介の「喜びも悲しみも幾歳月」　15
私の自画像　ある戦中派の場合　K銀行・片桐　一秋　16-17
労働運動千夜一夜　第二十一話　車界党の昔から（その1）　佐　藤　17
サラリーマン雑考――仕事に対するニヒリズムを生みだすもの　住友銀行・長谷　耕一　18-19
日かげで働く人びと③
30年のベテランで370円――生活安定にはほど遠い罐詰工場　19
私たちの楽しい歌「もずが枯れ木で」（茨城民謡、岡田和夫編曲）　20
原稿募集　20
あとがき　20

第一五三号　一九五七年一一月一日

アンドレ・ジイドの言葉　1
秋ふかく（＊写真）　1
組合の歩んできた道と今日の銀行員――これからの生活と組合運動の方向をみつけだすために
地銀連関信地協第二組合学校から　2-5

助言者の立場から　科学的なものの見方を　芝田　進午　4
日かげで働く人びと④
労働時間は平均十二時間――根強く残る「年期奉公制」
玩具問屋　5
銀行員の一日　庶務係の巻
縁の下の力もち的存在　東海銀行・秋島　雅子　6―7
映画評　私たちにも身近な問題――ダッシンの「宿命」　日本銀行・沢　玲子　6
書評　光山松雄著『文学とことばと文章と』　7
北から南から仲間たちの動き
支店閉鎖と全員解雇――全員転勤を要求してストに入る
〔NBC大津支店〕　8
地銀連東北地協で青婦人代表者会議　8
貯蓄の余裕もない生活――横浜銀行の給与アンケートか
ら　8―9
東海銀行職組で『組合十年誌』を刊行　9
奇怪な臨給配分〔静岡銀行従組〕　8
行内誌アラカルト　行員教育に本腰？――狙いは企業への
忠誠心〔第四銀行〕　9
レンサイマンガ　銀平君　河上　弘　9
読書週間によせて――職場の読書活動紹介
歴史のサークルも生れる〔第四銀行長岡支店〕　木村　良成　10―11
蔵書はすでに三百冊を突破〔千葉銀行本八幡支店〕　11
銀行員の読書傾向　11
歴史と現代を結び合せる青森銀行の「女子だけの学習会」
――〝共働き〟の問題にもふれて　12―13
労働運動千夜一夜　第二十二話　車界党の昔から（その2）
佐　藤　13
注目される経営者の出方――長期化の様相示す福銀の斗争　14―15
銀労研からのお知らせ　銀行労働研究会　15
私たちの楽しい歌「灯」（ソヴェト歌曲）　16
原稿募集　16
あとがき　16

第一五四号　一九五七年一一月一五日

エミール・ゾラの言葉　1
蜜柑いろづく（＊写真）　1
座談会　ヒューマニズムと民主々義――古在由重・佐藤昇
両氏をかこんで　古在由重／佐藤昇　2―4
祝発刊『銀行員の詩集』１９５７年版　選後の感想　丸山　薫　5
銀行員の一日　タイピストの巻
悩みのタネ、きたない原稿　第四銀行・内藤ナツ子　6―7
時間後客一掃（＊漫画）　八十二銀行・松崎　光男　6
サラリーガール――職場の女性として反省したいこと
協和銀行・中野　敬子　7
新年号原稿募集　7
読書

ケレン味のない論理――大野晋著『日本語の起源』　日本銀行・千早耿一郎　8－9
少女ピアニストの留学生活――大野亮子著『ウイーン日記』　南都銀行・砂野　光生　8
近刊予告　『サラリーマン――その歴史と現状』　9
ねっとりした女のためいき――宇野千代著『おはん』　千葉銀行・曾根真知子　9
大衆とともにある演劇人の喜び――真山美保著『日本中が私の劇場』　9
北から南から仲間たちの動き
新しい職場のモラルを――チェコからも祝電〔地銀連青代会議〕　10
住宅手当などを検討――市銀連で講師招き住宅対策研究会　10
平田委員長らハンストに入る〔福岡〕　10－11
人員増加について四項目を要求〔第四従組〕　11
岩殖従組青婦連で恒例の討論会　11
日本のうたごえ――日程きまる　10
行内誌アラカルト　日銀マンの結婚生活――七十五周年記念号に特集　11
レンサイマンガ　銀平君　河上　弘　11
映画
あなぐらの中の人間群像――内田吐夢監督「どたんば」　農林中央金庫・福岡　克也　12－13
古典を現代に生かす――ソ連のワイド作品「ドン・キホーテ」　寛　12
「世界は恐怖する」赤十字国際会議で上映　13
随想　露路をぬけて　日本勧業銀行・A　子　13
私の自画像　平凡でも自分を見失わずに　秋田銀行・藤田　脩　14－15
労働運動千夜一夜　第二十三話　正伝ストライキ節　佐　藤　15
他産業労働者の生活と意見①　鉄鋼産業労働者の巻　16－17
生活綴方　雨合羽　富士製鉄釜石・滝　一平　17
新しい国民文化の創造へ――第二回国民文化全国集会ひらく　18－19
私たちの楽しい歌「焚火」〔北原白秋作詞、中尾美子作曲〕　20

第一五五号　一九五七年一二月一日

エミール・ゾラの言葉　1
新雪の山肌を行く（＊写真）　1
新しい時代の朝やけ――人工衛星をめぐる話題　2－5
人工衛星動物テストの第一陣（＊漫画）　D・ロー　4
平和を告げるもの（＊詩）　I・バウコフ　3
衛星と長い虹（＊詩）　巴　人　5
永い銀行員生活をふりかえって――思い出すままの記　三井銀行・青　山　生　6
書評　今川弥吉著『銀行員』
感じられる作為的な悪意　三和銀行・河村　周三　7

あまりにも類型的な内容　協和銀行・片桐　一秋　7
北から南から仲間たちの動き
好評の事務服ショー――新企画で協和・東京の組合学校　8
朝掃除、全店の四割がパートタイム制〔横浜〕　8
「宿題が多い」悩み――鹿児島銀行で傭員を囲む座談会　8-9
青森で三行従組青婦人が懇談会　9
新年号原稿募集　8
行内誌アラカルト　接客の〝演技〟指導も――預金増強に力こぶ〔横浜銀行〕　9
連載漫画　銀平君　河上　弘　9
強い上役に対する不信――荘内銀行従組の職場環境アンケートから　10
微笑そしてユーモア――際限なく働かせるHR（米誌から）　11
貧しさに対する感傷――日映の第一回作品「怒りの孤島」　11
他産業労働者の生活と意見②　造船労働者の巻　12-13
小さなつぶやき　日立造船桜島・大谷　和夫　12
生活記録　汽車の重さを計る話　横浜造船・舟津　弘　13
執行部と青年部活動　千葉銀行・藤本　豊　14-15
労働運動千夜一夜　第二十四話　木下尚江と特高　佐藤　15
私たちの楽しい歌「いぬふぐり」（鈴木美智子作詩・作曲）　16
原稿募集　16
あとがき　16

第一五六・一五七号〈新年特別号〉一九五八年一月一日

初詣で（＊写真）　神戸銀行・小坂　登　2
新婚対話――正月の夜に（『銀行員の詩集』より）　日本興業銀行・もてぎ・しげる　2
座談会　これからのサラリーマン――銀行の組合運動とサークルを中心に　田沼肇／泉谷甫／野田正穂　3-11
聞きがき帖　掌の歌と仕事の歌／オルグと検査／若ものとは　5・6・9
勤務評定――その猛毒性について　千葉銀行・藤本　豊　11
回顧と展望
政治　踊らぬ世論と総選挙への期待　長島　又男　12
経済　二つの不均衡と独占集中　木村禧八郎　12-13
原子力時代を迎えて　伏見　康治　13
悪貨が良貨を駆逐した――日本映画1957年の回顧　岡田　晋　14-15
正月映画総まくり　15
人物社会運動史　命をかけて農民のがわに立つ――石見国の代官井戸平左衛門　野口　活　16-17
海外労働トピック　警官労組意気高し／墓掘り人夫のスト　17
1957年十大ニュース（選定・日本機関紙通信社）
南極観測／春斗と国鉄スト／神武景気に赤信号／岸内閣成立と日米共同宣言／第三回世界大会と東京宣言／〝原子の火〟つく／石田労政と秋斗／中東緊張つづく／人工

衛星、宇宙の幕開く／相馬ガ原事件とジラード判決
日本労漫クラブ　16―17
新春マンガ展
南義郎／（八十二銀行）松崎光男／（北陸銀行）河上弘／（荘内銀行）高橋邦安／加藤悦郎／山崎定雄／佐々木哲　18―19
婦人
あたらしい衣服の設計　桑沢　洋子　20
新春おしやれ教室　山野千枝子　20
一匹不足？（＊笑話）／お正月クイズ　20・21
映画　あまりにも悲惨な描写――ポーランド映画「地下水道」　広島銀行・I　生　21
（＊『銀行員の詩集』１９５７年版）
生活者の共感と新鮮さを　東邦銀行・X　生　22―23
『銀行員の詩集』によせる　壺井　繁治　22
合唱・伴奏も組合員の手で――日銀で組合歌をレコードに真によろめいたのは誰か――１９５７年の風俗文化　23
野口　肇　23
新らしい組合歌づくり――歌詩を集団創作した北の仲間たち「青森銀行従組大理石グループ」　24―25
仲間の年賀状
市銀の仲間から　たき木をうんと燃やそう
大和銀行・小川　三吉　26
地銀の仲間から　おたがいの実情の理解を
七十七銀行・佐藤　敬　26―27
日銀の仲間から　サークルの交歓会でも
日本銀行・土屋　進　27
市銀の仲間から　胸をひらいて話しあいたい
三井銀行・池田　倫子　27―28
随想　レクリエーション雑感　垣内　芳子　28―29
他産業労働者の生活と意見③　私鉄労働者の巻　30―31
（＊短歌）　京阪神急行労組・みね・たかし　30
随筆　アラレ　京浜急行労組・竹内　由子　31
青年運動を中心にした戦前のサークル運動――田沢義舗の伝記から　高田　佳利　32―33
新春お好みコント
黒い靴　広島銀行・庸木　次郎　34―35
女心　三井銀行・戸塚　春樹　35
私たちの楽しい歌「冬から春え」（はらたろう作詞・作曲）　36
あとがき　36

第一五八号　一九五八年一月一五日

ロマン・ローランの言葉　1
霧氷（＊写真）　1
熊本と東京を往復しながら不当転勤との斗いをすゝめて
日本銀行・田川　一雄　2―4
日銀従組執行部の見解――職場討議の一助として昨年七月十二日に発表したもの　4―5

人物社会運動史② 幕府要路の汚職を暴く——江戸の講釈師馬場文耕 野口 活 6
雪国の子供（＊写真） 神戸銀行・小坂 登 7
銀行員の一日 預金係の巻
ミスをしたときの辛さ——お客には融通性も必要 大分銀行・茂利 一子 7
北から南から仲間たちの動き
三六五日勤務で月給七千円——寮母さんの実態 大分銀行の場合 8
厳本真理のヴァイオリンなど——市銀連の東京地区文化祭終る 8
組合への追い討ちか——福岡銀行で協約改訂案 8-9
卓球大会で新年顔合わせ
もはや戦後ではないから（機関紙『灯架』より） 9
行内誌アラカルト ソツのない編集と企画——社内報コンクールで入賞の『とうかい』 横浜銀行・小林惣太郎 8
レンサイ漫画 銀平くん 河上 弘 9
読書
側面からみた世代論——後藤宏行著『陥没の世代』 千葉銀行・加瀬 忠一 9
扇谷正造編『おふくろの味』を読んで 伊予銀行・宇都宮博介 10
わが国最初の百姓一揆物語——小室信介編『東洋民権百家伝』 10-11
 11
手軽で親切な解説書——加藤秀俊著『マス・コミユニケーション』 住友銀行・美村 一夫 11
生活記録
食卓のまわりで 南都銀行・大森 達生 12-13
再開 千葉銀行・野村さち子 13
斗い抜いた60間のスト中労委案でついに解決——NCB大津支店従組争議てんまつ記 外銀連・井 上 14-15
私たちの楽しい歌「村の娘」（福田君夫作詞、青山梓作曲） 16
原稿募集 16
あとがき 16

第一五九号 一九五八年二月一日

エミール・ゾラの言葉 1
雪割草（＊写真） 1
沖縄についての勉強を——沖縄に対する私たち自身の偏見をなくすために 藤島 宇内 2-3
ビールの泡にも似た出世の夢——座談会「これからのサラリーマン」を読んで 協和銀行・甲斐 孝一 4-5
映画 清潔な感動をよぶスペイン映画「広場の天使」 き 4
銀行員の一日 電話交換手の巻
本職よりも忙しいお手伝い——辛い交換台と営業場の往復 A銀行・N 子 5
人物社会運動史③ 首をかけた嘆願書署名——二斗八升騒

動の百姓助弥　野口　活　6
メッセンジャー・カルカチュア　NCB銀行・小熊　進　7
お年玉クイズの解答　7
北から南から仲間たちの動き
交流を求めるコーラスの仲間――初の金融合唱懇談会ひらく　8
福岡で壮年部結成の動き――中央委員会でその対策を検討　8-9
幹部教育中心の組合学校〔富士銀行従組〕　9
銀労研盃は横浜へ――地銀連の都内支店卓球大会　8
行内誌アラカルト　一方的な天下りP・R――行員からの投稿が少い『協和』　9
ほんやらどう　9
読書
戦前派の常識論を出ない――源氏鶏太著『新サラリーマン読本』　N　10
松成・田沼・泉谷・野田共著『日本のサラリーマン』
中間階級問題解明への土台　三井銀行・T生　10-11
興味深い事務労働者の変貌　富士銀行・K生　11
没個性的なサラリーマン談議――菅谷重平著『サラリーマン教室』　T　11
他産業労働者の生活と意見④　銀山労働者の巻
足尾銅山訪問記　12-13
コント　掌　別子鉱山労組・芥川　三郎　13
日本経済はどうなるか――周期的後退の段階へ
季節のことば　針供養　木村禧八郎　14-15
私たちの楽しい歌「銀色の丘」（三沢郷太郎作詩、手島洋一作曲）　16

第一六〇号　一九五八年二月一五日

ジエイムス・ラッセルの言葉　1
寒梅（＊写真）　1
「中間文化」の時代における中間層の生き方　鶴見　俊輔　2-5
（＊カット）　昭・Kōno　4
次号予告　女性におくる特集　5
人物社会運動史④　用水建設で死の直訴――仙台藩松川村の青竹物兵衛　野口　活　6
療養日記――六カ月の入院生活あれこれ　三井銀行・島　近子　7
読書
山へのひたむきな情熱――井上靖著『氷壁』　第四銀行・長沢　源蔵　8
週刊紙をなぜ読むか　三井銀行・一瀬　正秋　8-9
新刊紹介　KNA　9
童謡の変遷と傾向――与田準一編『日本童謡集』　N　9
北から南から仲間たちの動き
二つの銀行に組合が誕生――東京都民銀行と河内銀行〔大阪〕　10

『銀行員の詩集』の刊行記念の集い　10–11
オランダ銀行従組三要求で大きな成果　11
福岡銀行で組合役員選挙中に大異動を強行　11
映画　ソヴエト国民の不屈の斗志——モス・フイルム「レニングラード交響楽」／「第二次世界大戦の悲劇」　10
行内誌アラカルト　東北のメインバンクへ——預金増強へ力こぶを入れる『七十七』　11
連載漫画　銀平君　河上　弘　11
銀行におけるストは是か否か——岩手殖産銀行従組青婦連討論会から　12–15
野次傑作集　13
山中審査長講評　山　中　15
他産労働者の生活と意見⑤　繊維労働者の巻
生活綴方　綿ぼこりの中で　近江絹糸津・山崎　栄香　16–17
夢に見た手編機　林紡古知野・玉利　智子　17
シュプレヒ・コール　サラリー狂騒曲　伊予銀行従組青婦人部　18–19
私たちの楽しい歌「瞳のうた」（梅木きみ原作詞、大理石グループ構成、寺原仲夫作曲）　20
原稿募集　20

第一六一号〈女性におくる特集〉　一九五八年三月一日

宮本百合子の言葉　1
中国の働く婦人（＊写真）　1
座談会　その1　市銀側　わたくしたちの職場と家庭——帯刀貞代さんを囲んで　帯刀　貞代　2–5
目で見る世界の働く婦人たち（＊写真）アメリカ／イタリア／ソビエト／アフリカ　4・7・9・11
冷たい戦争やめさせましよう——国際民婦連の国際婦人デー・メツセージ　5
座談会　その2　地銀側　職場の女性の問題あれこれ——内藤ツネさんを囲んで　内藤　ツネ　6–7
平和と生活を守る世界婦人集会　7
人物社会運動史⑤　大弾圧の中の紅一点——足尾銅山ストの臼井操　野口　活　8
二十年目　勧業銀行・野村　啓子　9
婦人対策の現状と問題点——第四銀行従組の場合にみる　10–11
読書
矛盾を直視する眼——スメドレー著『女一人大地を行く』　商工組合中央金庫・阿佐美草　12
現代にも強い影響力——J・S・ミル著、大内兵衛・節子訳『女性の解放』　K　12–13
人間的なカメラ紀行——八木下弘著『ソビエト民族の表情』　13
田中寿美子著『働く女性の生きかた』——職業と結婚をめぐつて　13
資料　婦人労働者の組織状況　14
解説　大きくなつた婦人の力——国際婦人デーを迎えて　15
映画　ラストシーンの面白さ——ワイルダーの「情婦」

他産業労働者の生活と意見⑥　保母さんの巻　〇　15
働く母と子のしあわせをねがいつつ　泉谷　洋子　16－17
パンと平和と自由を――国際婦人デーの歴史　17
サラリーガールの歴史――その発生とうつりかわり　野田　正穂　18－20
私たちの楽しい歌　「春のいぶき」（清水致作詞、岡田英雄作曲）　20
本誌を購読するには／原稿募集　20

第一六二号　一九五八年三月一五日

末川博の言葉　1
春の海辺（＊写真）　1
石田労政と日経連の思想宣伝　佐藤　昇　2－5
労働者を野良猫あつかい（＊漫画）　加藤　悦郎　3
仮面（＊漫画）　宮下　森　4
賃上げやめて輸出と投資に――今年の日経連の賃金政策　5
人物社会運動史⑥　勝利への尊い犠牲者――新潟の町民一揆の荘五郎　野口　活　6
「中間層の生き方」によせて――鶴見俊輔氏に一言　日本開発銀行・藤田　弘二　7
海外短信　仏で列車の95％が止る　7
北から南から仲間たちの動き
銀行員とスクーター――百店中三十店で胃下垂患者（勧銀従組の調査から）　8
印度支那銀行で四八時間スト――ピケ隊へ制服警官隊の暴圧　8
北陸銀行でアフターケア制度を確立　8－9
「婦人部十周年記念」を全員のカンパで　9
短歌　冬　鳥取銀行・大田　順子　8
行内誌アラカルト　預金勧誘にも精神主義――芸のない編集の『しよくぎん』（岩殖）　9
連載漫画　銀平君　河上　弘　9
随想
麻雀と中間文化　協和銀行・西村　敏子　10－11
日曜日の随想　第一銀行・明　星　生　11－12・16
働く婦人の中央集会――4月19・20日の両日　10
若い詩人（＊詩）　商工中金・堀江　幸子　12
映画
底の浅いムード的作品「カラマーゾフの兄弟」　T　13
画面から聞えてくる新中国の偉大な足音――長編記録映画「新しき大地」　N　13
文化祭によせて　文化活動についての新らしいイメージ――親しい友への手紙　地銀連関信北越地協書記・高田　佳利　14－16
私たちの楽しい歌　「一つの歌に合わせて」（みずのまさし作詞、米国学生歌）　16
原稿募集　16

第一六三号　一九五八年四月一日

ジヤン・ラフイット著『生きている人々』より　1
さくらの季節（＊写真）　1
特集・新入行員のために
ある女子行員の記録　日本銀行・落合ゆり子　2－4・9
減員による昼食時間対策／月末混雑対策（＊漫画）　八十二銀行・松崎　光男　3・4
習性「いらつしやいませ」／今日はどの面に？（＊漫画）　荘内銀行・高橋　邦安　3・6
銀行員一年生の日記　北陸銀行・伊藤　正子　5－6
銀行の従業員組合　5
教育の危機――P・R滲透の根源をさぐる　青　正上　6－7
『銀行員の詩集』五八年版作品募集　7
人物社会運動史⑦　偽造された三ツ葵の手箱――羽前国屋代郷の名主利右衛門　野口　活　8
毎日の生活が古さへの斗い――共かせぎ僕たちの場合　千葉銀行・藤本　豊　9
北から南から仲間たちの動き
岩殖などで実津力行使――地銀連の賃上げ斗争追い込みへ　10
市銀連の退職金斗争も大詰へ　10－11
青和と青森商業の合併近く実現　11
テラーシステムへの不満や要望〔岩殖〕　11
全損保実力行使に突入――廿八、三十一日にスト　11
愛情と科学による訓練――来日するボリシヨイ・サーカス　10
行内誌アラカルト〝貴方は銀行を代表する〟――業績推進で貫く住友銀行の『行内報』　11
職場でのたたかいの多様性――鶴見・藤田氏の考え方への疑問　富士銀行・上野　典明　12－13
映画
新鮮な感覚の演出――ヴスコンテイの「白夜」　S　13
日・鮮新善映画民芸の手で完成　13
読書
教育行政へのきびしい批判――宗像誠也著『私の教育宣言』　14
労働運動によせる情熱の燃焼――高野実著『日本の労働運動』　N・H　14－15
家なき町の生態と運命――磯村英一著『スラム』　15
特別寄稿　ねじまげられた裁判　阿部　市次　16－17
トピック　ひろがる英国の核武装反対運動　17
あるサークルの物語――住友石炭礦業の女性ばかりの勉強会　18－19
はじめての世界青年労働者会議　19
私たちの楽しい歌「春の歌」（ドイツ民謡、堀内明訳詩）　20
あとがき　20
原稿募集　20

第一六四号　一九五八年四月一五日

武者小路実篤の言葉　1
昨年の中央メーデーから（＊写真）　1
第29回メーデーみんなで参加しましょう――去年参加した人たちの感想
ほほえましい家族連れ――明日への期待で心も明るく　勧業銀行・T　子　2
前進する労働運動　東邦銀行・高橋啓次朗　2－3
うれしい商店街のサービス　横浜銀行・I　子　3
はたらく人たちの祭典メーデーのはなし　藤村　勝己　3
文学作品にみるメーデー　山田清三郎　4－5
世界のメーデー　ニユーヨーク／パリ／北京／ロンドン　4・5・6・7
散文詩　お母さんのこと　日向興業銀行・岩下ひろみ　5
日本映画に描かれたメーデー　佐藤　忠男　6－7
嵐に抗して四十年――メーデー歌の歴史　6
メーデーの日に（＊詩）　山梨中銀・飯田　芙美　7
新刊紹介　富岡隆編著『メーデーの話』　7
人物社会運動史⑧　芸能人の人権無視に抗議――大阪文楽座の筆太夫　野口　活　8
『銀行員の詩集』58年版選者紹介　藤原定／大江満雄　9
『銀行員の詩集』五八年版作品募集　9
北から南から
盛沢山な行事を計画――外銀連で二回目の婦人部の集い　10
日銀婦人部で十周年記念の催し　10
日向興業日南支部で初の組合学校　10
なかなか改善されない休日集金――市銀連の実態調査から　10－11
北陸職組で豪華な家庭版　10
行内誌アラカルト　有名文化人がずらり――P・R誌の先鞭つけた第一銀行『明星』　11
働きつつ学びし歳月――夜学生活の四年間　三和銀行・木村　立子　12－13
春斗の核反応　神戸銀行・村上　秋二　13
映画　脈うつヒユーマニズム――マルセル・カミユの「濁流」　13
読書とマスコミ　松成　義衛　14－15
赤裸々な人間性の一面――モオリア著『犠牲』　勧業銀行・佐川　祐子　14
ソ連の核実験中止宣言　平野義太郎　15
私たちの楽しい歌「緑の山河」（原泰子作詞、小杉誠治作曲）　16
編集後記　16
原稿募集　16

第一六五号　一九五八年五月一日

パール・バックの言葉　1

野外写生（＊写真） 1
ルポ　総選挙によせる職場の関心　志賀 2－4
ミサイル選挙のために――まず「平和な政府」を　野口　肇 3
総選挙と商業新聞　梶谷　善久 4－5・9
人物社会運動史⑨　鈴ケ森に散った侠骨――信州米騒動の立役者佐源太　野口　活 6
解説　姿を現した政府・日経連――私鉄斗争が教えるもの 7
映画　封建社会の犠牲者――今井正監督の「夜の鼓」　磯村 7
千葉銀事件の示唆するもの――議会は官僚を激励するのか　松成　義衛 8－9
北から南から
不行跡な社長を追放――不信任でスト権確立（大生相互従組） 10
勧銀で念願の全国青婦協が発足 10
千葉従組で婦人部結成十周年記念大会 10－11
山梨では文化祭 11
労務行員の通勤服購入資金借入を獲得 11
本誌の特集号を資料におしゃべり会（勧銀高知） 11
『銀行員の詩集』五八年版作品募集 10
行内誌アラカルト　よそゆきの投稿が多い――富士銀行友会の機関紙『富士』 11
読書
古典と入門書　松崎　義晴 12－13
便利で気楽に読める――坂本藤良著『経営学入門』 12
ある映画製作者の記録――羽仁進著『演技しない主役たち』 13
誌上講座・社会主義　第一回　社会主義と民主主義　佐藤　昇 14－15・20
第三回働く婦人の中央集会――二千人が集まって「私たちの誓い」を発表 16－17
私たちの誓い（要旨） 17
感想　婦人の問題も社会全体で――全体会議に出席して　協和銀行・中野　綾子 17
中間層論について――鶴見論文をめぐる中間層論議への感想と意見　千葉銀行・藤本　豊 18－19
私たちの楽しい歌「死んだ女の子」（ナジム・ヒクメット作詞、飯塚広訳詞、木下航二作曲） 20
編集後記 20
原稿募集 20

第一六六号　一九五八年五月一五日

エピクロスの言葉 1
潮干狩（＊写真） 1
この盛り上りを総選挙へ――はなやかに第二十九回メーデー 2－3
この道は未来へ続く道　インドシナ銀行・緑川紗智子 3
メーデー前夜さい　佐藤　真紀 3

坊やと一緒に参加して　磯村　定代　4
七十七従組でプラカードコンクール　4
メーデー雑感　労働者の文化的高さ　八田　元夫　4
人物社会運動史⑩　藩閥打倒へ情熱傾く——最初の労組「車会党」の奥宮健之　野口　活　5
共かせぎ落第の記　第一銀行・古川義夫／古川和子　6－7
『銀行員の詩集』五八年版作品募集　6
映画　劇映画では味わえない面白味——長編記録映画「大自然にはばたく」　O　7
北から南から
仕事の失敗談に爆笑わく——新入行員歓迎会ひらく〔協和銀行労組〕　8
〝きれいな斗争だけではだめ〟——宮城労評青婦協と話し合い〔七十七銀行従組〕　8
ヤマは五・六月……市銀連の賃上げ斗争　8－9
市銀連、地銀連の定期大会　9
全相銀連で最低保障賃金を申入れ　9
パリで銀行労組（十万）がスト　9
もっと職場の声を——青婦人部雑誌にひとこと　大和銀行・大友　祐子　9
ものいわぬ農民の生活の論理——大牟羅良著『ものいわぬ農民』を読んで　高田　佳利　10－11
解説　高額紙幣時代きたる——予想される一万円札の波紋　松成　義衛　11
誌上講座・社会主義　第二回　社会主義への平和な道
私たちの記録映画製作　鶴田三千夫　12－13
私たちの楽しい歌「たのしく歌え」（ドイツ民謡、門馬直衛訳詞）　佐賀銀行鹿島支店・川崎　利己　14－16
16
あとがき　16
原稿募集　16

第一六七号　一九五八年六月一日

南原繁の言葉　1
中国の農村の子供たち（＊写真）　1
特別寄稿　ぬるま湯からぬけだそう——新しい具体的現実的目標とプログラム　山下　肇　2－4
おことわり　編集部　4
人物社会運動史⑪　日本のR・オーエン——労働者を育成した経営者佐久間貞一　野口　活　5
『ひろば』は私たちの広場——七十七銀行で『ひろば』読者の集い　6－7
ニュースの焦点
虫のよすぎた日本政府——日中貿易打開の道は国交回復／フランスの右翼台頭——労組はゼネストを呼びかけ　8－9
写真の日　9
映画　日本民族のふるさと——長編記録映画「民族の河メコン」　H　9
北から南から

総連議長に高橋氏――銀行関係各単産の新役員きまる 10
難行の協約問題解決へ〔青和〕 10
〝せめて一般行員の七割は……〟――雇員の給与引上げ
へ〔静岡銀行従組〕 10–11
日銀で住宅資金の貸付制度きまる 11
賃金問題を総合的に検討――福銀の「給与審議会」発足 11
サークル報告　外銀連の演劇サークル　FNCB・小　熊 10
時間後客一掃／これもサービスのうち（＊漫画）
八十二銀行・松崎　光男 11
読書
執拗な筆使いと非情なタッチ――堀田善衛著『現代怪談
集』　鈍機呆低 12
マス・コミにのらないジヤーナリスト――野口肇雑文集
『平和の探究』　S銀行・K　生 12–13
女性解放の先駆者――福田英子著『妾の半生涯』 13
『月刊労働問題』創刊号（日本評論新社）　弦 13
誌上講座・社会主義　第三回　社会主義社会のサラリーマ
ン　水沢　二郎 14–15
時のことば　第三号スプートニク 15
犠牲者はわれわれだ――千葉銀行員の一人として
飛田奴郎 16–17
地球の裏まで見えるテレビ――人工衛星の自動中継で
K　N　A 16
ある握手（＊詩）　A銀行・C　子 17
8月12―20日、東京で第四回原水爆禁止世界大会 17
ホワイトカラー労働者の生活意識の解明を！――藤本氏へ
の反批判と僕達の課題について　富士銀行・上野　典明 18–20
私たちの楽しい歌「夜路を行く」 20
原稿募集 20

第一六八号　一九五八年六月一五日

島崎藤村『千曲川のスケッチ』から 1
講解新法接生（＊版画）　郭　鈞 1
総選挙の結果と今後の政局
ぼけた政策の対決点――「二大政党論」にあやつられた
社会党 2–3
これからの政局はどうなるか　政策はぐつと右寄り――
屋台骨ゆさぶるか日中問題　長島　又男 3–4
フランス問題の講師団アジア連帯委員会で編成 4
人物社会運動史⑫　私財を投じて鉱毒調査――農民救済に
立つた正義の学究古在由直　野口　活 5
残業料遡及支払い仕末記
マーカンタイル銀行・宮崎　満 6
職場随想　入行三年に思う――仕事と結婚をめぐつて
勧業銀行・堀田　洋子 6–7
映画　日本の貧しさをえぐる――木下恵介の「楢山節考」　O 7
北から南から
商中にも不当転勤問題――岩井氏が法廷斗争にもちこむ 8

全信連、全銀総連加盟へ　8
泉州銀行従組は地銀連に加盟　8
コンクールに優勝――東邦銀行のラジオドラマ・サークル　9
岩手殖産銀行従組の野球バレー大会　9
愛情のバランス　七十七銀行・西尾　佳子　8
この記事職制よむべからず　職制人類学――四つのタイプと撃退法　9
初夏の日射しをあびて　9
テープをまわす銀行員――私設プロデューサーは泣きつ面　三井銀行小倉分会・西岡　順　10–11・15
文化交流をめぐる二つの話題　11
誌上講座・社会主義　第四回　社会主義の芸術　長谷川四郎　12–13
ぼくの名は〝得意先係〟　千葉銀行・大原　誠　14–15
扇風機（＊詩）　京都銀行・有馬　敲　15
私たちの楽しい歌「森の教会堂」（W・S・Pitts、津川圭一訳詞・編曲）　16
原稿募集　16

第一六九号　一九五八年七月一日

ロマン・ロランの言葉　1
カツパの季節（＊写真）　1
アルジェリア戦争とフランス　淡　徳三郎　2–5
人物社会運動史⑬　ひとり孤塁を守る――治安維持法に反対した山本宣治　野口　活　6
東邦銀行のラジオドラマ・サークル　7
七月の家事暦　7
映画・誌上公開「千羽鶴」　8–9
現実感へのノスタルジア――石原裕次郎の魅力の発祥　高林　公毅　9
北から南から
具体的な要求を中心に――三井銀行従組青婦人部の全国総会　10
山陰合同従組の青年部と婦人部が合併　10
婦人問題を積極的に――地銀連東北青婦協の運動方針　10
小田切氏の文学論に人気――日本信託従組の公開講座　11
一人当り月五千円の店も――青和銀行の時間外勤務手当　11
一、二〇〇名が参加――富士銀行従組第五回組合学校　11
短歌　死の灰のうた　日本開発銀行・高倉　明子　10
コーヤク（＊漫画）　中島　弘二　11
バークレー銀行にも女支店長　11
読書
現代社会の諸相をえがく――福武直編『日本の社会』　北陸銀行・浅野　隆一　12
おどろくべき事実――アンリ・アレッグ著『尋問』　第一銀行・大塚　明子　12
『人間の条件』と『迷路』をよんで　日本銀行・田川　一雄　13
豊富な資料による明快な説明――P・ブラウ著『現代社

会の官僚制』　日動火災・石原　雅彦　13
日本平和大会ひらく　14
「核武装阻止」を中心に二つの世界大会めざして
解説　はっきりした運動の目標——日本平和大会の成果　14-15
職場随想　銀行の職場と女性　神戸銀行・山田　悠子　15
話し合いを深めよう——鶴見論文をめぐる中間層論におもう　山梨中央銀行・並木　達二　16-17
アンケート実施について読者へのお願い　編集部　17
新しい人間への歩み——職場とサークルと私　日本勧業銀行・野村　啓子　18-20
私たちの楽しい歌「ククウェチカ」（ポーランド民謡、T・シゲティニスキイ編曲、東大音感訳詩）　20
原稿募集　20

第一七〇号　一九五八年七月一五日

ゲーテの言葉　1
けんか祭り（＊写真）　1
労務行員の嘆き——その職場と生活　2-5
運転手さんと執行部の懇談会（北陸）　3
労働条件の改善へ結集——日銀従組労務部代表者会議から　日銀従組・早島　明　4-5
本誌に対するアンケートへのご協力をお願いします　編集部　5
人物社会運動史⑭　獄死した不具の学究——『日本資本主義発達史』の野呂栄太郎　野口　活　6
人民の画家ドーミエ——生誕一五〇年記念祭によせて　須山　計一　7
読書　原爆への怒りとのろい——福田須磨子詩集『原子野』　K　7
北から南から
職場の仲間の隣組——楽しく話しあう「日本橋地区懇談会」　8
東北・荘内で代表派遣をきめる——原水爆世界大会へ　8
同時に二つの組合が誕生——佐世保の玉屋デパート　8-9
静岡で市内銀行青婦人の集い　9
女中にされた女子社員……　9
御預金はエスカレーターで——三井に新しいスタイルの店舗　8
部下操縦法——経営者は従業員をこう分類する　9
家庭と職場のかけ橋——酒田の母親大会から　10-11
映画　平和と戦争を主題に——「平和の谷」（ユーゴ）／「若き獅子たち」（米）　10
各地で盛んな歓送迎——一千キロ平和行進行程の四分の一歩く　KNA　11
冬眠からさめた「しいのみ会」——拓銀の詩サークル　12-13
ソ連人がみる挽歌ブーム　13
組織行動が意識を変える——上野氏の反批判に答える　千葉銀行・藤本　豊　14-15
短信　ブラジルで「ダレス帰れ」のゼネスト計画　15
私たちの楽しい歌「夕ぐれのうた」（ア・プロコフィエフ

作曲、ヴェ・マカロフ作詩）　16
あとがき　16
原稿募集　16

第一七一号　一九五八年八月一日

パスカルの言葉　1
花火（＊写真）　1
許せない権利の侵害——だから私は斗う
商工組合中央金庫・岩井　義照　2-4
実験禁止協定と核武装阻止へ——第四回原水爆禁止世界大会の任務　安井　郁　4
全ソ労組と共同で原水爆禁止のよびかけ——総評、常幹できめる　4
人物社会運動史⒂　一合八勺を三合に——米価を引下げさせた職人留五郎　野口　活　5
労働組合運動と生活——私の体験から
青森銀行・佐々木四郎　6-7
ぐれん隊（＊漫画）　中島　弘二　6
文化時評　〝低俗〟批評だけでよいか——テレビの現状と将来　W　7
ニュースの焦点
解放前のイラク労働者　組合は非合法化——弾圧には地下活動で抵抗　8-9
深まる米英のジレンマ——中東に民族主義の嵐　8-9
北から南から
インドシナ銀行従組無期限スト　委員長の解雇に反対——深夜の坐り込みに警官隊の暴圧　10
次回は労務管理問題を中心に——地銀連関信地協の青婦人代表者会議　10
都市連絡会議の設置など話しあう——市銀連の組織担当者会議　10-11
地銀連九州地協の青婦協おわる　11
映画　重厚さと野性的な味わい「静かなるドン」（前編）
I　11
読書
外国思想日本化への新しい試み——鶴見俊輔著『アメリカ思想から何を学ぶか』　合化労連書記・近藤　完一　12-13
〝もつと頭を挙げて歩け〟——藤村が描いたサラリーマン像　13
コント　給料日　第一銀行・明　星　生　14-15
勤評反対は母親の手で——日本母親大会にのぞむ
石川　達三　15
人員の増加が先決——第四従組の産休アンケートは物語る　16-17
他労組の仲間と交流を——岩殖従組青婦連定期大会から
常任幹事・斉藤　元一　17
職場活動に新しいスタイルを——経営者のやり方から何を学ぶか　高野清隆／高田佳利　18-19
私たちの楽しい歌「若い力」（佐伯孝夫作詞、高田信一作曲）　20

原稿募集　20

第一七二号　一九五八年八月一五日

イエーリング『権利のための斗争』より　1
夏に歩く（＊写真）　1
ルポ　民主教育を守る〝良心〟たち――勤評反対斗争を和歌山県にみる　佐藤　昇　2-4・7
人物社会運動史⒃　日本最初の女工スト――雨宮製糸工場の高橋ふき　野口　活　5
ニュースの焦点
激しかつた理論斗争――総評第十回大会の問題点　F　6-7
「政治綱領」は持越し――再出発した日本共産党　6-7
北から南から
非組合員の陰謀から組合を守る　団結と共斗の勝利――鹿児島従組〝一心会〟を解散さす　8-9
一割の家庭にテレビ――主婦の生活白書〔北陸〕　9
女子にも住宅資金の貸付を――東銀従組の婦人部連絡協議会　9
外国独占資本の管理に反対――ブラジルの銀行従業員大会　8
読者からのたより　〝労務員の記事〟ありがとう　大和銀行・S生　9
曲り角にきた日本経済　水沢　二郎　10-11
『ひろば』合本刊行のお知らせ　11
核武装反対のために　12-13
ストロンチウム90（＊詩）　ナジム・ヒクメット　13
童話　帆立貝のかなしみ　青森銀行・谷村　康子　14-15
映画　清純な音楽映画――西ドイツ映画「野バラ」　15
私たちの楽しい歌「季節風の彼方に」（関川秀雄作詞、伊福部昭作曲）　16
原稿募集　16

第一七三号　一九五八年九月一日

シェークスピア『ジュリアス・シーザー』より　1
第四回原水爆禁止世界大会日本大会（＊写真）　1
原水爆死か！　平和か！――原水爆禁止大会終る　2-4
日本大会に出席して
組織的な活動が必要　七十七銀行・鈴木　楫吉　3
議論よりもまず行動　岩手殖産銀行・広田　豊　3
核武装禁止宣言（全文）　4
人物社会運動史⒄　国会開設に挺身――自由民権運動の松沢求策　野口　活　5
映画
生きている民族の伝統――アジア映画観覧記　荒瀬　豊　6-7
社会の荒波と斗う少年たち――吉村公三郎の「一粒の麦」　O　6
発言　時間外労働対策をめぐつて　A銀行・Y生　7
誌上封切「岡本君の職場」（製作・静岡銀行〝麦の会〟）　8-9

はじめてスライドを作って　あおき・しげを　9
作品をみて　磯野　淡美　9
北から南から
日に二度の終業ベル――職組が時間延長をのむ〔山梨中央〕　10
楽しかつたテーブルマナー講習会〔東海職組岐阜支部〕　10
結婚の紹介斡旋に乗り出す――勧銀退職者の「勧友会」　10－11
地銀連関信地協の文化担当者会議　11
太鼓ばやしもにぎやかに七十七の青婦人が盆踊り大会　11
職場活動を中心に――地銀連の青代会議　11
ジャンル別交流会など――12日から国民文化全国集会　10
詩　組合学校　岩手殖産銀行・斎藤　元一　11
読書
新鮮な衝撃と手ごたえ――永井道雄著『新教育論』　12
意欲的な大作――武田泰淳著『森と湖のまつり』座談会　12－13
読書への意欲をそそる――堀秀彦著『現代に生きる古典』　千葉銀行・中島　清司　13
ユーモア・コント　ある討論会　岩手殖産銀行・エンドウ・イサオ　14－15
主婦のノート　秋の栄養メモ　15
給与体系合理化斗争を顧みて――女子組合員の立場から　日本銀行・滝本　和枝　16－18
切り抜き帖　18－19
新版「バクダットの盗賊」（＊漫画）　加藤　悦郎　19
私たちの楽しい歌「この声きけ」（関忠亮作詞・作曲）　20
あとがき　20
原稿募集　20

第一七四号　一九五八年九月一五日

ドラ・ド・ヨング『あらしの前』より　1
すすき（＊写真）　1
座談会　中間層論争をめぐって　日高　六郎　2－6
なかなか出られないヌルマ湯／強くなつてきた企業意識（＊漫画）　A・Kōno　3・5
ニュースの焦点　目的は批判精神の排除――「学習指導要領」改訂案の狙うもの　6
人物社会運動史⒅　朝鮮の独立運動を援助――日本の侵略主義と斗つた大井憲太郎　野口　活　7
北から南から
男子の余暇は退屈しのぎ？　私たちとアソビの時間――神戸従組本店支部の調査から　8－9
小グループにわかれて話合い――西部地銀協組合学校　9
三菱従組で組合歌を募集　9
屋上のひととき――私のコーラス談議　山陰合同銀行・生島　啓子　9
映画　農村の新旧世代を描く――成瀬巳喜男の「鰯雲」　O　8
政治の方向を見極める構え――前進示した第四回母親大会　10－11

共同保育の体験から　日本開発銀行・井上智恵子　10－11
大会宣言　11
働く母の会　11
職場随想　待遇改善要求　神戸銀行・M生　12－13
ひとりの母として——松川事件現地調査から　松田解子　13
黙っている訳にはいかない——大江健三郎に拍手を送る
協和銀行・加見優　14－15
書評『フランス労働運動史』——フランス労働総同盟概史　15
私たちの楽しい歌「声高く」（築城由二作詞、芥川也寸志
作曲）　16
原稿募集　16

第一七五号　一九五八年一〇月一日

マルクスの言葉　1
コースター（＊写真）　1
不況下の労働争議——王子製紙・日産化学・小西六の斗い
とその背景
日経連の走狗となつた会社〔王子製紙〕　2－6
組合活動家を狙いうち——該当者守つて整々と就労斗争
〔小西六〕　5
利潤追求策の犠牲——悪どい資本家の本質さらす〔日産
化学〕　6
人物社会運動史⒆　反藩閥の美人斗士——女性解放運動の
先駆者岸田俊子　野口活　7
働く婦人のユトリ時間——岩手殖産銀行従組青婦連の調査
から　遠藤勲　8－9
北から南から
高くなつた労働密度——労働強化と合理化の実態〔青森
銀行〕　10－11
委員長に〝懲戒警告書〟——印度銀行従組も無期限スト　11
組合員に安い土地をあつせん〔全百都連〕　11
レコードによる音楽史——発展する協和銀行のレコード・
コンサート　国方　10
海外ニュース　暗い表情で迎えた労働祭——不況下のカナ
ダ・十五人に一人が失業　11
読書
私たちの共通の財産——蔵書をもちよつた臼杵支店の文
庫　大分銀行・神志名章夫　12－13
弾圧と抵抗の歴史——三枝重雄著『言論昭和史』　12
拷問に耐えた二カ月半の記録——許広平著『暗い夜の記
録』　横浜銀行・金子桂一　13
切り抜き帖　14－15
時間外労働対策について　私たちの経験から——A銀行の
Yさんに　静岡銀行・外岡文夫　16－17
映画　健康な庶民の姿を描く——山本薩夫の「赤い陣羽
織」　H　16
意外に多い肝障害——三井銀行で人間ドツクによる精密検査　17
職場随想　昇給　第一銀行・和田修三　18－19
（＊カット）　Kōno　19

私たちの楽しい歌「かま焚きの歌」（岩谷時子詞、芥川也寸志曲） 20
原稿募集 20

第一七六号 一九五八年一〇月一五日

羽仁五郎の言葉 1
柿いろづく（＊写真） 1
チョゴリザに立つ 北陸銀行・藤平 正夫 2－5
各国登山隊が挑むバルトロ山群 5
警察国家の復活ねらう――「警官職務執行法」改正の意図 5
いしだ、み――冷めたく堅きもの 三菱信託銀行・園 人仁 6
人物社会運動史⒇ 首切り正月――年貢減免に命をかけた増田五郎右衛門 野口 活 7
北から南から
〝来年もぜひやろう〟――北陸従組の「一職場一要求運動」 8
改定された仮出勤制度〔三井銀行従組〕 8
「現金事故」全学銀行負担に――三和で六月から保険制度を実施 8
家中で楽しく読める――第四銀行従組の『だいし』家庭版 9
利益享受の実感よもう一度〔オランダ従組〕 9
全銀総連で〝統一早帰りデー〟を実施 9
詩 武蔵野 協和銀行・斉藤 和子 8
書評『青年労働者の前進』――第一回世界青年労働者会議の報告と決議 T 9
〝白痴化〟と〝博知化〟――新聞によせる期待と警戒 協和銀行・加見 優 10－11
ひろげよう自主的な活動の輪――第三回国民文化全国集会から 11
職場の女性について 千葉銀行・藤本 豊 12－13
エリコンの製作を拒否――全造船三菱支部中央委で決定 13
『ひろば』の〝肩のことば〟 銀労研・泉 谷 12－13
映画の中のサラリーマン 住友銀行・たまき・いたる 14－15
働く母親へ深い配慮――ソ連で産前産後の休暇が112日に 15
私たちの楽しい歌「黄色いリボンのうた」（長谷川竜生詩、林光曲） 16
原稿募集 16

第一七七号 一九五八年一一月一日

モンテスキューの言葉 1
冬近く（＊写真） 1
警職法は何をもたらすか 対談 古在由重／松成義衛 2－4
経営者・官憲の弾圧との斗い――長期化の様相示すインドシナ斗争 地銀連書記局・佐 藤 5－7
読書
若き夫婦の獄中記録――アンリ・リケット、アデイール・リケット著『解放の囚人』 平井 晴夫 8－9

深い教養と豊かな経験――犬養道子著『お嬢さん放浪記』　日本勧業銀行・堀田　洋子　8
主婦たちの新しいグループ作り――山代巴著『民話を生む人々』　M銀行・小林　洋子　9
北から南から
参加者に不満の声――実務競技会問題で労使が話しあい〔富士銀行〕　10
平和へのねがいをこめて――金融の仲間も参加九州のうたごえ　10－11
メッコの味――自炊する寮生の記〔北陸銀行従組〕　10
産休の制度化などを要望――福岡青婦人部が執行部に　11
警職法改正反対の斗い〔地銀連〕　11
女子で初の停年退職――日銀女性史の先頭を歩んだ奥田さん　K　子　11
映画
「綴方兄妹」をみて　日本銀行・K　K　生　12－13
記録映画の〝発見〟を重視する――「海は生きている」を演出して　羽仁　進　13
権力に対する民衆の抵抗――フランス映画「サレムの魔女」　磯　12－13
切り抜き帖　14－15
特報!!　第四銀行従組で警職法反対時間内一斉職場大会　15
生活記録　組合活動と地域サークル　A銀行・Y　生　16－17
らくがき運動の展開方向――岩手殖産銀行従組青婦連の学習活動から　遠藤　勲　18－19
岸発言に対する隣国の反響　モスクワ放送／『労働新聞』（朝鮮労働党機関紙）　19
私たちの楽しい歌「手」（竹下八重子詞、荒木栄曲）　20
原稿募集　20

第一七八号　一九五八年一一月一五日

サン・テクジユペリの言葉　1
新雪の山稜（＊写真）　1
職場活動の演劇的訓練ロール・プレイング――地銀連関信北越地協第三回組合学校から
〝体で感じ取る理論〟――職場活動家の養成に大きな力　横浜従組・河　田　2－3
自由を意識的に自分のものに――〝いきがいの再発見〟の追求　関信地協・高　田　3－4
海外トピック　自力で若返るリンゴの木　4
ニュースの焦点　狙いは予防革命――その背景に経済危機アジア各国の政変　K　N　A　5
コント　秋風――ある新入行員の回想　七十七銀行・木山　博　6－7
三水会の球技大会　7
映画　全篇を流れる〝絶望〟――「静かなるドン」（後篇）　泉　7
北から南から
組合づくりの中核に――地銀連第三回青代会議開く　8

〝組合の切崩しに利用するな〟――紀陽従組、教育訓練
で申入れ　8
もつと講師との話しあいを――日本信託従組の幹部研修
会　8-9
職場の話しあいに〝うどん会〟結成〔四国銀行野市支
店〕　9
金融の仲間も参加――一九五八年日本のうたごえ　9
人間的な接触を――男女の協力を阻むものを打破るために
〔三井銀行従組青婦人部機関紙『ともがき』より〕
渡辺　敏子　9
大学出と高校出――その職場における機能と効用
千葉銀行・藤本　豊　10-11
心をゆさぶる感動――ヴァン・ゴッホ展をみて
日本銀行・小川阿屋子　11
家庭メモ　11
〝警職法反対〟に結集――第四銀行従組の時間内職場大会
第四銀行従組・良　12-13
警職法が通つたなら（＊漫画）
労働漫画クラブ　13
国民の諸要求で斗う――弾圧立法をいかに粉砕したか　チ
リの経験から　12-13
愛と原爆の詩人――峠三吉『原爆詩集』再販によせて
日本勧業銀行・池田　忠　14-15
『銀行員の詩集』によせる
岡本潤／近藤東／壺井繁治　15
週刊朝日に紹介された『銀行員の詩集』　15
私たちの楽しい歌「河は呼んでいる」（H・ないとう編
曲）　16
原稿募集　16

第一七九号　一九五八年一二月一日

マクシム・ゴーリキイの言葉　1
山麓風景（＊写真）　1
職場における私たちの権利――奪われつつあるものをとり
かえすために
松岡　三郎　2-6
かちとつた「おしどり転勤」〔青森〕　4
これはヒドイ……独身寮に舎監制度　5
九八％が生休を利用〔日動火災労組東京支部〕　6
座談会　離島勤務者の生活と意見――長崎県五島列島の仲
間たち　7-9
近代演劇の始祖――来日するモスクワ芸術座
北から南から　9
楽しいフォークダンスの交流――会場がかちあつた日銀
と協和の青婦人　10
規約問題で紛糾〔協和〕　10
地道な職場活動〔日銀〕　10-11
時間外の打合せ会にも手当を〔静岡〕　11
役席と一般行員を差別――転勤の赴任日数を改正〔勧
銀〕　11
あひるサークルが民間放送に出演〔紀陽銀行従組〕　11
映画　記録映画的な迫力――英国映画「SOSタイタニツ

ク」
新年特別号予告　〇　10
読書　11
若い日本の文学――大江健三郎と現代
裁判官に対する告発文――佐藤一著『被告』　住友銀行・佐味　民雄　12―13
まず職場で仲間づくりを――岩手殖産銀行従組青婦連統一　13
婦人懇談会から
家庭　14―15
テレビと風呂代――「文化生活」とはどういうものか
奥様メモ　炭の上手な使い方　村上　信彦　14―15
切り抜き帖　15
喜びと悲しみの女子行員生活三十八年――日銀を停年退職　16―17
した奥田さんを訪ねて　奥田　慰世　18―19
私たちのたのしい歌「ウラルのぐみの木」（M・ピリペン
コ作詩、E・ロディギナ作曲、関鑑子訳詩）　20
原稿募集　20

第一八〇・一八一号〈新年特別号〉一九五九年一月一日

ゲーテの言葉　1
田舎の子供（＊写真）　神戸銀行・小坂　登　1
謹賀新年　銀行労働研究会一同　(2)
『ひろば』読者の新春放談　1958年をふりかえって
（北陸銀行）入内島庸子／（富士銀行）河部友美／（協
和銀行）国方勝／（日本銀行）小林かよ子／（千葉銀行）吉田
佐々木義郎／（三井銀行）丸山利男／（日本銀行）
佳江　3―13
希望の火――獄中に十年目の新春を迎える　杉浦　三郎　4―5
社会を騒がした罪により無期懲役に処す（＊漫画）　中島　弘二　6
コントでのぞいた1958年小史　8―9
早帰りデーに「合唱の広場」――北陸銀行で市銀の仲間も
まじえ（北陸銀行職組機関紙『ほくりく』より）　10
日本のうたごえ　11
御婚約雑感　紙パ労連書記・あだちとしお　13
大レースのスタート・1959年――東風は西風を圧倒す
るか　梶谷　善久　14―16
家庭　一月の家事暦　15
変り種銀行員の履歴書①
職場を書かない「職場作家」――風変りな模範行員小林
多喜二　17
ユーモア・コント　ダンスパーティ　岩手殖産銀行・エンドウイサオ　18―19
（＊カット）　昭・Kōno　18
お正月のあそび　19
プラハ便り（その一）――社会主義国の生活　チエコスロ
バキア　井出洋／井出弘子　20―24
（＊前文）　田沼肇／田沼祥子　20

チエコでも「社会主義労働班」の運動を決議 24
銀行員の生活設計 神戸銀行・しのぶ・せき 25
山で何を考えたか（串田孫一「山での行為と思考」より） 25
映画
お正月の映画 26
企業内イデオロギーの典型——木下恵介監督「この天の虹」について S銀行・K 生 26－27
ポーランド映画「影」近く公開 27
平和のために斗う世界の映画人 山田 和夫 27
掃除婦ソノ 連載第1回 梅木きみ／長岡澄子（画） 28－31
私たちのたのしい歌「東京の朝の歌」（ブランテル作曲、関鑑子訳詩） 32
あとがき S 32
原稿募集 32

第一八二号 一九五九年一月一五日

坂口安吾の言葉 1
元気な仲間（＊写真） 1
労働運動史の生きた縮図——東京都民銀行の組合づくり 地銀連・佐 藤 2－5
結成大会に参加して
（本店庶務課）窪添正道／（池袋支店）石井元子 5
プラハ便り（その二）——社会主義国の生活 チエコスロバキア 井出洋／井出弘子 6－8
映画 きびしい反省と共感——3時間余の大作「人間の条件」 8
変り種銀行員の履歴書②
札勘生活からスクリーンへ——テレビで大童わの岸旗江 9
北から南から
新しい組合活動を求めて——横浜従組で〝職場委員研修会〟開く 10
女子事務服三年に二着の要求通る〔三井銀行従組〕 10
青婦連結成記念公演を開催〔全相銀連〕 10
百七十日ぶりに解決——インドシナ銀行従組のスト 10－11
楽しくクリスマス・パーティー——のびゆく高知市内金融機関青婦懇談会 11
職場随想 深刻な預金集め——職場を暗くするものはなにか 三井銀行・松山 一郎 12－13
正月の雑談 佐多 稲子 13
掃除婦ソノ 連載第2回 梅木きみ／長岡澄子（画） 14－15
私たちのたのしい歌「アン・ギャマン・ド・パリ」 16

第一八三号 一九五九年二月一日

夏目漱石の言葉 1
春を待つ子ら（＊写真） 1
青婦人活動発展のために 2－5
世界の青年労働者 5
プラハ便り（その三）——社会主義国の生活 チエコスロ

バキア　井出洋／井出弘子　6-7
資本の冷酷さをみぬこう――インドシナ銀行斗争の教訓
地銀連・佐　藤　8-9
映画　原水爆への激しい怒り――近代映協の「第五福竜丸」　9
北から南から
“友よ、撞こう、自由の鐘を”――「市銀連の歌」の歌詩きまる　10
三菱銀行従組では組合歌の発表会　10
二月に有給休暇獲得月間〔荘内銀行従組〕　10
女性で初の支店開設準備委員――広島銀行の西村和子さん　10-11
残業手当の不払いをなくす申合せ〔七十七銀行仙台南支店〕　11
現状維持で行詰り打開へ――東京都民銀行地銀連脱退せず　11
「君が代」と芸者の平和共存――岩手殖産銀行の新年祝賀会　S　生　11
積極的P・R（＊漫画）　長崎相互銀行・吉田美千子　10
読書
年金問題理解のために――大内兵衛編『老齢者母子の実態』　岩手殖産銀行・F　生　12-13
フランスの二つの面――内山敏著『フランス現代史』
千葉銀行・加瀬　忠一　13
もう少し突つこんだ分析を――週刊誌研究会編『週刊誌』　12
詩　雪　協和銀行・胡間千鶴子　13
利口と馬鹿の間――「組合役員」について
協和銀行・福井　雪彦　14-16
切りぬき帖　16-17
掃除婦ソノ　連載第3回　梅木きみ／長岡澄子（画）　18-19
私たちのたのしい歌「ぼくの伯父さん」（フランク・バルセリーニ曲、高英男訳詩唄）　20
原稿募集　20

第一八四号　一九五九年二月一五日

ポオル・ヴァレリイの言葉　1
アヒルと亀（＊写真）　1
すすむ合理化と機械化――銀行にはこんなかたちで……　2-5
赤旗をふる青年部から真の中核へ――初の青年労働者研究集会開く　J　5
プラハ便り（その四）――社会主義国の生活　チエコスロバキア　井出洋／井出弘子　6-7
北から南から
“受付の応待振りは”――銀行におけるサービスあれこれ　8
残業手当を遠慮する42％――アンケートが語る職場の実態〔東北〕　8
壮年層を対象に組合学校ひらく〔福岡銀行従組〕　8-9
広島では支部役員クラスを対象に……　9
文化祭で歌劇を上演――十周年を迎える北陸銀行合唱団　9

銀行で聞いた〝除夜の鐘〟——女子の三分ノ一が深夜業〔静岡〕　9
おてもやん組合では困る（親和銀行従組第四回定期大会資料から）　9
変り種銀行員の履歴書③
のんびりしていた銀行時代——夢にまで見る編集プラン　大橋鎮子　10
これからの組合活動——転換期にたつ私たち　横浜銀行・服部　和男　11
次号は婦人特集号　11
映画
大作映画への期待——「静かなるドン」と「人間の条件」をみて　S銀行・中原　知平　12-13
息づまるような迫力——ノルウェイ映画「脱出地点」　12
時のことば　安保条約の「適用地域」／安定成長・体質改善／絵がらみ方式　13
掃除婦ソノ　連載最終回（青森銀行従組機関誌『新鉱脈』から転載）　梅木きみ／長岡澄子（画）　14-15
私たちのたのしい歌「蔵王のうた」（刈田仁作詞、白鳥音羽作曲）　16
原稿募集　16
第一八五号〈女性におくる特集〉　一九五九年三月一日
三木清の言葉　1
変りビナ（＊写真）　1
世代は考える——女性の職場と生き方をめぐって
銀行という職場から——学校時代の教師への手紙　滋賀銀行・城木　都　2-3
十代のみた女の幸福——小さなカラから脱けだそう　北陸銀行・入内島庸子　3-4
新しい女性像を思う——アンネットの生き方をめぐって　富士銀行・草壁とし子　4-6
戦後を斗ってきた自負——二十世紀後半の女性の歴史のために　日本銀行・奈良本智子　6
失業と貧乏と戦争のない社会を——第六回婦人月間の統一目標　5
事務の機械化と婦人の職場　薄　信一　7-9
『銀行員の詩集』一九五九年版選者は藤原、大江氏——締切り五月末日　9
婦人の賃金はなぜ低い——男女差をめぐる問題点と将来の展望　泉　谷　10-11
アメリカの女子銀行員——岩殖従組青婦連の調査報告　遠藤　勲　12-13
国際民婦連が世界の婦人によびかけ　13
〝共稼ぎ〟白書　N火災海上保険会社——早大婦研の調査から　14-16
婦人解放に大きな役割——中国の人民公社　K　N　A　16
アンケートは答える　銀行の婦人　17-20
編集後記　20

原稿募集　20

第一八六号　一九五九年三月一五日

マルクスの言葉　1
べぇーッ（＊写真）　1
職場活動私のカルテ――職場委員一年生の日記から　2－4
変り種銀行員の履歴書④
数学の苦手な銀行員――直木賞作家の多岐川恭　5
ゆらぐ婦人の職場――A子さんの転勤をめぐつて　岩殖従組・S　生　6－7
『銀行員の詩集』一九五九年版作品募集　6
望みたい婦人の自覚――差別からの解放のために　千葉銀行・佐々木義郎　7
北から南から
労働強化を生む機構改革――組合が銀行側に抗議申入れ〔千葉〕　8
青森銀行で斗争切崩しに新手？　8
サークルの成果を発表――市銀連東京地区の文化祭　8
女性だけのおしゃべり会〔東邦銀行〕　9
私たちも名前を呼んで下さい――大分銀行で傭員大会　9
映画　十代の生態フランス版――マルセル・カルネの「危険な曲り角」　8
考えたい家族計画　第四銀行・寺田　知恵　9
組合の内部矛盾と青年部――青婦人活動発展のために　千葉銀行・藤本　豊　10－12
窓口　囲われ者の卑屈さ　山川　肇　12
〝共稼ぎ〟白書　N火災海上保険会社――早大婦人問題研究会の調査から　その2　13－15
私たちのたのしい歌「ロッキーに春くれば」　16
原稿募集　16

第一八七号　一九五九年四月一日

トルストイの言葉　1
山桜（＊写真）　1
〝安定賃金〟は銀行にも　2－5
切離せぬ政治と経済――社会党の訪中は失敗か　5
『銀行員の詩集』1959年版作品募集　5
婦人は〝差別〟に抗議する――第四回働く婦人の中央集会　6－7
職場随想　支店長のあそび――考えさせられる世相と人の考え　三井銀行・田中　二郎　8－9
窓口　〝朕〟を知らない幸福　山川　肇　9
ユーモア・ソング　おめでとう　9
北から南から
共斗を末端組織まで――青森と青和賃上げ斗争で　10
福島相銀従組の青婦人部と懇談〔東邦〕　10－11
〝私たちは特攻隊じゃない〟――勧銀でスクーターによる事故死　11
不当転勤反対で臨時大会――辞令撤回斗争を決定〔七十

七）　11
泉州銀行従組で婦人部結成　11
映画　幸せはいつ訪れる――今井正の「サクとイサム」　H　10
モダンタイムス銀行版――岩手殖産銀行に〝断続労働〟　11
読書
サークル論に興味――谷川雁著『原点が存在する』　12
迫る痛烈な批判精神――H・バーネット編『現代に生きる信条』　協和銀行・加見　優　12-13
ものがたり的面白味――『アメリカ労働運動史』　13
サラリと読ませる週刊誌的叙述――鎌田勲著『月給取白書』　13
組織破壊を狙う不当弾圧　説得行為が不法逮捕罪――福岡地検長崎相銀の三氏を起訴　14-15
週刊誌時代のウラオモテ――読む人・読ませる人　15
切りぬき帖　16-17
草壁さんのアンネット論に異議あり！
もっと大切な課題がその先にある　富士銀行・上野　典明　18
〝ローラン〟の未来形――上野さんの意見に賛成する　富士銀行・中西　淑子　19
お知らせ　19
サラリーマンとホワイト・カラー　N　19
私たちのたのしい歌「市銀連の歌」（大木惇夫作詩、乗松明広作曲）　20
原稿募集　20

第一八八号　一九五九年四月一五日

ムソルグスキーの言葉　1
春に吠える白熊（＊写真）　1
銀行の政治学――地方自治と銀行員生活　河中　二講　2-4
窓口　皮膚と心のあいだ　山川　肇　4
メーデーの写真と記事をお送り下さい　編集部　4
変り種銀行員の履歴書⑤
政府弾劾演説でクビ――日銀行員だつた三木武吉　5
結集した力で〝中立日本〟を――第三十回メーデーの意義　6
地方でも全銀総連として参加　6
メーデー写真狙いどころ　小池　賢三　7
メーデー豆事典　赤旗の歴史　7
メーデー誕生の国で　ハワード・ファースト　7
北から南から
スト態勢で要求満す――日本信託従組の「労働協約斗争」終る　8
たかまる組合意識――八〇〇人が参加した富士従組の文化祭　8
スポーツで交流――金沢、福井市の市内金融機関　9
人間ドックで精密検査――勧銀で綜合病院と特約　9
事務合理化のもたらすもの――のぞまれる綜合的な対策　9
ある組合の執行部――その官僚化と形態化を批判する

山本　栄　10–11
映画　いじらしい庶民の姿「私は貝になりたい」　尚　11
ブタペスト便り（その1）――社会主義国の生活　ハンガリー　西沢舜一／西沢春子　12–13
全損保の「一人一要求」運動――青婦人活動発展のために　14–15
私たちのたのしい歌　「春のワルツ」（いずみたく作詞・作曲）　16
原稿募集　16

第一八九号　一九五九年五月一日

エマーソンの言葉　1
らくがき（＊写真）　1
人民公社みたまま――中国・朝鮮の旅から帰った佐藤忠良氏にきく（スケッチも）　佐藤　忠良　2–4
窓口　くん・さん・先生　山川　肇　4
安保条約と参院選挙　佐藤　昇　5–7
〝貸しのある斗い〟で3000円の賃上げ――三年間協定のカベ破ったマーカンタイル銀行従組　外銀連・井　上　8–9
〆切せまる――『銀行員の詩集』作品募集　9
北から南から
市銀連の共斗終熄へ――定例給与改善斗争軒なみ三％の回答　10
千葉従組で青年部十週年記念大会ひらく　10
早出手当を要求――泉州銀行従組婦人部初の幹事会で　10–11
15％の定昇かちとる――労働時間も短縮（東京都民）　11
不当転勤反対斗争うちきり（七十七）　11
映画　印象深い山男の心の交歓――記録映画「花嫁の峰チヨゴリザ」　10
中国の商業労働者からメーデー・メッセージ　中国商業工会全国委員会　11
読書
読書に感じる生きがい――乱読もまた楽しからずや　日本勧業銀行・堀田　洋子　12–13
婦人村議奮闘記――牛窪ふみ子著『二本煙突のみた話』　12
〝科学者の夢〟は物語る――ワシリエフ著『21世紀のレポート』、グーシチエフ著『二十一世紀からの報告』　13
ブタペスト便り（その2）――社会主義国の生活　ハンガリー　西沢舜一／西沢春子　14–15
切りぬき帖　16–17
〝権力〟と斗う主婦と生活労組　18–19
私たちのたのしい歌　「長野平和音頭」（村田弘美作詞、羽田恵江作曲）　20
原稿募集　20

第一九〇号　一九五九年五月一五日

レーニンの言葉　1
仲良し（＊写真）　1
行動のためのサークル――千葉銀行従組の〝社会科学セミ

ナー〟の場合　藤本　豊　2―4
窓口　石叫ぶべし　山川　肇　4
文学少女も、ニヒリストも　ベストテンに入らなかった「人間の条件」――開発銀行の文学サークル〔開銀職組機関紙から〕　5
歌声たかく第30回統一メーデー　F　6―7
国民の要求かかげて――中央メーデー参加記　佐多稲子／箕田源二郎（え）　7
北から南から　特集・各地のメーデー
花のトンネルに紙吹雪――初の共産党市議に人気〔青森銀行従組〕　8
解散後金融機関の仲間たちで懇談会〔福島・東邦銀行従組〕　8
目をひいた全逓・教祖の蛇行デモ〔大阪〕　8
市長選の勝利に表情も明るく……〔秋田銀行従組〕　8―9
佐銀の大プラカードに沿道の拍手〔佐賀銀行従組〕　9
雨をついてたくましいデモ〔神奈川〕　9
窓から手をふる仲間たち――酒田では市長選勝利の喜びに湧く〔山形〕　9
映画　あふれる緊張とスリル感――モンタンの「青い大きな海」　O　9
現地ルポ　ウルシの町「輪島」の旅から　鈴木　一雄　10―11
さくらんぼと労働歌　紀陽銀行・西川　寛己　11
選挙を平和のために――一運動家としての提言　柳田謙十郎　12―13
ひとりでもできる選挙運動　13
エイゼンシュテインと日本　13
こうしてかちとった生理休暇――二年の斗いで取得率82％
全電通神奈川の電話交換手たち　14―15
〆切せまる――『銀行員の詩集』作品募集　15
私たちのたのしい歌「おどり」〔フランス民謡〕　16
原稿募集　16

第一九一号　一九五九年六月一日

アラゴンの言葉　1
楽しい遊戯（＊写真）　1
無罪！ただそれだけを信じて――松川事件現地調査団に参加して　地銀連本部・御獄　友一　2―5
ある現代寓話の生々しさ――小説『三十六号室』の描くもの　協和銀行・西川　太郎　6―7
銀行員の企業意識　学歴と昇進に密接な関係――三井銀行従組の意識調査から　8―10
北から南から
総連議長に小川氏――銀行関係各単産新役員きまる　10
〝うたごえピクニック〟で交歓〔佐賀銀行従組〕　10
機関紙通信員会議――北陸・石川支部で　10
青森で職場演劇サークルの合同公演　10―11
はじめての金融合唱交歓会ひらかる　11
全国組合学校を発展的に解消――青婦協の全国協議会に

吸収〔勧銀〕 11
あなたの職場はどうですか――四国従組の「モデル店舗の条件」 11
第七回世界青年平和友好祭 7月26日から十日間ウイーンで――青森銀行従組も代表に立候補 11
読書
政治と教育が生んだ悲劇――金城和修・小原正雄編『みんなみの巌のはてに』 三井銀行・吉川 恵子 12
その巧妙な手口――レオ・ヒューバーマン著『労働スパイ』 12-13
清水幾多郎著『現代思想入門』 13
窓口 マルスの死 山川 肇 13
映画
「恋人たち」と映画の回復 S銀行・中原 知平 14-15
現代につながる搾取――メキシコ映画「激怒」 寛 15
切りぬき帖 16-17
強まる平和運動、言論への圧迫――元ナチ党員がハバきかす最近の西独 17
新らしい婦人活動のいぶき――全損保第一回婦人活動者会議 18-19
私たちのたのしい歌「地銀連の歌」(やまだまさはる作詩、岩田宏補作、岡田和夫作曲) 20
原稿募集 20

第一九二号 一九五九年六月一五日

マダム・ロランの言葉 1
川辺(*写真) 1
〝四年目〟の課題――市銀・地銀連大会を傍聴して
市銀連 感じられた〝発展〟への努力――期待と信頼に応える十分な活躍を N 生 2-3
地銀連 組合づくりは職場から――地についていた大会の討論 千葉銀行従組・前田 忠男 3-4
経済主義からの脱皮を――銀行組合への一提言 三井銀行・泉 敏孝 5
官憲の暴圧に抗して二カ月に及ぶ無期限スト――アルゼンチンの銀行労働者 5
革新勢力はなぜ伸び悩んだか――参議院選挙の問題点をさぐる 座談会 小野誠/松成義衛 6-9
窓口 中間派の喜劇 山川 肇 8
北から南から
具体化した時差出勤――組合は反対を表明〔三井銀行〕 10
時間中の青婦人活動の制限策す〔千葉〕 10
既婚婦人に退職勧告?――山陰合同従組で無効を要求 11
〝たかが二〇万、なぜ出ない〟――東邦銀行で教育訓練の手当削減 11
泉州で女子の早出掃除を解決――時間外勤務手当など要求妥結 11

関信北越地協の青代会議開かる　11
映画　健康に描く紡績女工の生活――家城監督「素晴しき娘たち」　10
東独とハンガリーの旅から――社会主義国の生活　羽仁　協子　12-13
赤字に泣く家計簿――おどろくべき低賃金に喘ぐ鳥取銀行の仲間たち　14-15
私たちのたのしい歌「これが二人の恋さ」（関忠亮作詞・作曲）　16
原稿募集　16

第一九三号　一九五九年七月一日

ミレーの言葉　1
バラと白鳥（＊写真）　1
ひとごとでないデノミ論争――一銀行員の心配　山梨中央銀行・並木　達二　2-3
職場サークルとの交流を希望　3
不教育訓練講座　第一講　上役とケンカすべし　紀陽銀行・林口　幸雄　4-5
映画　鼻につくＰ・Ｒ臭――久松静児監督の「愛の鐘」　4
オリンピックと平和　Ｑ　5
北から南から
窓口の気持を無視した取扱い――名札掲示を撤回さす〔青森銀行従組〕　6
四国従組に「学習サークル」誕生　6
疲れた体に休養を――福銀従組の「有給休暇獲得月間」　6
定期総会で「男子事務服」要求を決定〔第四銀行従組〕　6-7
〝既得権の侵害だ！〟――人事部が「給与支払日変更」を提案〔勧銀従組〕　7
七十七従組で〝松川裁判〟を観劇　7
窓口の合理化（＊漫画）　八十二銀行・松崎　光男　6
月給日はいつが妥当？――売渡したのは労働ではなく労働力　7
読書欄
ユニークな問題限定とひろがり――久野・鶴見・藤田共著『戦後日本の思想』　高田　佳利　8-9
正調とその由来の紹介――服部竜太郎編『日本民謡新集』　8
率直な評価と分析に好感――夏堀正元・小田三月共著『サラリーマン』　弦　9
職場随想
めだつということ――選挙中の職場でのできごとから　Ｎ銀行・中枝　延子　10-11
楽しみな日曜――銀行員！この忙しきもの　三井銀行・大池　光夫　11
切りぬき帖　12-13
お詫び　編　集　部　13
過当競争のピエロ――預金源を求めて外事係は今日も出動する　千葉銀行・Ｆ　生　14-15
ヒロシマへむけて平和大行進出発　14

安保問題の新事態――だれにとって「最大の危機」か
日高　六郎　15
私たちのたのしい歌「かわいいあの娘」（インドネシア民謡、横田悠三編曲）　16
原稿募集　16

第一九四号　一九五九年七月一五日

毛沢東『実践論』より　1
波に遊ぶ子ら（＊写真）　1
銀行員の余暇とその利用――第一・大分両行従組の調査から　2–5
窓口　馬鹿プロばんざい　山川　肇　5
西ドイツの印象――ある銀行での生活から
日本開発銀行・N　生　6–7
松川と砂川を守る夕――被告団も元気な顔をみせ　7
近づく第五回原水爆禁止世界大会　8–9
原子戦争の根絶へ――第5回原水爆禁止世界大会の課題
安井　郁　8–9
北から南から
手形交換係が時差出動――組合は就規違反と指摘〔四国銀行〕　10
時間外協定の再検討を要請〔勧銀従組〕　10–11
四～六臨給でスト権を確立〔羽後従組〕　11
事務服問題など話しあう――東邦従組婦人懇談会　11
映画　レンズの凝視が生む迫力――アメリカ映画「十二人の怒れる男」　○　10
〝近代建築〟では解決せぬ労働強化――開店一周年を迎えた三井銀行神田支店　11
共稼ぎ七つのタイプ（上）――一人の女性の死をめぐって
高田　佳利　12–15
不教育訓練講座　第二講　上役をあわれむべし
紀陽銀行・林口　幸雄　14–15
祇園祭に浮かぬ顔　15
読書　意欲的な編集『現代日本の歌曲集』　15
建国35周年を迎えた蒙古人民共和国　圧政破り独立達成――長かつた搾取の歴史　16–17
事務行員の方々へ――労務行員の日記から〔勧銀従組機関紙『波動』より〕　16–17
テレビの現実　滝沢　正樹　18–19
私たちのたのしい歌「てのひらの歌」〔広渡常敏作詞、小杉太一郎作曲〕　20
原稿募集　20

第一九五号〈平和特集〉　一九五九年八月一日

日本国憲法より　1
平和の歌（＊版画）　アントン・リフレジエ　1
くり返すまい東条の道　原水爆禁止運動と安保改定反対斗争――最近の平和問題をめぐる問答　佐藤　昇　2–5

〝平和運動圧迫やめよ〟――原水協　政府・自民党に抗議　4
窓口　方舟にのるもの　山川　肇　5
労・農・市民とともに――新潟飛行場基地反対運動の経験から　北陸銀行・高橋　信夫　6－7
ゴー・ストップ
レンジャー訓練／集成刑法／均衡平和／バンデンバーグ決議　7
8月22日から三日間　第五回日本母親大会　7
私たちは孤独ではない――平和友好祭日本祭典に参加して　千葉銀行・内藤　博夫　8－9
平和と独立の道歩む世界の中立国　9
北から南から
時間外職場大会などで参加――八・六統一行動デーへの要請〔地銀連〕　10
世界大会の出席者を特休扱いに〔青森銀行従組〕　10
平和運動への積極的参加を〔山中従組〕　10－11
すすむ賃上げ準備――徹底した職場討議を〔日本信託銀行従組〕　10
突如〝労働協約改訂〟を提案――組合側は反対を表明〔七十七銀行〕　11
難行する富士従組の協約改訂交渉　11
（＊暑中見舞い）　広島銀行防府支店・高村　平　11
読書
胸つまる平和への悲願――峠三吉『原爆詩集』を読んで　三和銀行・伊久　正　12－13
薄明のエネルギー――銀行員が出した二つの詩集　千早耿一郎　13
〝その気〟になるべきとき――八・六の近いある日曜の感想　映画「世界は恐怖する」をみて　中原　知平　14－15
平和大行進が通っていった　日本銀行・田川　一雄　15
総評、映画「安保条約」を製作　15
この胸をまく帯の華やぎによせるいくさをゆるしてはいけない――銀行従組における平和運動のあゆみ　16－19
私たちのたのしい歌「火」（門倉訣作詞、芥川也寸志作曲）　20
あとがき　志　20
原稿募集　20

第一九六号　一九五九年八月一五日

ゾラ『前進する真理』より　1
スイカ割り（＊写真）　1
組合組織の弱化ねらう――富士銀行と七十七銀行で労働協約の改悪を企図
労使双方から改訂案――富士銀行の場合　2－3
組合活動を著しく制限――七十七銀行の場合　3－4
内容を質的に変える／合理化推進の裏打ち　4－5
二〇〇号記念原稿募集　3
窓口　十二人の怒れる男　山川　肇　5
会議にこめた平和の願い――第一回商業インターに出席し

て　全生保婦人部長・今井　静子　6－7
おことわり　7
北から南から
病床に再三の退職勧告——やめさせられた女子労務員
〔三井〕　8
控室の組合速報に横ヤリ——福岡銀行で協約タテに撤去
迫る　8
僻地の子供に本を送る運動——岩殖従組本店支部で決め
る　8－9
約半数が「共稼ぎをしたい」——神戸従組の婦人問題ア
ンケートから　9
最後の勝利へもう一方——松川事件原判決破棄さる　9
合理化と労働条件改善の斗い——全損保労組の経験から　10－12
第５回原水爆禁止世界大会に出席して
疑装平和運動呼ばわりを紛砕　第四銀行・久保　一男　12－13
平和運動は職場に根を張れ　山梨中央銀行・山口　厚　13
新しい課題、安保改定阻止　七十七銀行・村上　勝義　13
共稼ぎ七つのタイプ（中）　高田　佳利　14－15
私たちのたのしい歌「ます」（シューベルト作曲、酒田富
治編曲）　16
原稿募集　16

第一九七号　一九五九年九月一日

第五回日本母親大会スローガン　1
残暑（＊写真）　1
雑音は消えず——日本信託銀行「松川守る会」の活動から　2－5
窓口　立てば歩めの　山川　肇　5
職場随想　真夏の昼の夢——意志をもたぬ女性と利殖を追
う男性　三井銀行・小松　光子　6－7
第５回原水爆禁止世界大会に出席して
（広島銀行）速水ちか子／（山陰合同銀行）郷田義介　6－7
二〇〇号記念原稿募集　7
北から南から
反省なくば重大決意——既婚婦人の退職強要に厳重抗議
〔山陰合同〕　8
カッターシャツで実力行動〔大分〕　8
さすが覚えは早い——青森で初の文化指導者講習会　9
日本信託銀行従組で婦人部結成　9
荘内従組田川支部に安保問題研究会　9
営業店の実態を考慮せよ——新規採用に意見書〔秋田銀
行従組〕　9
映画　とざされた世界の思春期——パーキンスの「アンネ
の日記」　8
読書
情事への惑溺と戦争の幻影——大江健三郎著『われらの
時代』、山川方夫著「日々の死」　協和銀行・夏草しげる　10
基地オキナワの生活白書——瀬永亀次郎著『沖縄からの
報告』　10－11
美作太郎外共著『言論の敗北』　11

むぎわら帽子──夏休みのうた　勧業銀行・堀田　洋子　11
新しい世代の幸せのために──第五回日本母親大会から　12－14
不教育訓練講座　第三講　月給は上らぬものと思うべし
紀陽銀行・林口　幸雄　15
切りぬき帖　16－17
共稼ぎ七つのタイプ（中）　高田　佳利　18－20
私たちのたのしい歌「ボンボンキャラメル」（N・オエロオ作詞、E・シェクレエ作曲）　20
原稿募集　20

第一九八号　一九五九年九月一五日

フルシチヨフの言葉　1
湖畔の合唱（＊写真）　1
ホープといわれる者の悲哀──得意先係　その仕事と悩み　2－5
窓口　パンのみで生きない人々　山川　肇　4
皇后と生理休暇　5
ルポ〝日曜土方〟大いに頑張る──災害地勤労奉仕第一日
山梨中央銀行・並木　達二　6－7
北から南から
臨時大会で争議権確立──七十七銀行従組の協約斗争激化　8
大分銀行の本店食堂で集団中毒　8
親和銀行従組の組合歌きまる　8
メロデーで早帰り促進〔第一銀行従組神戸分会〕　8
〝来年度の新採用はしない〟──一人当り預金量を理由に〔佐賀銀行〕　9
映画「人間の壁」への期待　日教組教文部長・山村　ふさ　9
危険な傾斜──《不幸な若者たち》の苦悩と行動
協和銀行・加見　優　10－11
統一戦線への道ひらく──総評大会社党支持廃案の意義　F　12－13
不教育訓練講座　第四講　規格品となるなかれ
紀陽銀行・林口　幸雄　12－13
二〇〇号記念原稿募集　13
共稼ぎ七つのタイプ（下）　高田　佳利　14－16
私たちのたのしい歌「スメハ」（ソヴエト民謡、中央合唱団作詞）　16
原稿募集　16

第一九九号　一九五九年一〇月一日

北畠八穂の言葉　1
母と子（＊版画）　すずき・けんじ　1
明日を信じて働く私たちの学校──高知勤労者学校の経験
勧銀従組高知支部・公文　正躬　2－5
二〇〇号記念原稿募集　4
窓口　お茶くみの倫理　山川　肇　5
「ガラス張り」斗争の勝利──労協改悪を阻止した七十七従組の斗い　6－7
千坂さんが職場に描いた波紋──婦人部長転勤問題てんま

つ記〔朝日生命〕 8-9
北から南から
支店長の更迭を要求――青和銀行従組上北支部某分会で 10
勧銀の出納課で時差出勤への動き 10
掲示板、交換便利用の覚書を廃止〔東京都民銀行従組〕 11
問題ふくむ専務の巡回映写会――店により半強制的出席も〔荘内銀行〕 11
青森で青年婦人部協議会準備会が発足 11
映画 気になる運命の考え方――豊田四郎の「暗夜行路」 10
「共稼ぎ」から「共働き」に 荘内銀行・斎藤 智 11
読書
エッセイ風の〝権力観〟――モーリス・マルサル著、上村正訳『権力』 協和銀行・福井 雪彦 12-13
若々しい息吹と激しさ――江藤淳著『海賊の唄』 日本勧業銀行・堀田 洋子 12-13
バスの車掌という仕事――村上信彦著『紺の制服』を読んで 開発銀行・藤田 信江 13
冷戦経済の再編成に大わらわのアメリカ――月ロケットと相互訪問の実現 陸井 三郎 14-15
〝仮面ははがされた〟――ドゴール政権と対決するフランス労働者 15
切りぬき帖 16-17
出世する組合幹部――幹部不信―組合不信にどう対処するか 千葉銀行・藤本 豊 18-19
私たちのたのしい歌 「陽気な収穫」（アンリ・バーンズ作詞、ラド・ドラガン作曲、関鑑子編詞） 20
あとがき 20
原稿募集 20

第二〇〇・二〇一号〈二〇〇号記念特別号〉 一九五九年一一月一日

ノーマン『クリオの顔』より (1)
硬貨計算機（＊写真） (1)
特集・電子工学時代の銀行 急速に進む事務の機械化と職場の変貌――合理化はわれわれに何をもたらすか 2-21
得意先係は〝なんでも屋〟――なかにはエリート意識やプライドも 6
〝部長さんの顔も知らない〟――隔離されたＩＢＭのパンチャー嬢 9
組合学校と休暇――管理の手は日常生活にまで 北陸銀行・深山 嶺子 10-11
近代化「入りよくなつたね」（＊漫画） 八十二銀行・松崎 光男 12
職場はどう変っているか――職場の片すみから見た文学的考察 協和銀行・片桐 一秋 16-17
窓口 人災のロジック 山川 肇 19
労働をたすけ余暇をふやす――社会主義国のオートメーシヨン 21
生活記録 ある文化活動者の十年 青森銀行・谷村 康子 22-24

交渉前奏曲（＊漫画）　八十二銀行・松崎　光男　23
世話役のモラル――仲間意識から愛情へ　第四銀行・山下　稔　24－25
平凡な人間の〝幸福〟を求めて――それは新しい人間関係の中で作られる　日本銀行・堤　佐知子　26－27
映画　ごま化しの生活からの脱皮を――「今日もまたかくてありなん」を観て　福岡銀行・服部　光典　26－27
「金融のうたごえ」の出演曲目きまる　27
職場活動に水をさすもの　加藤　尚文　28－31
読書
　恵まれたエリートの人生経験――週刊サンケイ編『私のサラリーマン時代』　31
『職場の組合活動・続篇その1』　31
私たちのたのしい歌　「紅い河の谷」（アメリカ民謡、おきはるを編曲）　32
あとがき　32
原稿募集　32

第二〇二号　一九五九年一一月一五日

ドストエフスキーの言葉　(1)
晩秋（＊写真）　(1)
現地ルポ　燃え上るヤマの斗い――合理化の嵐の中の三池炭鉱を訪ねて　金子　徳好　2－5
窓口　水清うして魚住まず　山川　肇　5
組合づくりはまず職場から――地銀連第四回青婦人代表者会議　6－7
南から北から
東洋信託銀行の設立正式に決る〝労働条件の低下許さぬ〟――新銀行移籍に対する組合の態度〔三和神戸〕　8
東都銀行従組地銀連に加盟　8
都民銀行に第二組合――銀行が糸ひく分裂工作か　8－9
〝話がつかなくても実施する〟――静岡銀行で一方的に行員教育　9
地銀連九州地協の南北対抗野球大会　9
近づく日本のうたごえ祭典　9
ここにも合理化が　10
総評「母体保護月間」におくる二つの話題
「助勤者制度」で安心して産休を〔第四銀行従組〕／産後休暇の延長を実力で認めさす〔第一生命労組〕　11
不教育訓練講座　第五講　遊びに寛容であるべし　紀陽銀行・林口　幸雄　12－13
映画　大人のためのオトギ話――三時間の大作「日本誕生」　12
時間外の排除が当面の問題――三菱従組時差出勤を認める　13
職場活動に水をさすもの　加藤　尚文　14－15
私たちのたのしい歌　「キャンプ・ファイヤーの歌」（フランス民謡、矢沢保編曲）　16
訂正（二〇〇号八頁第二表）　16
原稿募集　16

第二〇三号　一九五九年一二月一日

フェルプスの言葉　(1)
腕白小僧（＊写真）　(1)
座談会　婦人部活動をどうすすめるか――企業内組合のワクを乗り越えて　2-5
窓口　職業的微笑のかげに　山川　肇　5
人員増加の伴わない電話交換機の設置はゴメン――青森従組湊分会の職場斗争　6-7
“だまってはいられない”――安保問題と取組む銀行の仲間たち
職場斗争と安保反対を結合〔青森銀行従組〕／組合員に手紙で訴える〔七十七銀行従組〕／安保問題小委員会を設置〔日本信託銀行従組〕／青婦人部が中心に活動すめる〔第四銀行従組〕　8-9
米の原爆搭載機B47　9
南から北から
“自由参加は強弁”――講習会の時間外問題でもむ〔福岡〕　10
新規不採用の方針ぐらつく――組合の強い要求で〔佐賀〕　10-11
株主総会での組合攻撃――東北の地銀でつぎつぎと　10
二十八日にスト権を集約――日本信託の賃上げ斗争重要段階へ　11
映画　訴える現実社会の冷酷さ――大島渚監督「愛と希望の街」　11
読書　三島由紀夫の『鏡子の家』における「ニヒリズム研究」について　協和銀行・片桐　一秋　12-13
切りぬき帖　14-15
職場活動に水をさすもの　加藤　尚文　16-19
不教育訓練講座　第六講　権威に盲従するなかれ　紀陽銀行・林口　幸雄　18-19
私たちのたのしい歌「つぶやきをささやきを声にしよう」（窪田亨作詩、小林秀雄作曲）　20
原稿募集　20

第二〇四号〈新年特別号〉　一九六〇年一月一日

アナトール・フランスの言葉　(1)
（＊版画）　上野　誠　(1)
レモンとねずみ（＊詩）　日本興業銀行・石垣　りん　(2)
雪国の子供（＊写真）　神戸銀行・小坂　登　(2)
大江健三郎氏を囲む座談会　英雄と道化のあいだ――『われらの時代』における若ものたち　大江健三郎　3-9
窓口　後生おそるべし　山川　肇　9
仲間の年賀状
（三井銀行）小松光子／（日本勧業銀行）野村啓子／（日本銀行）田川一雄／（日本信託銀行）諸井克夫／（日本勧業銀行）公文正躬／（日本興業銀行）石垣りん／（日本銀行）落合さゆ子／（東北銀行）千葉淳子／（富士銀

行）かわべ・ともよし／（富士銀行）かわべ・かずこ／（山梨中央銀行）並木達二／（北陸銀行）深山嶺子／（住友銀行）美村十三／（農林中央金庫）大野宏／（日本銀行）O生／（北陸銀行）松岡勉／（広島銀行）佃敏夫／（協和銀行）中島年子／（千葉銀行）藤本豊／（第四銀行）黒川祐子／（南部銀行）巽光子／（千葉銀行）時田昌利／（大和銀行）P生 10－11

1960年私の生活設計

サークルの仲間たちとともに 第四銀行・渡辺 金一 12－13

学習と地道な職場活動を 大和銀行・友枝 泰子 13

自分で満足できる生き方を 北陸銀行・扇 悦子 13－14

日記帳によせて 千葉銀行・佐川 修子 14－15

ヒステリー的活動の改善 横浜銀行・山川 彰 15

座談会 安保斗争と労働運動――六〇年の課題と展望
太田薫／木村禧八郎／陸井三郎／長島又男 16－18

『銀行員の詩集』六〇年の課題――九年のあゆみをふりかえつて 日本銀行・里見 一夫 19－21

1960年代の展望 堀田 善衛 21

政治戯評1959年 後藤 文利 22－23・18

（＊漫画）
斎藤としひろ／横山泰三／南義郎／まつやま・ふみお 22－23

マンガで語る戦争史――ロボット三等兵論 鶴見 俊輔 24－25

コントでのぞいた1959年小史 25

コタツを囲んで楽しいゲームを 垣内 芳子 26－27

組合風土記（1） 荘内銀行従組の巻

論語から安保反対まで――飽海支部の生い立ちを中心に 泉 28－31

新年随想 〝雑音〟に耳をかせ 真野 毅 31

小説 ベルト・コンベアー 日本銀行・木谷あきこ 32－35

私たちのたのしい歌「いつでも歌を忘れずに」（藤本一夫作詞、和田正展作曲、林光補作） 36

あとがき 36

原稿募集 36

第二〇五号 一九六〇年一月一五日

石川啄木の言葉 (1)

雪の道（＊版画） すずき・けんじ (1)

組合風土記（2） 日本信託銀行労組の巻
斗いの中で学んだ組合民主々義――変わりゆく職場の力関係 2－5

窓口 年末感傷 山川 肇 5

ポトナム通りの柳はなびく――北鮮帰還みたまま
日本銀行従組・竹内 和雄 6－7

海外トピック
家賃値上げ反対デモ〔イギリス〕／郵便労働者が年越しスト〔タンガニカ〕／盲人用めがねができる〔ソ連〕 7

南から北から
〝第一線に労働強化〟――表彰制度に反省要望〔富士従組〕 8

「もぐり外交」はやめよう〔紀陽〕 8
"結婚したら退職を希望する"——山梨中央銀行で既婚婦人に圧力 8–9
"安保死すべし"——青森・七十七・第四で大衆行動 9
労働強化必至か新銀移籍後の三和 9
過当競争と合理化は別問題か——市銀連で時差出勤に結論 9
銀行版"セールスマンの死"——協和銀行で得意先係（外務員）制度を廃止 10–11
『銀行員の詩集』第10集 原稿募集 11
職場随想
企業の合理化と経営者 三井銀行・鶴見 一雄 12–13
洋裁学校に通いつつ 日本勧業銀行・堀田 洋子 13–14
大国のお嬢さん 香港上海銀行従組・K 子 14–15
不教育訓練講座 第七講 ナニワ節に酔うなかれ 紀陽銀行・林口 幸雄 14–15
私たちのたのしい歌「小さな靴屋さん」（シャンソン） 16
原稿募集 16

第二〇六号 一九六〇年二月一日

片山潜の言葉 (1)
安保改定ゆるすな（＊写真） (1)
調印はされた、しかし…——安保改定反対斗争今後の課題 2–6
窓口 狡兎死して 山川 肇 5
『銀行員の詩集』第10集 原稿募集 6
産後休暇の延長など要求——日動火災の"既婚者のつどい" 7
新安保世界の反響
緊張激化もたらす〔ソ連〕／米の必要から締結〔中国〕／悪質な「経済協力」〔フイリピン〕／他民族の独立脅かす〔ベトナム〕 7
くりかえすな「太陽のない街」の悲劇——三池炭鉱争議の勝利のために 静岡銀行・杉崎 実 8–9
南から北から
組織をどう強化するか——第七回青代会議開く〔日銀従組〕 10
条件付きで訓練講習手当決定〔千葉〕 10
過失認定は組合と協議決定で——現金事故補償制度要求〔静岡従組〕 10–11
統一のため地銀連脱退——都民の分裂問題新段階へ 11
映画 ドイツナチズムへの告発状——長編記録映画「十三階段への道」 11
読書
樹木の中の静かな燃焼『石垣りん詩集』／青春のまぶしさ『里見一夫詩集』 千早耿一郎 12–13
円地文子著『女の秘密』を読んで 勧銀・中川みふゆ 13
小説の枠こえた裁判批判——松本清張著『小説帝銀事件』 13
不教育訓練講座 第八講 裏切りをおそれるなかれ 紀陽銀行・林口 幸雄 14–15
安保打破し国交回復へ——日中関係二団体活動方針きめる 14

マスコミ照射　特別席の西尾新党　岳　文祥　15
松川事件の劇映画化　15
切りぬき帖　16－17
賃上げを訴えたナマハゲ――「約束守らねばまたくるぞお！」　秋田銀行職組・佐藤　栄一　18－19
読者のたより
これからも私たちを励まして下さい　静岡銀行従組・永田　紀子　19
『ひろば』はひとつの道標　日本銀行従組・竹内　和雄　19
今年もどうぞよろしく　住友銀行従組・H　生　19
焦燥感をどう変化させるか　三井銀行従組・小松　光子　19
あとがき　寛　19
私たちのたのしい歌「ハイランド・マン」（スコットランド民謡、原太郎編曲）　20
原稿募集　20

第二〇七号　一九六〇年二月一五日

夏目漱石の言葉　(1)
鹿と子供（＊写真）　(1)
労働者同志会の新路線――「日本的労働組合主義」と西尾新党　高島喜久男　2－5
窓口　ギロチンギロチンシュルシュルシュ　山川　肇　5
人員要求で職場斗争――青森従組剣吉分会の仲間たち　6－7
賃上げ、時間短縮など要求――高まる世界労働者の斗い
金属、鉄道などたつ〔イギリス〕／合理化、賃下げ出る〔アメリカ〕／港湾労働者がスト〔アルゼンチン〕　6
マスコミ照射　新味ということ　ほ　7
北から南から
機械化・合理化には事前協議を――中央委員会に提案〔市銀連〕　8
出産予定日の遅れは産前休暇に――第四銀行従組で要求　8
高まる賃上げの機運――河内従組一〇％要求貫徹　9
金融労働者懇談会和歌山で発足　9
映画　原子戦争の恐怖――スタンリークレイマー監督「渚にて」　8
坂道の途中までできた掃除（紀陽従組機関紙『組合通信』より）　川端　郁　9
組合風土記（3）富士銀行従組の巻
〝若さ〟と〝伝統〟を誇る組合――明日へのエネルギーをどう組織するか　10－12
不教育訓練講座　第八講　裏切りをおそれるなかれ　紀陽銀行・林口　幸雄　12－13
家庭　二月のおそうざい　12
読書
日本の夜明けを描く――村上一郎著『東国の人びと』　鈍機呆低　13
生産性向上運動に対抗しうる労働者的プランを――「電子工学時代における銀行」（本誌二〇〇号）によせて　富士銀行従組・上野　典明　14－15

読者のたより
　燕地区詩のサークルをご存じですか　日本銀行従組・里見　一夫　15
　わたしの注文　S銀行従組・川口　友子　15
あとがき　及　15
私たちのたのしい歌　「はたらく娘」（いのうてる作詩・作曲）　16
原稿募集　16

第二〇八号〈婦人特集〉　一九六〇年三月一日

国際民婦連第四回大会宣言より　(1)
（＊デモ行進・写真）　(1)
合理化のなかの婦人労働者――職場の再編成は婦人に何をもたらすか　2－5
婦人部委員一年生の記　N銀行従組・落合さゆ子　6－7
外国銀行に働く女子行員の生活と意見　8－9
パンと平和と自由を――国際婦人デーの歴史　9
団地の保育所づくり――地道な歩みをつづける「ひばりヶ丘保育の会」　10－11
資料　労働組合の婦人対策
　総評　合理化攻勢へ具体的に対処　12
　全労　最大の目的は民社党への結集　13
　全損保　学習を深めつつ合理化と対決　13
婦人月間の準備すすむ　13
海外の働く婦人たち――資本主義諸国における婦人労働者の斗い　14－15
一変した主婦の生活――新中国の婦人たち　15
ルポ　中小企業に生きる人びと（1）――工場の婦人たち　柴田ハリオ硝子　16－17
組合風土記（4）　第四銀行従組の巻
　みのり多い婦人の活動――既婚婦人を守る斗いに大きな成果　大　18－20

第二〇九号　一九六〇年三月一五日

福沢諭吉の言葉　(1)
シーソー（＊写真）　(1)
安くなった銀行員株――長時間労働に悩む職場の実態とその対策　2－5
〝基準法違反でしよ〟（＊漫画）八十二銀行・松崎　光男　3
窓口　東の国の博士たち　山川　肇　5
婦人部委員一年生の記　N銀行・落合さゆ子　6－7
奥様メモ　野菜の上手なお買物　7
『銀行員の詩集』第10集　原稿募集　7
北から南から
　国民経済の観点で対処せよ――銀行経営者労組対策にとりくむ　8
　生休獲得月間を設けよう――第一回東北地協婦人会議　8
　広がる賃上げの波――池田・第一信託妥結　9

映画　戦争の冷酷さえがく――西ドイツ映画「橋」　9
組合風土記（5）　協和銀行労組の巻
「自由の旗」をかかげて――いまも息づく輝かしい伝統　10－12
新刊紹介
労働者の側に立った――加藤尚文著『労務管理』
千葉銀行・田中　雅康　12－13
土門拳写真集『筑豊の子どもたち』　13
新設店舗のエリートと女子行員――F子さんの退職をめぐ
つて　岩手銀行・X　Y　Z　14－15
マスコミ照射　竹の園生の御栄え　大　15
私たちのたのしい歌「鳥、鳥、何処へ行く」（栃木のわら
べ唄、安倍盛編作曲）　16
原稿募集　16

第二一〇号　一九六〇年四月一日

薛暮橋『物の方え方学び方』より　(1)
網を引く人（＊写真）　(1)
〝無罪〟をかちとるために――松川現地調査に参加した銀行
の仲間
陰謀をハネ返すのは僕達の義務――みんなに本当のこと
を知つてもらおう　日本信託銀行従組・島田　隆司　2－3
物質は偽りを知らない――体で感じた鈴木裁判長の〝奇
妙な論理〟　七十七銀行従組・鈴木　収　3－5
勝利の確信に支えられて――明るかつた裁判の雰囲気
日本信託銀行労組・三浦　英夫　5－6
窓口　にせ金つくり　山川　肇　6
家庭　合成繊維の洗濯法　6
組合風土記（6）　青森銀行従組の巻
活動家の温床となつた文化活動――着実な歩みつづける
演劇研究会と大理石グループ　7－9
『銀行員の詩集』覚書――編集委員会及び詩集応募の人び
とに　京都銀行・有馬　敲　10－11
『銀行員の詩集』第10集　原稿募集　11
北から南から
失地回復の巻返し攻勢――大量人事異動と労協改悪案出
る〔日本信託〕　12
タイピスト全員に技能検定を要求〔東銀〕　12
泉州二〇五五円で妥結――地銀連統一賃上げ斗争のトッ
プ切る　12－13
心おきなく休んでもらおう――第四従組で「助勤者制度」
設置を要求　13
日動火災で「通院休暇」を獲得　13
読者のたより
（富士銀行従組）上野典明／（静岡銀行従組）杉崎実　13
文学手帖　チェホフの生涯と作品（その1）　生いたち
坂下　克巳　14－15
マスコミ照射　分裂の自由　O　15
切りぬき帖　16－17
ルポ　中小企業に生きる人びと（2）――我孫子ゴルフ場

に働くキャディー　寛　18－19
私たちのたのしい歌「花の街」（団伊玖磨曲、江間章子詩）　20
原稿募集　20

第二二一号　一九六〇年四月一五日

片山潜の言葉　(1)
回憶与前胆（＊版画）　羅　清楨　(1)
かくて銀行員はつくられる――〝銀行〟と〝組合〟の新人教育の実態　2－5
窓口　殺人の季節　山川　肇　5
今年のメーデーは日曜日――安保阻止と大巾賃上げへ　みんなそろつて参加しよう　6－7
詩　五月をむかえる　くぼた・とおる　6
読書　希望と誇りに生きる六億の民――A・L・ストロング著『人民公社は拡がり深まる』　7
北から南から
団結して明るい職場を――アメリカ銀行で組合結成　外銀連書記・井　上　8
大部分が銀行のやり方に不満――結婚退職問題でアンケート〔山中従組〕　8
東北従組賃上げ要求ほぼ貫徹　8－9
生休の臨給カットをはねかえす〔親和〕　9
中斗の人事異動を延期さす〔青森〕　9
映画　風変りな戦争映画――イタリー映画「戦争・はだかの兵隊」　9
組合風土記（6）千葉銀行従組の巻
挫折の教訓から勝利の斗いへ――若さと学習意欲に支えられて　10－11・16
文学手帖　チェホフの生涯と作品（その2）「桜の園」　坂下　克巳　12－13
百万人を査定する?――昇給査定における数字の魔術　佐藤　御弦　14－15
応募締切り迫る！『銀行員の詩集』第10集　作品募集　15
私たちのたのしい歌「花よめさん花むこさん」（横田悠三編曲）　16
原稿募集　16

第二二二号　一九六〇年五月一日

ニキタ・フルシチョフの言葉　(1)
鯉のぼり（＊写真）　(1)
ホワイトカラーのなかの〝三池〟――長期ストを斗い抜いた七十七と東京海上の仲間たち
この盛り上りを賃上げへ――斗いを支えた青婦人のエネルギー〔七十七〕　2－4
東海の斗いはみんなの斗い――資本の攻撃をゆるすな〔東京海上〕　4－7
窓口　どつこいまだ生きてる　山川　肇　7

明日への歩みをつづけよう――第5回働く婦人の中央集会　8-9
すべてにつながる安保体制――働く婦人の中央集会に出席して　千葉銀行従組・河瀬　通子　9
北から南から
〝事前協議〟を申入れ――時差出勤問題で〔北陸銀行職組〕　10
三井でも本店新築と合理化で説明求める　10
東洋信託銀行で組合結成の気運　10
三池労組へ支援カンパを決定――荘内従組定期大会　10-11
これが銀行志望の動機――新入行員のアンケートから〔神戸銀行〕　10
不当差別や臨給切り下げ――銀行側のまき返しさらに強まる〔日本信託〕　11
八割が三千円要求――南部従組の賃上げアンケート　11
映画　女の哀歓をしみじみと描く――ジュリエッタ・マシーナの「女」　11
忍従の歴史の中でつちかわれた明日への力――アメリカ銀行東京支店従組結成の記　12-13
マスコミ照射　大　13
文学手帖　チェホフの生涯と作品（その3）「たいくつな話」　坂下　克巳　14-15
切りぬき帖　新安保をめぐる国会論戦　16-17
市銀連、五月大会で賃上げを討議――賃金に関する討議資料（委員長試案）を発表　18-19
職場随想　まんが　親和銀行・山辺　信弘　19
私たちのたのしい歌「ヨハン大公のヨーデル」（城山美津子訳詞、J・モルナール編曲）　20
原稿募集　20

第二一三号〈写真特集〉一九六〇年五月一五日
（＊第31回メーデー・写真）　(1)
さつきの空に歌声たかく（＊写真）　(2)-(3)
中央メーデーに参加した仲間たち（＊写真）　(4)-(5)
特集　北から南から各地のメーデー
静岡（静岡銀行従組発）／横浜（横浜銀行従組発）／富山（北陸銀行職組発）／神戸（神戸銀行従組発）／和歌山（紀陽銀行従組発）／佐賀（佐賀銀行従組発）　(6)-(7)
現地ルポ　〝三池〟は俺たちの斗い　全損保日動火災支部・石原　雅彦　(8)
（＊写真と画）　(8)-(11)
許すまじ新安保（＊写真と漫画）　(12)-(15)
あとがき　寛　(16)

第二一四号〈新組合員読本〉一九六〇年六月一日
レオナルド・ダ・ヴィンチの言葉　(1)
田植祭（＊写真）　(1)
銀行の役割と銀行員の労働――銀行は公共的営利事業　松成　義衛　2-5
豆辞引

権利と労働協約／銀行の賃金（一）（二）／ILO条約　3・4・5・10
銀行労働者のあゆみ――生活と権利を守る斗いの中から　6－9
レッド・パージ反対斗争　6
銀行員とストライキ　7
自主映画「若い人たち」　8
共稼ぎ論争　9
労働組合の組織概況――金融労働者を中心に　10－11
青婦人の諸要求と青婦人組織　12－14
生活記録
組合は「ごはんの味」のようなもの　F銀行従組・U　子　14－15
無駄ではなかつたストの経験　七十七銀行従組・中谷　功　15
極端に短い自分の時間　協和銀行労組・川井　正臣　15
北から南から各地のメーデー〈続報〉
青森（青森銀行労組発）／名古屋（東海銀行職組発）／
新潟（第四銀行従組発）　16－17
「希望」と「不安」から労働者としての自覚へ――ハチマ
キに迎えられて入行した私たち　七十七銀行従組・E　子　17
サークルと私たち――どうしてもそうなつちやうんです
千葉銀行従組・内藤　博夫　18－19
学習の手引　(20)
原稿募集　(20)

第二一五号　一九六〇年六月一五日

尾崎行雄の言葉　(1)
おたより（＊写真）　(1)
全ソ労組文化使節を囲む座談会　働くものの芸術創造――
余暇を楽しむソビエトの労働者　2－4
ようこそみなさん――青森公演にシユプレヒ・コールをお
くる　青森銀行労組・村本　昭　4－6
シユプレヒ・コールを創つてみて　青森銀行労組・谷村　康子　6
窓口　老醜のまつりごと　山川　肇　5
三池へ集まる世界の支援――各国からぞくぞくカンパ・激
励電　6
安保改定阻止は労働者の団結で――第一回地銀連労働講座
で学んだこと　北陸銀行職組・寺垣日出夫　7
手も足も出ぬまではりまくれ（＊漫画）　まつやま・ふみお　7
おサツの勘定もオートメーションで――中国・人民銀行の
技術革新運動　8－9
読書　賃金問題の参考書紹介　9
北から南から　特集〝安保改定反対〟を斗う銀行の仲間
――六月四日の統一行動を中心に
青森銀行労組／青和銀行従組／秋田銀行職組／七十七銀
行従組／岩手銀行従組／荘内銀行従組／千葉銀行従組／
静岡銀行従組／紀陽銀行従組／ほか　10－11

読者のたより
〝主体的〟でけつこう　富士銀行従組・上野　典明　11
再び〝私設モニター〟を　日本銀行従組・S　生　11
電波にのる『ひろば』と『銀行員の詩集』　11
非難のウズの中で――アイクは何をしにやつてくるのか　野口　肇　12
組合員二年生から見た職場の組合　岩手銀行従組・一路すすむ　12－13
「ピカソの陶皿」を頒布いたします　13
文学手帖　チェホフの生涯と作品（その4）　サガレンへ　坂下　克巳　14－15
私たちのたのしい歌（＊替え歌）　(16)
原稿募集　(16)

第二一六号　一九六〇年七月一日

レーニン「マルクス主義の漫画化」一九一六年より　(1)
声なき声は訴える（＊写真）　(1)
樺美智子さんの死をむだにすまい　志賀　寛子　2－3
樺美智子さんの死（＊詩）　青森銀行労組・谷村　康子　3
六・一五―右翼襲撃事件　志摩　司　4
血は香り高い花となつて――日本の青年学生の皆さんへ　ハン・キンセイ　4－5
広がる日本国民への連帯行動　5
あまりにも安易なそして利己的な――なぜ運動に参加しないのか？　日本勧業銀行従組・池田　忠　6
デモに参加して　日本銀行従組・U　子　6－7
窓口　一粒の麦の賭け　山川　肇　7
ほんものになつた大衆運動――安保斗争の現在と今後　海野　幸隆　8－9
すべての学生は一つに――北京にて　大江健三郎　9
読者の皆さんに訴える　銀行労働研究会『ひろば』編集部　10
北から南から
企業のワクをこえた力で経営者の攻撃はねかえす〔日本信託〕　10
〝活動家の配転許さず〟――組合の抗議で会社側撤回〔全損保日動〕　10－11
時間外賃率の定額制を拒否〔勧銀従組〕　11
ひろがる三池への資金カンパ運動　11
〝静観は許されない〟――安保問題で北川氏の講演会〔日銀〕　11
おかされるパンチヤーの健康　12－13
平和へのきずな国際連帯――国際婦人デー五〇周年記念集会に出席して　全損保日動火災支部・小沼　百枝　14－15
私たちのたのしい歌「忘れまい6・15」（八木柊一郎詩、林光曲）　(16)
原稿募集　(16)

第二一七号　一九六〇年七月一五日

ゴーリキー『母』より　(1)
散歩（＊写真）　(1)
ルポ〝政局混迷〟を銀行員はどうみる　2-6
安保斗争と新聞論調――ハガチー事件で大きくよろめく
高木　教典　4-5
ユーレイ条約（＊漫画）　鈴木　平八　5
窓口　復讐はわれに在り　山川　肇　6
ひとつ旗のもとに集うよろこび――発展つづける富士従組
京浜地区の組合学校　富士銀行従組・鈴木　昭　7-9
北から南から　特集・安保斗争はどう斗われたか――アンケート（中間報告）　10-11
文学手帖　チェホフの生涯と作品（その5）「六号室」ほか　坂下　克巳　12-13
平和へのきずな国際連帯（2）――国際婦人デー五〇周年
記念集会に出席して　全損保日動火災支部・小沼　百枝　14-15
海外トピック　ニューヨークで安保批准抗議集会　15
私たちのたのしい歌「安保条約反対の歌　たちあがれ」
（関根弘詩、林光曲）　(16)
原稿募集　(16)

第二一八号〈平和特集〉一九六〇年八月一日

ロジエ・マルタン・デュガール『チボー家の人々』より　(1)
団結と友情（＊写真）　(1)
平和へのねがいは世代の差をこえて
泥沼の少女時代から　協和銀行労組・牧　朝子　2-3
あれから、そしてこれからの十五年
日本開発銀行従組・井道三千代　3-4
原爆を手足にうけて　日本銀行従組・清家　幸子　4-5
女手一つで子供をかかえ戦時を生き抜いた母親たち　4-5
輝く未来のために若者たちに期待する
三和銀行従組・大家須万人　6
海外　軍備撤廃を全会一致で承認　6
U2は去ったがRB47も電波隊も――安保が保護するスパイ天国ニッポン　7
『たたかいの記録』東大新聞社刊　7
MSA体制から新安保体制へ――そのめざすものと池田政権の役割　新名　丈夫　8-9
悪らつな敵を自覚しはじめた南鮮人民　9
ゼニ、人、時間をよこせ――生産性向上運動といかに斗うか
千葉銀行従組・藤川　通雄　10-11
二度生きる（＊詩）　日本銀行従組・里見　一夫　11
北から南から
輸出事務集中、時差出勤――東銀で合理化の一環として

提案　12
開襟、袖まくりは無作法だ――福銀で夏の服装規制　12
大阪従組二、三八八円の賃上げ獲得　12
七〇％が参加したいと回答――安保斗争でアンケート〔四国従組〕　12–13
滋賀、十六両従組賃上げ要求提出　13
地銀連七―九統一賃上げ斗争の準備進む　13
安保の個別訪問署名に参加して（静岡銀行従組『かがりび』一一八号より）　西島まき子　13
安保反対斗争をめぐって――あるサークルにおける討論　佐藤昇／西村／飯塚　14–17
窓口　ゴジラ横行す　山川　肇　17
原爆症の十字架を負って――いまなお深い傷跡　苦しみこえて立ち上る被爆者　18–19
第６回原水爆禁止世界大会の概要　18
昨年八月の感想　日本勧業銀行従組・Ｔ・Ｉ生　19
私たちのたのしい歌「平和のために」（インドネシヤ・パルチザンの歌）　(20)
原稿募集　(20)

第二一九号　一九六〇年八月一五日

クララ・ツエトキンの言葉　(1)
水しぶき（＊写真）　(1)
銀行員の夏休み　2–5
全相銀連、全損保の夏休み対策　5
窓口　六月のムードの良識　山川　肇　5
総評大会傍聴記
安保斗争は消え去らない――身近に感じた世界の労働者　三和銀行従組・浅原　涼子　6–7
欠けていた具体的論議――総評の前途を期待する　日本開発銀行従組・ふじた・こうじ　7
北から南から
着実な職場活動を反映　地についた討論で青婦人の任務を話しあう――地銀連第五回青代会議で　8
労働条件悪化の傾向――富士従組で臨店調査　8–9
四カ月に二度も新入行員講習〔日本信託〕　9
ねらわれた職場の活動家――七十七銀行に不当転勤　9
映画　たたかいに参加したカメラ――「１９６０年６月・安保への怒り」　8
地道な活動と学習の成果――地銀連第一回婦人集会に出席して期待される今後の活動　横浜銀行従組・小津千枝子　10
婦人問題は組合運動のバロメーター　全松屋労組・稲垣　房代　10–11
サラリーマン（＊詩）　福岡銀行従組・服部　光典　11
文学手帖　チェホフの生涯と作品（その６）晩年　坂下　克巳　12–13
銀行員がリレーした平和の旗――１０００キロ国民平和大行進に参加して　七十七銀行従組・鈴木　揖吉　14–15
私たちのたのしい歌「陽の輝く日」（Ｈ・ノイブラント作

曲、城山美津子訳詞、長谷川新一編曲）　(16)
原稿募集　(16)

第二二〇号　一九六〇年九月一日

周揚の言葉　(1)
いたずらっ子（＊写真）　(1)
信頼と団結のおもいにみちて――第六回日本母親大会盛会裡におわる　2-4
宣言（要旨）　5
主婦の新聞『まど』と私たち――母親大会に勇気づけられて　日本銀行従組・『まど』編集部　4-5
母親大会のあゆみ――「泣く大会」から「行動する大会へ」　井手　文子　6
この友情で人間の輪を――親愛なる日本信託の仲間たちへ　七十七銀行従組・村上　祐子　7-8
することはたくさんある――ある婦人活動家の日記から　Y銀行従組・大木ひろ子　8-9
東京都民対等合併きまる　9
読書　たゆまぬ努力の必要を教える――如潜著『学習のしかた』　勧銀従組・野村　啓子　9
北から南から
経営者、はやくもけん制策――地銀連の賃上げへあの手、この手　10
三千円の賃上げ（二期分割）――時限ストでかちとる〔但馬〕　10
手形交換の時差出勤を銀行側が提案〔三井〕　10-11
〝三池支援〟にいいがかり――抗議して頭取から謝罪文とる〔大分従組〕　11
めずらしい〝銀行員選手〟――三井の飯島さんローマ・オリンピックへ　11
覆面座談会　どうなる？三池斗争――あつせん案をめぐる炭労臨時大会を傍聴して　12-15
炭労大会、山元で続行――あつせん案めぐり斗争態勢を検討　12-13
窓口　サンマ焼く母子　山川　肇　15
深い孤独とひどい生活苦――原水爆禁止世界大会被爆者協議会から　N銀行従組・おちあい　16-17
明日からの活動に確信――安保斗争の経験の上に立って損保・地銀連などの平和活動家会議　17
中国の貯蓄の増大と人民生活の充実　林　明　18-19
私たちのたのしい歌「三匹の蜂」（トレーン作曲）　(20)
原稿募集　(20)

第二二一号　一九六〇年九月一五日

トリアッティの言葉　(1)
魚釣り（＊写真）　(1)
〝繁栄〟と〝伝統〟のなかで――この眼で見たイギリス　栢野　晴夫　2-5

窓口　実りがいつぱい　山川　肇　5
賃金格差てつぱいは組合運動の体質改善で――外銀と日本側銀行青婦人有志の懇談会開く　6
職場に強い行動の主体を――安保斗争の成果と反省のなかから「外銀平和と民主主義を守る会」発足　7
この力が黙つちやアいない（＊漫画）　片寄みつぐ　7
北から南から
深夜に及ぶPR映写会――北陸銀行職組で実態調査　8
激化した〝まき返し攻勢〟――人事異動や綱紀粛正〔日本信託〕　8
地銀連加盟を確認〔日本信託銀行労組〕　8－9
オペレーター、タイピストに休憩時間を――東銀婦人部、人事部と懇談会　9
〝結婚退職〟の誓約書を撤回させる〔茨城相銀従組〕　9
京都に〝ひろばの会〟誕生　9
女流三人詩集――大理石グループで刊行　9
営業網の再編成へ動く金融機関――農林中金の駐在員廃止問題にみる　10－12
映画　日本の暗黒に激しい怒り――黒沢明監督「悪い奴ほどよく眠る」　11
〝ただの女の子〟だつた私が社会意識にめざめて〔富士従組『組合通信』より〕　長沢　慶子　13
地銀連の賃上げ斗争と経営者の出方　14－15
私たちのたのしい歌「俺たちゃ若者」〔くぼたさとし作詞・作曲〕　16
原稿募集　16

第二二二号　一九六〇年一〇月一日

パブロフ「青年への手紙」より　(1)
お遊び（＊写真）　(1)
「低姿勢」の中味――池田内閣の性格と政策　2－5
池田やカレーライス（＊漫画）　宮下　森　4
窓口　シンデレラその後　山川　肇　5
（＊替え歌）　5
しのぎをけずる最前線――得意先係の手記
ナンセンスな〝軍拡競争〟――これが本当のサービスか？　協和銀行従組・上田　進　6－7
老後の保障にならぬ？――きよ出制国民年金のカラクリ　7
読書
犬養道子著『世界のトップ・レディ』を読んで　日本勧銀従組・堀田　洋子　8
諫山博著『三井三池』　8
資本主義の濃汁――上野英信著『追われゆく坑夫たち』　8
自由化の悪影響　日経紙がスクープ――百万人以上が失業
国際収支は赤字・生産は縮小
こんな話が　天皇なみの接待騒ぎ――テンテコマイの東北　9
地銀野球大会〔東邦銀行従組『東邦』より〕　9
学習活動は野火の如く――第一回学習活動者全国集会に出席して　七十七銀行従組・鈴木　収　10－11

北から南から
地銀連の賃上げ斗争ヤマ場へ　相次いでスト権を確立
――千葉では経営者が分裂工作　12―13
山陰合同銀行の合理化計画　13
公庫労協の給与改訂交渉妥結　13
初任給（緑高）一二石のサンピン（日向興業従組『大地』
より）　13
映画　映画祭受賞の条件　P・J・C　14
美術　アトリエの中の絵　真野　直司　14
文学　おもしろい小説　鈍機呆底　15
スポーツ　大鵬ヅラをせよ　藪仁良美　15
質問箱　赤ちゃんの保育時間が欲しい
S銀行従組・斎藤　京子　16―17
「共有金」について〝思いつき〟のような感想――ある青
婦人部の集会を傍聴して　泉　谷　17
切りぬき帖　18―19
私たちのたのしい歌「おおカリーナの花が咲く」（ドナエ
フスキー作曲、関鑑子・井上頼豊訳詞）　20
原稿募集　20

第二二三号　一九六〇年一〇月一五日

李富春の言葉　(1)
梨畑の老人（＊写真）　(1)
ルポ　明日を信じて斗う千葉のなかま――学習の中で培わ
れた斗うエネルギー　志賀　寛子　2―5
窓口　同行二人　山川　肇　5
しのぎをけずる最前線――得意先係の手記
スクーターと共に三年――どうにもならぬこの現実と矛
盾　三井銀行従組・K　生　6
米艦の電話工事拒否全電通労組が決める　6
国鉄大量首切り案のねらい　広がるか〝四十才定年制〟
――自由化＝合理化政策の行方を示す　7
北から南から
労働条件改善を申入れる――三井従組時差出勤問題で　8
アメリカ銀行で一日四十五分の時間短縮　8
未組織金融労働者に呼びかける――青森・青和で　8―9
人手不足に不満が爆発――会社側と膝づめで懇談　浅草
松屋客食堂係　9
信用金庫で「給与診断カルテ」を準備　9
〝あなたは美貌をたねに卑怯なことを……〟――日本信
託労組支部長に怪文書　9
映画　痛烈な批判と風刺――チヤップリン・プロ「チヤッ
プリンの独裁者」　8
消費者物価はなぜ上がる――苦しくなつた家計簿　10―11
社会の矛盾に敗れた松本君――八百十万円持ち逃げ事件に
思う　12―13
斗いの相手は経営者　賃金問題の職場討議を深めよう――
外銀連傘下単組の婦人が懇談　13
読書　飯尾要著『暮しの科学』　13

学習サークルを作ろう　福岡銀行従組・あかつき・のぼる　14–15
人道上の重大問題――決裂した朝鮮人帰国協定延長交渉　15
私たちのたのしい歌「友よ忘るな」（A・ドスターリィ作
詩、K・マルチャーノフ作曲、合唱団白樺訳詩）　16
原稿募集　16

第二二四号　一九六〇年一一月一日

ベートーベン『手記』より　(1)
天高く（＊写真）　(1)
特集　この一票を生かすために――総選挙と銀行員の政治意識
アンケート　2–4
座談会
（三和銀行従組）浅原涼子／（富士銀行従組）上野典明
／（北陸銀行職組）西村京子／（日本信託銀行労組）三
浦英夫　5–7
しのぎをけずる最前線――得意先係の手記
労働者意識と企業意識の接点をどこに
北陸銀行職組・塚田　一郎　8–9
窓口　悪い奴ほどよく眠る　山川　肇　9
アジアに巣喰う暴力組織　9
北から南から
ぞくぞくと生まれた学習会――手さぐりの活動はこれで
克服〔日本信託〕　10
斗いの中で青婦人部連絡協議会が発足〔紀陽銀行従組〕　10
労働協約を一方的に解消――満票でストに突入〔東京信
用金庫従組〕　10
岩手銀行に第二組合が発生　10
地銀連賃上げ斗争状況一覧　11
浅沼さんの暗殺事件に思う
問題は政治のあり方――革新陣営も体質改善を
上原　専禄　12–13
職場の人たちの声
戦後の教育の責任ではない
協和銀行労組・牧　朝子　13–14
考えさせられる家庭教育のあり方
東海銀行職組・浦島　二郎　14
背後関係ないとは信じられない
日本信託労組・安部　キヨ　14
これでは安心して生活できない
NCB従組・渡辺まさ子　14–15
世論の甘さにも一因がある　S銀行従組・大家須万人　15
十七才の絶望――かくてファシズムの温床は培われる
松成　義衛　14–15
映画「黒いオルフェ」雑感　日本銀行・秋原　秀夫　16
新東宝ストこぼればなし　大蔵貢社長をめぐる〝怪談〟　16
演劇　新劇とビジネス・ガール　DON・Q　17
音楽　新しい音楽語法　水野　宜信　17
朝鮮帰国船クリリオン号を送る（えと文）
青森銀行労組・小倉みき子　18–19

全国の仲間がつづる喜びのうた…悲しみのうた——『銀行員の詩集』《第十集》発行さる　19
私たちのたのしい歌「偉大な君眠る」（ソヴエト）　20
原稿募集　20

第二二五号　一九六〇年一一月一五日

エヌ・エス・フルシチョフの言葉　(1)
焼芋をたべる子（＊写真）　(1)
ガッチリ共斗——地銀連東北地協の斗いを支えたもの　2—4
八十日の斗いが生んだ資産——やっと湧いた勝利感をかみしめながら　千葉銀行従組・藤本　豊　5—7
窓口　愛する　山川　肇　7
この一票を生かすために——総選挙と銀行員の政治意識 第二次集計結果　8—10
写真でみる自民党罪悪史　10—11
私たちと生理休暇——全損保安田火災支部の場合　安田火災・飯塚　綾子　10—11
チョット拝借あなたのお時間
謳歌したい青春時代　だがバラ色の夢はあえなく崩れて——（協和銀行労組）川口富枝さん・園田利子さん　12—13
全員に×印を——国民審査される八裁判官の横顔　13
山に祈る（＊詩）　原　邦彦　13
近代的マンモス・ビルのかげに——三井新本店の功罪　14—15
私たちのたのしい歌「タウベルトの子守歌」（ドイツ、諸園涼子作詞、タウベルト作曲）　16
原稿募集　16

第二二六号　一九六〇年一二月一日

ハリー・ポリットの言葉　(1)
初冬（＊写真）　(1)
共稼ぎ家庭の育児白書——働く母と子の結びつきをどうみるか　2—4
〝働く母の会〟へのご案内　4
一緒になれない新婚夫婦——みなさんの智恵を貸して下さい　荘内銀行従組・黒木　敏明　5—6
窓口　流れる　山川　肇　6
お知らせ　6
安保は生きていた——総選挙の結果と革新政党への期待　7—9
〝反共〟愛国を叩きこむ——自衛隊の新版・軍人勅諭　9
北から南から
労働協約改悪と不当人事異動——露骨な分裂策動と斗う岩手の仲間　10
労働強化反対斗争にとりくむ——就労後の千葉従組　10
支店長十一名を首切り——東京信用金庫従組全面ストに突入　10
女子行員を退職に追い込んだ「優秀支店長」（泉州銀行）　11
銀行側時差出勤の提案を撤回（北陸）　11
和歌山で金融労組協議会結成へ　11

安保破棄全面軍縮のうたごえを全国のすみずみに　11
しのぎをけずる最前線――得意先係の手記
表現の自由もなくいじけぬ努力でせいいっぱい　第一銀行従組・取井三之助　12-13
チョット拝借あなたのお時間
限られた余暇を合理的に　酒や麻雀も仲間作りの場――
（横浜銀行従組）坂田登君　12-13
ロッカー・ルーム
生活　文化と生活と斗いと　OH・SOH　14
映画「抵抗」と「スリ」　秋　14
風俗　機能の美しさ　牛久　太良　15
音楽　カンヅメ音楽の味　高科　幹夫　15
女性のための生活文化講座①　ことばと会話の魅力
笠置八千代　16-17
企業のワクを乗りこえて――学習と行動の中から　地銀連
統一賃上げ斗争の成果　18-19
私たちのたのしい歌「ウラルのぐみの木」（ピリペンコ作
詞、ロディギナ作曲、関鑑子訳詞）　20
原稿募集　20

第二二七号〈新年特別号〉　一九六一年一月一日

切り紙　金子　静枝　(1)
雪（＊詩）　毛　沢　東　(2)
座談会　ボクたちやかけ出し――銀行のなかのハイティーン
（千葉銀行従組）植草貞夫／（千葉銀行従組）加藤治一／（東海銀行職組）近藤悦子／（協和銀行労組）関根范子／（香港上海銀行従組）高久忠／（富士銀行従組）中森サチ子／（千葉銀行従組）日暮菊男／（北陸銀行職組）福田不二江／（日本信託銀行労組）柳沢哲郎　3-10
スター・インタビュー　仲代達矢さん　7
窓口　春のめでたさ　福江　篤吉　8
楽しいお正月料理　藤井伊都子　10
仲間の年賀状
（横浜従組）富岡恒雄／（大和従組）A子／（日銀従組）竹内和雄／青木繁男／（静岡従組）慈光寺崇浩／（第一従組）のざきせつこ／河村周三／（東海職組）倉持／（千葉従組）杉山晃／（日本信託労組）榎本光正／（山梨中央従組）岡猛　11
回顧と展望
大衆のエネルギーと支配階級の動揺――平和と民主主義と政策転換の展望　松成　義衛　12-13
対談　今年の世界はどう動くか　岡倉古志郎／山家和子　14-15
しかり、しこうして1960年…（え・文）
日銀従組・白野弁十郎　16-18
マカヌ・タネ　18
オニの眼　18
科学　火星人が地球にきた話――星に生物はいるか
金光不二夫　19
年のはじめに・職場から職場へ

市銀から　私達の歴史を創つていきたい　三和銀行従組・木村みづえ　20
地銀から　産業別労組へ一歩前進したい　静岡銀行従組・杉崎　実　20－21
損保から　金融労働者が共通の場で　全損保日動火災支部・川上礦二郎　21
相銀から　実践力のある労働者めざして　第一相互銀行従組・遠藤　安彦　21
アンケート　ことしの読書計画
（横浜）斉藤いづみ子／（三井）関口昭子／（神戸）K・N／（南都）砂野光生／（千葉）藤本豊／（千葉）佐々木義郎／（日銀）田川一雄／（富士）上野典明／（北陸）西村京子／（商中）岩井義照／（北陸）松岡勉／（日銀）里見一夫／（協和）小林稔昌　22－23
銀行員のお正月　24－25
希望がいっぱい　新しい祖国にて――朝鮮民主主義人民共和国へ帰つた日本人妻の手記　加古　昌枝　26－27
南鮮にも〝統一〟の機運高まる　27
新年随想　失敗の歴史をふり返ろう　大河内一男　27
職場のぞき　工場のような〝女の園〟――IBMパンチ室　28－29
チョット拝借あなたのお時間
勉強もついザツパクに　〝余暇産業〟はだれのもの――（神戸銀行従組）芦川実君　29
女性のための生活文化講座②　トップモードから働き着まで　今井田　勲　30－31
ときにはよろめき――斗いの中で育つていつた一女性の記録　32－33
サラリーメンズ・バラード　NCB従組・小熊　進　34
お年玉クイズ　35
あとがき　35
私たちのたのしい歌「正月つあんは」（鳥取わらべ唄、安倍盛編作曲）　36
原稿募集　36

第二二八号〈新年第二特集〉一九六一年一月一五日

正岡子規の言葉　(1)
処女地の征服（石膏）　ヴェ・ポリヤンツェフ　(1)
支援団オルグの日記――分裂の嵐に抗して斗いつづける岩手従組　(2)－4
岩手の冬の庭から――全国の仲間たちに訴える　岩手銀行従組・及川　和男　4
本誌創刊の頃の思い出――『ひろば』とともに生きてきた私　大和銀行従組・高橋　元滋　5
ルポルタージュ東京―1961　野口肇／宮下森（え）　6－7
初夢　7
1961年の課題――今年の金融労働者の動向　8－9
時評　だれにとつて〝黄金〟か――社会風俗60～61　OPQ　9
新春訪問　働くものの立場でよい映画を――大島渚監督・

小山明子さんの新家庭　10
お正月映画の異色作　11
1960年日本のうたごえ祭典に参加して
明るい明日を築くうたごえ　紀陽銀行従組・平松千鶴子　12
盛り上りとまじめさが欲しい　福岡銀行従組・松尾　武彦　12－13
（＊詩）　青森銀行労組・三上　孝夫　12
初参加の感激を心にだきしめて　N銀行従組・斎藤　京子　13
小説　奇妙な一家　畔柳二美／宇津木幸雄（え）　14－15
私たちのたのしい歌　「希望に明るく」（ソヴィエト、関鑑子作詞、M・ブランテル作曲）　16
原稿募集　16

第二二九号　一九六一年二月一日

バーナード・ショウの言葉　(1)
銀嶺の勇者たち（＊写真）　(1)
はたちの発言――成人の日を迎えて
もっと話しあいを　協和銀行労組・中屋　慶美　2－3
個性こそ人間の道　横浜銀行従組・小林　計夫　3
参政権を有意義に　北陸銀行職組・福田不二江　3
新しい未来のために　全損保興亜支部・加藤　隆史　4－5
窓口　もみくちゃの構造改革論　福江　篤吉　4
解説　合理化と耐乏強要に反撃――ベルギー・ストの背景　5
職場のぞき
エリート意識と矛盾と――残業に追いまくられる貸付係　6－7
消費構造の近代化とミンクコート（長期信用従組『あゆみ』）　山本　秀之　7
北から南から
屈従の鎖をたち切って――弘前相互銀行で組合結成　8
実力行使で分裂攻勢粉砕へ――第三組合成立で新局面に立つ岩手　8
無届残業が一三〇名も〔親和銀行従組〕　8－9
首切り、暴力、切崩しに抗して――長期の構えで反撃へ〔東京信用従組〕　9
つぎつぎに金融機関従組懇談会――山形で　9
アタマとカラダを大事にしよう（静岡銀行従組『かがりび』第一二五号）　9
チョット拝借あなたのお時間
家事と育児で精一杯　しかし組合活動は積極的に――（日本銀行従組）中原照子さん　10－11
書評　有馬敲散文集『炎の地方』　日銀従組・秋原　秀夫　10
アンケート　ことしの読書計画
（静岡）杉崎実／（青森）村本昭／（七十七）鈴木収　11
女性のための生活文化講座③　新聞、放送の見方、聴き方　佐藤　毅　12－13
おそるべき〝判決〟――〝解雇無効〟を却下された鈴木さん　外銀連・井　上　14－15
私たちのたのしい歌　「忠告」（イタリヤ民謡）　16

原稿募集　16

第二三〇号　一九六一年二月一五日

ゲーテの言葉　(1)
ロシアの泥人形（＊写真）　(1)
座談会　私たちの文化運動をどう進めるか――二つの会議での話し合いを中心に　2-6
ぬるま湯的活動スタイルの脱皮を　安保体制下の文化運動とは――第五回国民文化全国集会のイメージ　高田　佳利　4-5
窓口　ピラミッドはダレのもの　左　甚六　6
組合は文化政策をもて　職場の不満をどう組織するか――第一回地銀連文化活動者会議から　6
地平線と背景――職場の女流三人詩集『仲間とゆく』　村松　武司　7
北から南から
五百万人が参加する春季斗争――賃上げめざす金融関係労組のうごき　8
新島へオルグを派遣〔千葉従組〕　8
横浜従組Aチーム連覇――地銀連関信卓球大会　9
六〇％が旺盛な競争意識――泉州銀行従組で意識実態調査　9
地域で生活を守る会発足〔青森〕　9
春には一緒になれるA子さん夫妻――新婚夫婦別居問題その後　荘内銀行従組・黒木　敏明　9
雑草のようにたくましく――第8回地銀連関信地協青婦人代表者会議から　10
大きな視野にたってみんなで手を組もう――会議に出席して　横浜銀行従組・大橋芙佐子　10-11
斗いの路線を横に！――東北の仲間がみた関信の青婦人　東北青婦協事務局長・村上　康郎　10-11
チョット拝借あなたのお時間
なつかしい〝よき時代〟せめて娘は世間なみに――（三井銀行従組）大川達也さん　12
イギリス銀行労組も賃上げ要求　12
値上げムードの背景
その一　物価と賃金　金子　徳好　13-15
その二　物価上昇の根源　松成　義衛　15
お年玉クイズ当選者発表　16
原稿募集　16

第二三一号〈婦人特集〉一九六一年三月一日

クララ・ツェトキンの言葉　(1)
侵される婦人の権利――合理化される職場のかげに　2-4
窓口　白刃におびえる言論　福江　篤吉　4
ことしの国際婦人デーと婦人月間　4
主婦労働に対する評価をめぐって――働く婦人と家庭婦人は手を結ぼう　足立喜美子　5-7

動きだした〝お母さん活動家〟——子供も参加する婦人集会〔青森銀行労組〕　小倉　みき　8–9
安心して預けられる保育所を——ママさんＢ・Ｇのねがい　8–9
この目で見たイギリスの働く婦人　島田とみ子　10–11
接遇者訓練への提案　副産物こそ管理者の狙い——私たちはそれにどう対処すべきか　落合ゆり子／深山嶺子　12–13
読書　13
正しさを見失なわずに——分裂政策と斗う婦人たち　岩手などの経験から　14–15
映画〝真実〟が生み出す迫力——山本薩夫監督「松川事件」　15
賃金格差とモラール低下の悪循環——女子行員不満の底流　武田　尚志　16–17
全損保における婦人労働者の状態と斗い　大蔵　良充　18–19
私たちのたのしい歌「ふりそそげ春の陽」〔新宿合唱団作詞、関忠亮作曲〕　20
原稿募集　20

第二三二号　一九六一年三月一五日

ディドロの言葉　(1)
〝銀行斜陽論〟の背景——公社債投信と銀行　2–5
窓口　昨年の映画から　左　甚六　4
時の問題　農業基本法案の狙いと斗い——合理化の〝農業版〟独占奉仕の低賃金政策　5
世にも不思議な人種の話——ある支店長の労務管理　武田　尚志　6
読書　複眼の記録性——詩集『仲間とゆく』を読んで　有馬　敲　7
お知らせ　『銀行労働調査時報』『ひろば』の頒布実費改訂について　銀行労働研究会　7
北から南から
正副委員長の非組合員化狙う——組合はただちに拒否〔日本信託〕　8
女子の方が多い実働時間——北陸・石川支部で「労働白書」　8
山形に金融機関従組懇談会が生れる　8–9
二〇％引上げ（旧中卒定年者）に成功——市銀連の退職金斗争終る　8
青森県八戸地区で医療金融共斗会議　9
失業と貧乏なくす大行進——千葉銀行従組も参加　9
映画　国境越える人類愛——フランス映画「ラインの仮橋」　9
女性のための生活文化講座④　美と健康　石垣　純二　10–11
荘内の新婚夫婦別居問題に思う　青森銀行労組・O　子　12–13
私たちが作る8ミリ劇映画〔横浜銀行従組〕　13
男女差は家族手当だけ——年令別最低保障給をかちとつたアメリカ銀行従組　外銀連・井　上　14–15
私たちのたのしい歌「すずらん」〔ロシヤ民謡、矢沢保編曲〕　16

原稿募集　16

第二三三号　一九六一年四月一日

マルクスの言葉　(1)
水ぬるむ（＊写真）　(1)
四月の憂うつ――〝メリット〟が職場にもたらすもの　2-7
月給袋（一九五七年版『銀行員の詩集』より）　石垣　りん　3
窓口　対日援助は誰の債務か　福江　篤吉　5
思いつくまま　中労委の〝中立性〟ということ――聞き逃がせぬ一事務局員のことば　泉　谷　6
読書　岩尾裕純編『日本のビッグ・ビジネス』／総評が『新週刊』発行　7
チョット拝借あなたのお時間
組合活動と学習と　タイプはちがうが溢れる若さ――（千葉銀行従組）二本柳恵美子さん・石川たつ子さん　8-9
映画　〝どん底〟の世界の哀歓を描く――中川信夫監督の「かあちゃん」　8
婦人の解放は全人類の幸福につながる――国際婦人デーひらく　9
北から南から
千葉興銀で組合結成――刺激になった千葉銀行争議　10
警察の依頼で出勤状況を調査〔七十七〕　10
〝生休は欠勤扱い〟と通達――静岡で生休獲得運動に干渉　10
波状ストで団交再開――支援共斗態勢すすむ〔岩手従組〕　11
ダイリサンがゴロゴロ誕生〔紀陽〕　11
スッテンコロコロになつた次長さん（大分銀行従組「法対ニュース」）　11
ストライキとネトライキ――東京信用金庫の争議から　地銀連・佐藤　御弦　12-13
生理休暇から時間短縮まで――前進する全損保の完全休養斗争　14-15
時の問題　公労協の〝半日スト〟――大資本本位の経営にメス　賃上げと値上げ反対は一致する　15
切りぬき帖　16-17
〝新島〟紛糾の真因――ミサイル基地反対オルグ団の一員として　千葉銀行従組・川名　健史　18-19
私たちのたのしい歌　「三羽のカラス」（関忠亮作詩）　20
原稿募集　20

第二三四号　一九六一年四月一五日

古在由重『思想とはなにか』より　(1)
春らんまん（＊写真）　(1)
作られたブームのかげに――サラリーマンと余暇　2-5
窓口　古い論文と平和　左　甚六　5
人権侵害のおそれも――協和銀行で就業規則の大巾改悪　6-7
ＧＩブルース（＊漫画）　甲野　亜紀　6
斗いの中から　東京信用金庫従組・森島　雅子　7

掲示板　金融メーデー前夜祭／金融機関労組婦人交流集会　7
北から南から
ファンド七%、四月実施の回答――市銀連回答のつきあ
げをめざす　8
七組合が連帯スト権確立〔地銀東北地協〕　8
岩手の第二、第三組合合併　8
社員会を組合結成大会へ――船橋信用金庫で組合結成　8-9
戦後最高の大量定期異動〔七十七従組〕　9
組合無視の役席アパート購入〔日本信託〕　9
一枚の紙片のために私達は働かされた――なかまの証言
（静岡従組『炬火』より）　9
読者のルポルタージュ
〝脱皮〟へ意欲燃やす若手――新東宝撮影所アベック見学
（協和銀行）Ｋ生／（日本興業銀行）Ｍ子　(10)
映画とテレビドラマ　秋　11
映画　帝国主義と労働者階級の斗い――東独の記録映画
「汝多くの戦友たち」　11
大学の先生といわれて一年　野田　正穂　12-13
みんなの科学　週末には貧血症状に――働く女性の健康　13
ながすぎた冬よさようなら――秋田本金デパートの組合づ
くり　全損保秋田地協・斉藤　諄　14-15
私たちのたのしい歌「雲雀」（オランダ民謡、小野竹三郎
作詞、清水脩作曲）　16
原稿募集　16

第二三五号　一九六一年五月一日

チャップリンの言葉　(1)
メーデー（＊写真）　(1)
戦後メーデー物語　風かおる五月の歌ごえ　2-5
窓口　組合書記論　福江　篤吉　5
銀行版寮生哀歌――デラックスな設備のなかの憂うつ　Ｓ　6-7
読者のルポルタージュ
〝日本中が私の劇場〟――十周年を迎えた新制作座
第一銀行従組・大西由夫ほか　8-9
学習テキスト紹介　賃金　9
北から南から
修正回答で総決起大会延期――市銀連定例給与改善斗争
ヤマ場へ　10
労基法違反で摘発される〔福岡〕　10
（＊東京信用金庫従組の斗い）　11
金をかける新入行員教育〔千葉〕　11
デラックス時代の忘れもの（紀陽銀行従組『組合通信』）
福山　和宏　10
二十人に春を！――あなたの職場にも松川守る会を！
日本信託・諸井　克夫　11
ロッカー・ルーム
テレビ　伝統芸術と大衆化　Ｈ　12
組合　組合の教育技術　佳　12

時の問題　自衛隊をミサイル化　ねらいは〝国民弾圧部隊〟
——国会に提出された「防衛第二法案」 13
企業内斗争はもう限界——金融機関労組婦人交流集会開く 13
女性のための生活文化講座⑤　映画の見方　佐藤　忠男 14-15
切りぬき帖 16-17
むしりとられる〝権利〟——朝日生命で既婚者を大量配転 18-19
〝残業はいたしておりません〟（＊漫画）　Ｋōｎｏ 19
私たちのたのしい歌「トンピリピ」 20
原稿募集 20

第二三六号　一九六一年五月一五日

H・リードの言葉 (1)
ぼくらの春（＊写真） (1)
あすを支える婦人のあしおと——はたらく婦人の三つの集会
から
斗いの場を地域に——年ごとに充実するはたらく婦人の
中央集会 2-3
最賃制の獲得なしに大巾賃上げは不可能（賃金）
七十七銀行従組・遠藤美津子 3-4
労働時間の短縮と労働密度の軽減がまず先決（職業病）
全損保東海支部・渡辺満里子 4-5
金融労働者は手を結ぼう　婦人の集いを全国各地で——
青山全銀総連会館で金融機関婦人交流集会開く 5-7
婦人の横断的組織を　労働婦人はその中核となろう——
全損保第三回婦人活動者会議から 4-5
窓口　日本よりもひどい　左　甚六 7
読者のインタビュー〝有難や節〟はまつぴら——マス・
コミに追われるダーク・ダックス
全損保日動支部・榎本　宏司 (8)-9
「天皇制」の危険性——憲法記念日に思う　星野安三郎 9
北から南から
組織防衛斗争新段階へ——銀行ドタン場であっせん案受
諾（岩手） 10
〝職場秩序破かい〟で本店支部長を処分（日本信託銀行） 10
妊娠六カ月の婦人に転勤命令（親和銀行） 10-11
〝魂〟の補導「新入行員補導制度」——組合の反撃で一
応撤回（七十七） 11
映画　正体不明の主人公——黒沢明監督「用心棒」 11
太陽っ子（＊詩）　日本銀行従組・里見　一夫 12-13
共有林からのしめ出しに反対してたちあがつた農民たち
——中沢郷を訪ねて　岩手銀行従組・小山　勝 12-13
暴落したケネディ株——キューバの反革命とその失敗　世
界の力関係の変化示す 14-15
学習テキスト紹介　構造改革 15
私たちのたのしい歌「モスクワ郊外の夕べ」（マトソフス
キー作詩、ソロヴィヨフ・セドイ作曲、白樺合唱団訳
詩） 16
原稿募集 16

第二三七号〈新組合員読本〉　一九六一年六月一日

金融の「二重構造」——戦中・戦後のあゆみをとおして　松成　義衛　2–5
窓口　作家・重役・サラリーマン　福江　篤吉　5
銀行組合のスケッチ——その歴史、組織と労働条件　(6)–9
サークルへの招待
　夢と希望と笑いと——日本開発銀行の人形劇部　高倉　明子　8–9
　未来に希望と自信をもつて——千葉銀行の学習サークル　逆井　清　13
　〝何か〟を失わないために——横浜銀行の文学サークル　山川　彰　18
　誰とでも仲よしになれる——新丸ビルの屋上コーラス　協和銀行・伊神　恭子　19
　限りなき美への探求——三井銀行の生花サークル　横山富美世　20
組合民主主義と権利擁護のたたかい　10–13
座談会　ぼくら銀行員——働くよろこび・悩みを語る　14–15
あなたは「飼育」される——はりめぐらされたH・Rと教育訓練のクモの巣　16–19
あとがき　20
原稿募集　20

第二三八号　一九六一年六月一五日

モンテーニュの言葉　(1)
サルとうさぎ（＊写真）　(1)
この成果をもとに——市銀連の定例給与改善斗争終る　2–5
窓口　轢かれたリスたちの風景　左　甚六　4
企業格差拡大の傾向——全生保春季賃上げ斗争の問題点　5
歌は世につれ　ボーイ・ハント（＊漫画）　甲野　亜紀　5
男女差なしの年令別最低保償賃金——外銀連統一賃上げ斗争の成果　外銀連・井　上　6–7
トピック　赤い国のは動物もこわい　7
北から南から
　生命脅すいやがらせ異動——妊娠八カ月で転勤させる〔七十七銀行〕　8
　一日一時間の育児時間獲得〔青森〕　8
　新入行員に珠算試験を強制——組合の申入れで第二次試験で中止〔福岡〕　8–9
　ツラ当て昇給、任用試験——千葉銀行でまき返し攻勢　9
映画　タリアビーニの歌——独・伊共同作品「忘れな草」　9
斗い抜いた二百日——東京信用金庫の斗争をふりかえつて　大神田武行　(10)–11
政治暴力防止法を紛砕しよう
　軍国主義復活のテコ——「政治暴力防止法」の政治的本質　平野義太郎　12–13

政暴法への怒り
治維法の苦い経験　岸　輝子　12
安保斗争以上の力で　日高　六郎　12
軍国主義への一里塚　櫛田　ふき　12
統一戦線で阻止へ　岡田　春夫　12
劇評　人形劇の無限性――ひとみ座の「マクベス」から
日本信託銀行・井越　基生　13
斗い支えた地域共斗――「岩手を守る会」全国代表者会議
から　14-15
私たちのたのしい歌「別れの曲」（堀内敬三訳詞、ショパ
ン作曲）　16
原稿募集　16

第二三九号　一九六一年七月一日

レオナルド・ダヴィンチの言葉　(1)
涼風にのつて（＊写真）　(1)
しのびよるファシズム　2-5
日本人民の重大な勝利の一つ――中国・新華社論評　4
窓口　国際収支と高成長の曲り角　福江　篤吉　5
テコ入れされるマス・コミ――知らぬは読者ばかりなり？
原　寿雄　6-7
読者のインタビュー　生活は平凡芸術は非凡に――もと銀
行員のママさん作家・草部さん
三井銀行従組・小松　光子　(8)
躍進する都市人民公社――家事から解放された婦人すべて
を社会主義へ　藤村　勝己　9
トピック　中国の子どもの日　9
北から南から
正副委員長を解雇――組合に対する不当介入は許さない
〔日本信託〕　10
二畳に親子三人ではたまらない――千葉・東総地区で傭
員懇談会　10
共斗体制を強めよう――第二回大会で活動方針を決定
〔和歌山全金融〕　10-11
松山市でも市内金融労組懇談会開く　11
〝役席は冷遇されている〟？――一方的〝役手〟支給に
反対しスト権を集約〔青和〕　11
全金融婦人交流集会のお知らせ　11
〝五井さん〟を追って――補償金獲得合戦と銀行労働者
千葉銀行従組・田中雅康／小出隆行　12-14
書評　カッパブックスとしては異色――塩田庄兵衛著『労
働組合入門』　武田　尚志　14
日本は非行少年のデパート――原因は政治の堕落　児童憲
章は泣いている　清水　慶子　15
切りぬき帖　16-17
胎動する銀行合併――自由化と高成長のえがく波紋
松成　義衛　18-19
私たちのたのしい歌「北上夜曲」（菊地規作詞、安藤睦夫
作曲、ダークダックス編曲）　20

原稿募集 20

第二四〇号 一九六一年七月一五日

サン・ジュストの言葉 (1)
子供らに生ワクを（＊写真） (1)
政府を動かした母親のエネルギー――小児マヒは撲滅できる 2-6
銀行員も署名運動に参加――政府や役所には任せておけない 日銀熊本支店・田川 一雄 4-5
生ワクチン接種で根絶を――ソ連だけが大量生産 5
窓口 フイクションと真実 左 甚六 6
新刊紹介 6
読者のルポルタージュ
自衛隊基地拡張に反対する「美保」の表情 山陰合同銀行従組・富永禎郎／田中邦枝 7-9
美保基地問題年譜 9
〝反共体制の強化〟――日米会談 中国・ソ連の反響 9
北から南から
金融共斗の旗はすすむ――北から南から平和大行進はじまる 10
正金相互でまたも露骨な組織攻撃 10
祝労組結成記念貯蓄増強運動――反対押し切つて一方的に実施〔弘前相互〕 10
組合のポスターは外部に工合悪い――秋田銀行で掲示場に干渉 11
労基法違反が職場に横行〔大分銀行〕 11
〝第二組合論〟の新入行員教育〔岩手〕 11
すりへらされている私たちの神経（広島銀行従組『雄叫』より） H 生 11
むき出しの階級的挑戦――日本信託の不当弾圧とその背景 12-13
前進した統一斗争の思想――富士銀行従組京浜支部の組合学校から 富士銀行従組・吉川 滋彦 14-15
八月八日「全員無罪」へ――松川事件の判決近づく 15
国民の皆さんへ 杉浦 三郎 15
私たちのたのしい歌 「ストドラ パンパ」（チェコ民謡、矢沢保編曲） 16
原稿募集 16

第二四一号〈平和特集〉 一九六一年八月一日

エラスムスの言葉 (1)
（＊写真・原水爆禁止国民平和大行進） (1)
座談会 労働組合と平和運動 2-7
詩 つないでいこう網の目を 谷 敬 5
窓口 「二重構造」は解消するか 福江 篤吉 6
真実はかならず勝利する――第七回原水爆禁止世界大会の課題 安井 郁 7
金融共斗の旗はすすむ
五色のテープに湧きおこる拍手――和歌山全金融から一

五〇名が参加
軍備全廃をめざし金融共斗として参加　紀陽従組・阪中　伊作　8
福岡従組・今定　正　8－9
警官の高姿勢と低姿勢　金子　徳好　9
北から南から
酒肴料は出すが枠拡大はダメ――賃上げ臨給斗争で組織攻撃〔福岡銀行〕　10
岩手でも露骨な差別昇給　10
金融共斗の波ひろがる――各地で懇談会結成　10－11
「批判」派代議員総退場――総会で斗いの意志結集〔日本信託労組〕　11
映画　貧しさにめげぬ青春社会ドラマ――若杉光夫監督「大人と子供のあいの子だい」　11
経営者のまきかえし攻勢――定期昇給の点検斗争から　千葉銀行従組・藤本　豊　12－15
読者のルポルタージュ
この人がなぜ死刑に？――最終判決ひかえた松川被告の佐藤一さん　日本信託銀行労組・佐藤　節子　14－15
会員の無罪判決をかちとろう　15
切りぬき帖　16－17
〝わしたちの正しさは歴史が証明する〟――新島斗争現地報告　前田登／吉川一子／三浦英夫　18－20
原稿募集　20

第二四二号　一九六一年八月一五日

太宰治の言葉　(1)
水浴び（＊写真）　(1)
さいきんの学習活動――岩手従組と千葉従組の二つの例から
風の中でも若木は育つ――岩手従組一関分会と地域の学習会　泉谷　甫　2－4
〝停滞〟をどう打ち破るか――転機に立つ千葉従組の学習活動　加瀬　忠一　4－7
窓口　八・一五記念文集について　左　甚六　7
仙台市で学習協議会結成のうごき　7
北から南から
金融共斗の波ひろがる（続）――秋田・青森・宮崎・延岡で共斗会議発足　8
有料万年筆を押しつける〔東邦銀行〕　8－9
捜査上の参考と組合の動静さぐる――七十七従組で警官のスパイ工作バクロ　9
からだで民衆の声を感じる――平和大行進に参加して　東北銀行労組・浅沼　大生　8－9
サロンパスの大流行――パンチャーの〝職業病〟とその対策　全損保本部・岸　昭三　10－12
影響を与えた賃上げの成果――チエースマンハッタン大阪支店で組合結成　外銀連・井　上　13
文化短信

ソ連の民謡アンサンブル八月に来日・公演／海を渡る〝うたごえ〟代表二十七人が中国へ／映画を作る先生たち生徒の作文集を原作に 13
〝統制違反者を説得するのは当然〟――「不当逮捕事件」一審判決で無罪勝ちとる〔長崎相互従組〕
全相銀連書記長・野口　豊 14－15
平和のための珊瑚海週間を 15
私たちのたのしい歌「僕の山仲間」（スイス民謡、矢沢保編曲） 16
原稿募集 16

第二四三号　一九六一年九月一五日

広津和郎の言葉 (1)
勝利の歓声（＊写真） (1)
〝真実〟は勝利した
正義を求めて十二年――明らかにされた松川事件の本質
後藤昌次郎 2－5
勝利の瞬間を自分の手に――松川判決を傍聴して
青森銀行労組・村本　昭 4－5
各地で祝賀集会――仙台では六千人の全国大集会 5
上告阻止、真犯人追求へ――全国金融労組松川経験交流集会で決議
地銀連東北地協事務局長・田中　敏夫 6－7
無罪判決の勝利を喜ぶ各界の声
広津和郎／松本清張／三宅艶子／千田是也／佐多稲子 6
職場の人たちの声
（日本信託労組）簑口ふみ代／（東海銀行）I子／（富士銀行）上野典明／（北陸銀行）毛利文子 7－8
全世界に厚くお礼（被告団声明）／平和と民主主義の勝利（総評・松対協共同声明） 7
窓口　〝危機感〟の危険性　福江　篤吉 8
時の問題　大巾賃上げの足がかり――公務員労働者の斗いと人事院勧告の意義 9
トピック　ベルリン危機と日本映画 9
北から南から
よくわかつた合理化の本質　活動の点検をしてまた来年も――地銀連第二回婦人集会 10
青婦役員の不当転勤に徹夜交渉〔日向興銀〕 10
開きんシャツ禁止令を撤回さす〔秋田銀行〕 10
総評大会で日本信託の支援決議 11
横浜、山形で金融共斗発足 11
第四銀行で提案制度実施 11
住友銀行で時差出勤試行 11
暑いトルコ風呂のような部屋の中で〔神戸銀行従組青婦部『しぶき』〕　M・K生 11
確信と情熱を持つて統一斗争の準備を――拡大金融労組懇談会を開催 12－13
ナイフの効用――銀行員詩人の著書について
京都銀行従組・有馬　敲 12－13
密着した連帯感の上に――三単組合同の組合学校が成功す

るまで　青森銀行労組・斎藤　輝夫　14－15
切りぬき帖　16－17
K子さんへの手紙　統一斗争の前進のために（覚書）
富士銀行従組・吉川　滋彦　18－19
解説〝共産党排除〟を否定――右寄りと言われる総評大会　19
私たちのたのしい歌「山のロザリア」（矢沢保編曲）　20
原稿募集　20

第二四四号　一九六一年九月一五日

大山郁夫の言葉　(1)
働く母親たちの保育所づくり――第七回日本母親大会から　2－4
四年ごしの要求とおる　酒田市に市営の乳幼児保育所――
みのつた「働く婦人懇談会」の活動　4－6
『ひろば』の皆さんへ　荘内銀行従組・斎藤　陽子　5
窓口　サークル論の組みたて方序説　左　甚六　6
第2回学習活動全国集会　九月二十二～二十四日　6
社会主義がいっぱい――ソ連商工業見本市のぞ記　7
北から南から
週四五時間以上働くまい――地銀連で時間短縮の統一斗争　8
鹿児島従組で時間外協定を守る運動　8
生理休暇制度化のアンケート〔静岡〕　8
菅原、村本両氏を世界労組大会代表に推せん〔地銀連〕　8
来春の統一斗争への先制攻撃――福岡銀行で大量の不当
転勤強行　9
岩手、新潟で金融共斗への胎動　9
映画　競技で描く若人の姿「ローマ・オリムピック196
0」（イタリア）　9
原水爆禁止世界大会に出席して
鳥海喬／柳沢健／福富喜栄子　10－11
女性の結婚退職はなぜ多い？――私たちが行ったアンケー
トから　全損保日動支部・小沼　百枝　12－13
家計の赤字と国際収支――池田さん〝三度目の失敗〟　13
微笑の接近――ある女性の出来ごとから（横浜銀行従組機
関紙『灯架』より）　潮　由一　14－15
私たちのたのしい歌「マリアーナ」（ホルヴァチァ民謡、
小野光子訳詞）　16
原稿募集　16

第二四五号　一九六一年一〇月一日

バートランド・ラッセルの言葉　(1)
初秋（＊写真）　(1)
国際的危機と核実験の再開　鶴田三千夫　2－5
窓口　物価は抑えられないか　福江　篤吉　5
エス・ピーのインストラクターとなつて
O銀行従組・絹原　一夫　6－7
人員増加の大半は外部活動へ　7
アンケートにみる賃上げへの関心――地銀連の賃上げに関
する調査から　地銀連・佐藤　御弦　8

身売りはゴメンだ——日赤東根の閉鎖に地域共斗で反対　9
映画　人間の愛憎のすがたを描く——木下恵介監督の「永遠の人」　9
北から南から
賃上げの職場討議を——第三回金融婦人交流集会で確認　10
単組本部の自主性を尊重——金融労組懇談会と市銀連　10
文化活動をどう発展させるか〔静銀従組〕　10
「政暴法」粉砕の共斗体制を固めよう——地銀連東北地協幹事会で確認　10-11
幹部まかせはやめよう——和歌山全金融の青婦人役員有志が話し合い　11
全相銀連に婦人懇談会が発足　尾形　11
住宅手当二千円増を要求〔富士従組〕　11
そごう〔全百連〕で「つわり休暇」獲得——全百連中央委でも母体保護要求を採択　11
時間短縮斗争の歴史　松尾　洋　12-14
時間外労働はふえている　14
職場随想〔紀陽従組『組合文化』より〕
ある休日　妙寺分会・奥田　栄造　15
孫にひきまわされる母　総務第一・榎本　弘子　15
切りぬき帖　16-17
資料　はたらく婦人の白書——労働省婦人少年局『婦人労働の実情』より抜粋　18-19
私たちのたのしい歌「祭の日」〔スイス民謡、黒沢敬一作詞〕　20
原稿募集　20

第二四六号　一九六一年一〇月一五日

J・D・バナールの言葉　(1)
みのりの秋〔＊写真〕　(1)
赤信号の求人戦線　2-5
窓口　忘れましたと知りません　左　甚六　5
小児マヒの恐怖から町民を救う　全国で最初に生ワク投与——日本のチベットで活躍する二人の岩手組合員　6-7
問題まきおこす教育訓練——中には〝不当労働講座〟かんづめ講習も　7
北から南から
金融共斗の組織化すすむ——共斗〔懇談会〕事務局も正式に発足　8
地銀連西部地協青婦で統一学習日　8
三、五八六円、二期分割で妥結〔鳥取〕　8
労基法違反で摘発される——都内市銀約五十店で　8
休憩時間中の外出も許可制——一方的に就業規則を改悪〔東京信用金庫〕　9
圧倒的多数が金融共斗支持〔全生保〕　9
私達は企業の奴隷ではありません〔静岡銀行従組『かがりび』〕　9
アカの幽霊・夜明け前の闇——第2回学習活動者全国集会に出席して　紀陽銀行従組・林口　幸雄　10

地についた学習活動　実践から教訓引き出す――第二回学
習活動者全国集会　10―11
化粧品もぞくぞく値上げ――実質で6割以上も　11
〝私はうつむいて歩かない〟――職場に生まれた8ミリ劇
映画プロ　横浜銀行従組・服部　和男　12―14
文化時評　新聞週間のねらいは？――真実の報道を妨げる
新聞経営者　14
〝思想統制〟はもうたくさん　丸岡　秀子　15
私たちのたのしい歌「山の花」（スイス民謡）　16
原稿募集　16

第二四七号　一九六一年一一月一日

ホー・チ・ミンの言葉　(1)
フォークダンス（＊写真）　(1)
新生面を開いた臨給斗争――共斗の力で千葉・千葉興銀要
求を貫徹　2―6
臨給と安定賃金（一）（二）　泉　3・4
窓口　武鉄事件をどうみる　福江　篤吉　5
労働者的立場から見直そう――臨給の支給回数について
泉　6
分裂工作にめげず不当解雇と斗う日本信託の仲間　7
コントコーナー　7
さざなみは怒濤となって――巨大資本揺がす西武運賃値上
げ反対運動　大石真也子　(8)―9
北から南から
政暴法の粉砕へ――相次いでスト権確立〔東北地銀〕　10
静岡で生休を制度化――有給一日　長年の念願はたす　10
第四で産休問題専門委員会を設置　10―11
扶桑相銀で組合結成――要求もほとんどかちとる　10
徳島郡部店舗の三時閉扉は来年初め？　11
貸付の督促から肥汲みの手配まで――〝たった三人の店〟
から訴える〔山陰合同〕　11
生活
妻として共稼ぎの生活から　千葉銀行従組・広瀬はる子　12
幸福の波紋――生活についての一つの考え　笠置八千代　12―13
文化短信
現代史ブーム／〝夜と霧〟公開／地名にも復古調／ピカ
ソ展　13
調査会のねらいは？――政暴法のつぎは憲法改悪　14―15
炭労の政策転換斗争――石炭危機　根本は政治のゆがみ　15
切りぬき帖　16―17
不満は多いのだけれど――あなたが本当に思っていること
は？　18―19
私たちのたのしい歌「小さな靴屋さん」（シャンソン）　20
原稿募集　20

第二四八号　一九六一年一一月一五日

戸坂潤の言葉　(1)

晩秋（＊写真） (1)

〝あか〟攻撃の射程距離――金融機関におけるその実態と背景 2-6

全相銀連に婦人懇談会発足――当面の課題は学習と交流

○ 4

立上る銀行マン――ブラジルで大規模なスト 5

窓口　犬のラブ・レターを分析する　左　甚六 6

映画「世界大戦争」をどうみるか　製作態度は前向き――描き方に問題はあるが 7

映画　もののあわれを描いた小津安二郎監督「小早川家の秋」 7

北から南から

アカ攻撃に歩調そろえて――七十七従組で第二組合旗上げ 8

こんどは協約改悪を提示〔羽後銀行〕 8

大会決定の反故化を策す――地銀連加盟に執ような攻撃〔北海道銀行〕 9

統一交渉を認めさせる――外銀連の退職金共斗 9

金融共斗のうごき　山陰全金融発足／鹿児島全金融も／未組織・未加盟へ働きかける 8

門司支店閉鎖雑感（東銀従組『進路』より）　布川　澄男 9

一本のワラが百倍の縄に――小店舗のとらえ方と人間関係　北陸銀行職組・新木　敏久 10-11

職場随想　合理化との斗いはまず権利意識から　協和銀行労組・中屋　慶美 10-11

着実にすすむ時間短縮の斗い 12-15

時評　憲法改正・核武装賛成へ――露骨なマスコミ内の反動化　原　寿雄 15

私たちのたのしい歌「恋はやさし野辺の花よ」（スッペ作曲） 16

原稿募集 16

第二四九号　一九六一年一二月一日

魯迅の言葉 (1)

冬を待つ山々（＊写真） (1)

よみがえる金融労働者の連帯――大巾賃上げめざし職場からの再結集すすむ 2-5

窓口　日韓会談の黒い影　福江　篤吉 5

妻として・母として・職業婦人として――電話交換ひとすじに過した四十一年の思い出　斎藤　モト 6-7

北から南から

共斗分裂狙う経営者の陰謀――日本信託労組に第二組合が発生 8

紀陽中斗がソ連核実験に対し態度を表明 8-9

賃金の統一学習に取組む北陸の仲間 9

スライドを使って目と耳から学習〔東北労組〕 9

百名の実行委員と四百名の出演者――文化祭に結集したエネルギーを賃上げへ〔第四従組〕　地銀連中執・桑島 9

金融共斗のうごき　盛岡金融労懇で大ダンスパーティー／金融共斗青婦人活動者会議開く／大阪で市銀に一斉ビラ

入れ　8
炭鉱労働者の二つの路線——石炭政策転換斗争をめぐつて　高島喜久男　10－13
一年に53億人が見る躍進する中国映画界の近況　13
12月15日号は新年号に合併します／原稿募集　13
平和擁護と労働者の統一のために——近づく第五回世界労組大会　14－15
大会に参加するにあたつて　地銀連東北地協議長・菅原　昭三　14
カゼにこんな飲物を／師走の生活準備　15
私たちのたのしい歌「ウォルシングマテイルダ」（オーストラリア民謡、音羽たかし訳詩）　16
原稿募集　16

第二五〇号〈新年特別号〉一九六二年一月一日

映画「未来につながる子ら」より（＊写真）　(2)
大きな石（＊詩）（映画「未来につながる子ら」より）　(2)
賀正　トラ談義——トラと日本・トラことば・語源学　3
約束された人類の正夢——1980年からの手紙　4－11
二〇年後の衣食住　落合さゆ子　7
二〇年さきの文学　L　8
詩の時代への想像　安岐　真砂　10
1961年をかえりみて　田沼　肇　12－15
窓口　未来についてのメッセージ　左　甚六　15
仲間の年賀状
（日銀従組）田川一雄／（三菱従組）沢村みや／（勧銀従組）公文正躬／（協和労組）原邦彦／（第一従組）鳥井英司／（三和従組）中村智恵子／（富士従組）上野典明／（山陰合同従組）山野勇／（荘内従組）吉田まさ子／（三和従組）新司宏／（農林中金従組）石川利夫／（千葉従組）佐山修子／（静銀従組）佐々木陽子／（日銀従組）MO生／（勧銀従組）昆とし子／（三和従組）伊久正　16－17
文は人なり——1961年のベストセラーから　山川　肇　18－19
年のはじめに・仲間から仲間へ
市銀から　共斗への参加を希望しつつ　日本勧銀従組・北見　啓子　(20)
生保から　「コンニチワ、金融共斗ですが」　朝日生命従組・千坂　雅子　(20)－21
地銀から　固く腕を組み堂々と斗おう　千葉興銀従組・宮崎　幸雄　21
特銀から　〝孤児〟でなくなる日はもう近い　農林中金従組・御園　晴子　21－22
損保から　勇気と創造力を持つて進もう　全損保東京地協・小林　武夫　(22)
信金から　私たちの未来は私たちの手で!!　東武信用労組・石井かづはる　(22)－23
相銀から　広い視野と正しい判断力を　東京相互従組・伊崎　忠夫　23

『ひろば』読者の予想　ことしはどうなる?――国際政治からプロ野球まで　24－25
ルポルタージュ　コンビナートのかげに――裏切られた農市民　独占資本の横暴に泣く〔鶴崎／堺／五井〕　26－28
新春スター・インタビュー　異国で知る日本のよさ――主人は労組の委員長　岸恵子さん　28
童話　宇宙パトロール　安岐　真砂　29
「修子の日記」から（1）――生命の力を詩いたい
千葉銀行従組・佐川　修子　30－31
ムリせず、気長に――日記のつけ方　30
二〇年後の衣生活　名取　栄子　31
松川事件の真犯人を追って　福永　哲也　32－33
新年随想　北京からみた日本　西園寺公一　33
金庫の民主化は女性の定年延長から――農林中金従組における女子定年延長の斗い　34－35
公認のヤジ係もいる〝討論会形式〟の組合学校――協和労組の東京支部　泉谷　甫　35
私たちのたのしい歌「築けわれらの世界」（時田昌利作詩、鵜沢済作曲、内藤博夫編曲）　36
原稿募集　36

第二五一号〈新年第2特集〉一九六二年一月一五日

J・D・バナールの言葉　(1)
銀行労働者とスポーツ　高田　佳利　2－7
防衛庁・土建業者・自民党――東京オリンピックの三悪人　7
斜陽化たどった六一年の邦画界　7
北から南から
金融共斗の仲間に助けられて――秋田相互銀行で組合を結成　8
福岡信用金庫でも結成に成功　8
世界情勢から農業問題まで――労働提携すすむ青森木造分会　8－9
休みなしとはひどすぎる――ある電話交換手の訴え（横浜従組機関紙『灯架』より）　8
日本を平和のとりでに――1961年日本のうたごえ　9
民族の力づよい息吹――中国映画の現状と特長　10－11
婦人・家庭　10－11
自分でできるお正月の髪型　牛山喜久子　12
家庭でできるカクテルのいろいろ／お正月パーティのもち方　12－13
〝働く婦人を書きます〟――62年のホープ女流文学新人賞の片岡稔恵さん　13
小説　奇妙な逃亡者　夏堀正元／金野新一（え）　14－15
読書
小林勇・随筆集『小閑』『雨の日』を読んで
日本勧業銀行従組・堀田　洋子　16
わらび座原太郎編『日本の歌をもとめて』　16
原稿募集　16

第二五二号　一九六二年二月一日
〝あなたまかせ〟からの脱皮を――年末日曜日営業反対斗
争の教訓　2―5
十年ぶりに味わつたお正月気分
千葉銀行従組・野村さち子　5
私たちは斗うべきだつた――年末出勤に思う
富士銀行従組・山本　直樹　5―6
日曜日不就労は当然の権利――改めて自覚した権利斗争
の意義　東信労昭和労組・藤崎　和夫　6
窓口　〝不況意識〟への期待　新関　富雄　4
「修子の日記」から（2）――楽しかつた温泉旅行
千葉銀行従組・佐川　修子　7
北から南から
市銀連も賃上げへ――ファンドは七％？　8
第二がなれあい妥結　斗いのもり上りおさえる――七十
七の津和さん問題　8
交換も早くなり大喜び――三時閉扉が実現〔徳島郡部〕　8―9
銀行側のオルグ団が乗りこむ〔親和〕　9
〝基地反対は業務阻害〟――断固処断と支店長〔青森〕　9
ダンスパーティーへのお誘い　9
職場を去つて行く友よ（＊詩）　9
ソビエトの賃金――世界労組大会・菅原さんからの便り
菅　原　10―11
詩・短歌・俳句を募ります／支部・青婦人部・職場の機関
紙を送つて下さい　『ひろば』編集部　11
映画　演技しない俳優たち――羽仁進監督の「充たされた
生活」　全損保日火支部・小山　和子　11
真書疑書　「思想の神様」縁起　山川　肇　12
機関紙あれこれ
『扇風』『渓流』『炬火』『雄叫』『波動』『ほくりく』『組
合通信』　13
「人事面接」と組合員の反応――紀陽銀行従組のアンケー
トから　14―15
私たちのたのしい歌　「旅の歌」（矢沢保編曲）　16
原稿募集　16

第二五三号　一九六二年二月一五日
マス・コミを国民のものに――新聞反動化のかげに合理
化・弾圧と斗う新聞労働者　2―7
真実の報道を奪いかえそう――産経を保守勢力の宣伝用機
関紙にしてはならぬ　田中　成男　4―5
窓口　ムスタハに対する猫の突撃　左　甚六　6
『産経新聞残酷物語』を読みましょう　7
狙われる職場活動家「弾圧反対・権利擁護全国対策会議」
――特徴を分析　斗い方打ち出す　7
北から南から　春斗へ経営者の先制攻撃しきり
その１　〝政治目的〟はお断り――共斗会議しめだしを

指示〔北陸〕　8
その2　ねらいは争議対策——協約の改悪を申入れ〔大東相互〕　8-9
岩手銀行第二組合も協約改訂へ　9
その3　とんだ〝巡回面接〟——異動に名をかり組合弱化狙う〔東北〕　9
その4　権利要求は認めぬ——団交も実質的に拒否〔秋田相互〕　9
真書贋書　廿代のリズムの限界　山川　肇　10
議員政党から大衆政党へ——社会党第二十一回大会の性格と問題点　M・A　11
見当違いの賃金統制——ウソで固めた日経連の春斗パンフ
物価高は政府の責任　12-13
差別賃金・職務給化反対で統一——金融共斗拡大幹事会
一律賃上げを基本に　13
詩・短歌・俳句を募ります／支部・青婦人部・職場の機関紙を送つて下さい　『ひろば』編集部　13
絵で見る物価と料金の動き　14
愚かな分裂策動——大会ではハツキリした態度を〔国民金融公庫従組機関紙『ちから』より〕　Q　15
ありのままの戦争の姿——ソ連の七〇ミリ映画「戦場」　西条　之　15
私たちのたのしい歌「上を向いて歩こう」（永六輔作詞、中村八大作曲、野村幸子編曲）　16
原稿募集　16

第二五四号　一九六二年三月一日

特別試写室「私はうつむいて歩かない」——製作・横浜銀行従組蟻プロダクション　服部　和男　2-5
窓口　時蔵の死と日本の演劇　新関　富雄　5
真書贋書　超政治的企業の「奇蹟」　山川　肇　6
詩風コント〝おしまい〟にしてはならない　日本銀行従組・土　あゆみ　7
北から南から
銀行員としてふさわしくない？——A君に対する就職辞退強要を撤回さす〔荘内従組〕　8
新しい仲間がふえました　紀北信用で組合結成に成功／金融共斗の支援で高千穂相銀でも　8-9
二月を早帰り月間に——目標を設定し呼びかける〔三井従組〕　9
学習の中で変つてきた職場の雰囲気——第四従組魚沼支部の仲間　9
文化活動の今後の課題　秋田職組・佐藤　正武　9
モスクワ—ベルリン—北京——社会主義国みたまま（上）　菅原　昭三　10-12
戦争を防ぎ平和を守るために——第五回世界労組大会の意義と特徴　青森銀行労組・村本　昭　13
みんなの手で真実の究明を！——「白鳥事件」現地調査に参加して　秋田銀行職組・藤原　恒悦　14-15

私たちのたのしい歌「かあさんの歌」（窪田聡作詞・作曲） 16
編集室から 16

第二五五号　一九六二年三月一五日

表紙画　菊池　薫 (1)
特集　金融機関における既婚婦人の実態と意義 2-7
現代共稼ぎの条件
乳幼児施設を私たちの手で――新潟県新津市の運動　第四銀行従組・渡辺　孝子 3
既婚者グループめぐり　おしゃべりから具体的な行動へ――東京海上の既婚者懇談会 5
窓口　斗うロビンソン・クルーソー　左　甚六 7
特集　当面する婦人運動の課題
婦人運動における労働婦人の役割り 8-10
平和を守る斗いと婦人　全損保日動支部・小沼　百枝 10-(11)
真書贋書　動きだした『暮しの手帖』　山川　肇 12
女性にひとこと　饒舌・虚栄　協和銀行労組・伊藤　太郎 13
はたらくママよ手をむすぼう！　日本相互銀行職組・小谷　広子 14-15
社会主義国の妻の座・夫の座――プラハから帰つて　井出　弘子 14-15
〝男女同一労働同一賃金〟についての質問に答える（1）　加藤　尚文 16-17
一斉ストで春斗を斗おう――全国で百万の集会　春斗第二次統一行動 17
資料　女子事務職員の労働の実態 18-20
編集室から 20
表紙について――作者のことば　菊池　薫 20

第二五六号　一九六二年四月一日

表紙画　菊池　薫 (1)
地域にひろげた人員要求の斗い〔青森銀行労働組合〕 2-5
窓口「丸正」放送問題の示唆　新関　富雄 5
市銀連強化への私たちの道――わたしの素朴な提案　三井銀行従組・中西　啓 6-7
賃金統制に十割休暇――独占と対決　共斗拡げる堺市職 7
北から南から
生休問題は合理化斗争の一環――西部地協で運動の進め方を決定 8
警察がスパイを企てる――麻雀を口実に〔千葉従組木更津支部〕 8
三井従組で第一回全国労務部協議会開く 8
今後は絶対許さない――三沢問題で銀行側釈明文を正式手交 9
高千穂相銀で完全ユニオンを獲得 9
「分裂し、統治せよ」――そんなものに乗せられてたまるか　全損保大正支部・I　E　生 9

真書贋書「覗き」をする理想主義　山川　肇　10
機関紙あれこれ
『ふじ』『若鮎』『大阪金融のなかま』『やまなし金融のなかま』　11
生活記録　ぼくたちにとって美とはなにか――友への便り
静岡銀行従組・野瀬　幸夫　12-13
〝男女同一労働同一賃金〟についての質問に答える（2）
加藤　尚文　14-16
原稿募集　16
編集室から　16
表紙について――作者のことば　菊池　薫　16

第二五七号　一九六二年四月一五日

表紙画　菊池　薫　(1)
ピケのあいまに綴った生活記録――千葉銀行従組の斗争記録づくり
（千葉銀行従組）加瀬忠一／（地銀連関信地協）高田佳利　2-5
窓口　新日本文学会にのぞむこと　横川　勘平　5
〝ひとごとではない〟――金融機関に働くパンチャーの職場と労働条件　6-7
金融婦人交流集会が開かれます　7
〝男女同一労働同一賃金〟についての質問に答える（完）
加藤　尚文　8-10・19
真書贋書　虚業の執念　山川　肇　11
北から南から
ぞくぞく四千円以上――全相銀連・全信労で回答引き出す　金融共斗の賃上げ追込みへ　12-13
既婚者グループめぐり　利用者の絶えない搾乳室――日本銀行の既婚者の新聞『まど』　13
映画時評　現代において私たちが充たされた生活とよべるものはなにか　全損保日火支部・小山　和子　14
アメリカ市民も平和運動に――流行する〝ストロンチウムの歌〟　K N A　14-15
本号の楽譜（二〇頁）について　やってみたらできちやつた「炎」　千葉銀行従組・山田　通雄　15
切りぬき帖　16-17
スターがいっぱい――当世ジャーナリズムにもの申す
協和銀行労組・鈴木　憲二　18-19
私たちのたのしい歌「炎」（千葉銀行従組詩、第6回地銀連関信組合学校第1分科会集団創作曲）　20
編集室から　20
表紙について――作者のことば　菊池　薫　20

第二五八号　一九六二年五月一日

表紙画　菊池　薫　(1)
金融の婦人よ手をつなごう――盛会だつた第二回金融婦人交流集会　2-5
全国の金融婦人に対するアピール

第二回金融婦人交流集会　5
労働権確保の斗いを――第四回全損保婦人活動者会議から
全損保日動支部・氏田　恭子　6－7
窓口　合理化のゆく手　新関　富雄　7
真書贋書　神を信じた者も信じなかつた者も　山川　肇　8
共通の言葉で語りあうために『ひろば』の拡大と読者会を
――中西提案を支持する　住友銀行従組・山本　一夫　9
訂正（前号八ページの表）　9
北から南から
経営者のピケで第二組合を結成〔弘前相互〕　10
秋田相互にも第二組合――第一組合はストで反撃　10－11
鹿児島相互信用金庫でも分裂攻撃　11
平均二～三、〇〇〇円――地銀の賃上げ回答状況　11
映画　戦争にさかれた家族――平和を訴える「山河あり」　10
詩　新しい職場　青森銀行労組・藤本　雄太　11
みんな揃つてメーデーへ――働く者の祭典・ことしは第33回
メーデーのあゆみ　世界の労働者とともに未来をきづく
団結の歴史　12－13
〝楽しさは市民にもわけて〟――メーデーを語る
望月　優子　13
昨年はじめて参加した人の感想
（三井銀行大阪）F子／（全損保東京）I生　13
〝お茶くみ〟はもういたしません――お茶くみ・雑用放棄
を宣言した日本生命の婦人たち　14－15
私たちのたのしい歌「少年によせて」（野沢広子作詩、下
条うた子作曲、野村幸子編曲）　16
編集室から　16
表紙について――作者のことば　菊池　薫　16

第二五九号　一九六二年五月一五日

表紙画　菊池　薫　(1)
核実験への怒りと全面軍縮への願いをこめて――戦後最大
の第33回統一メーデー　2－4
スケッチ　菊池　薫　2－4
風刺がいつぱい――プラカード傑作展　5
窓口　パレットの遺体のことなど　横川　勘平　5
憲法問題の焦点――国民主権の原理にたちかえれ　星野安三郎　6
はばきかす改憲論者――自民党の提灯もち・内閣憲法調
査会　6－7
なんらかの形で行動を！――黙つてみているわけにはゆ
かない　名取　栄子　6
〝戦争放棄〟から〝軍拡〟へ――ふみにじられる憲法第
九条　7
真書贋書　開拓者は死んだ　山川　肇　8
映画　大作のかげに隠れた意欲作――新進監督深作欣二の
「誇り高き挑戦」　全損保日火支部・小山　和子　9
北から南から
水田大蔵大臣と会見――当局の支配介入に抗議〔金融共

斗〕 10
〝人間の欲求は無限に広い〟――地銀連文化活動者会議開く 10–11
家庭・生活条件を無視――婦人活動家を一方的配転〔全損保安田〕 11
勧銀従組で機関紙の縮刷版を発行 11
富士では「組合学校史」 11
詩　みんなの手がとまつた　日本信託銀行労組・青木　信利 11
婦人解放運動の中核に――第七回はたらく婦人の中央集会から
権利拡大で合理化と斗おう――合理化問題の分科会から　横浜従組・脇屋　知子 12–13
ネンネコ姿でメモとる人も――全体会議から 13
宣言（要旨） 13
日経連の青少年・文化対策　初谷　清 14–15
私たちのたのしい歌「明日は俺達の時代」（佐藤広志詞・曲） 16
編集室から 16
表紙について――作者のことば　菊池　薫 16

第二六〇号　一九六二年六月一日

表紙画　菊池　薫 (1)
民主主義の空洞をうめよう――参議院選挙と職場活動　松下圭一氏を囲む座談会
松下圭一／〔農林中央金庫従組〕宮沢敏夫／〔全損保千代田支部〕山本裕／〔協和銀行労組〕中屋慶美／〔三井銀行従組〕伊藤治子／〔朝日生命労組〕増田孝子 2–6
放言の中に本心が――「麦を食え」が「大根の葉」に　池田勇人の胸のうち 4–5
花園をつぶす奴等！（＊漫画）　中島　弘二 5
窓口　争点なき（？）参議院選挙　新関　富雄 6
民主勢力の足もとねらう――創価学会、立正佼成会の政治進出　佐木　秋夫 7
コント 7
〝住友に入らんでよかつたワ〟――大阪のパンチャー連絡協議会から（『大阪金融のなかま』より）　全損保同和火災支部・池田　和子 8–9
ノイローゼと斗う――フランスのキー・パンチャー 8–9
北から南から
お昼休みに風船散歩デモ――大阪全金融で三千名のなかまが 10
全店テレで業務懇談会開く〔富士銀行従組〕 10
正社員登用を要求〔全百連白木屋労組〕 10
自主交渉打ち切り中労委斡旋へ――東海・住友は自主交渉を続行〔全損保〕 10–11
企業近代化のかげに――営業所における深刻な労働の実態〔全生保〕 11
真書贋書　争鳴の果て　山川　肇 12

映画　〝善三さん〟への期待――もっとボーケンしてもよいのじゃないか　全損保日火支部・小山　和子　13
随想　高く広く舞い上がれ、タンポポのラッカサン　日本銀行従組・松本　宏　14–15
合理化が事故を生む――あいつぐ国鉄の大惨事　15
切りぬき帖　16–17
誌代改訂のお知らせ　17
K子さんへの手紙――僕たちが何ものかを自ら進んで要求してゆくとき　富士銀行従組・吉川　滋彦　18–19
私たちのたのしい歌「村の端れで」（チェコスロバキヤ民謡、おきはるを編曲）　20
編集室から　20
表紙について――作者のことば　菊池　薫　20

第二六一号　一九六二年六月一五日

表紙画　菊池　薫　(1)
市銀連はこのままでよいか――組織のあり方運動の進め方の再検討
市銀連の強化は下部組合員の交流から　富士銀行従組・山木　直樹　2
寄り合い世帯から頼れる組織へ脱皮を　協和銀行労組・大島　語一　3
秘密主義を排除し大胆に語り合おう　三井銀行従組・小松　光子　3–5
日本に核戦争の脅威――原水協が池田首相に質問状　4
窓口　どんな高みに政治はあるか　横川　勘平　5
真書贋書　カラーにそよぐ葦　山川　肇　6
投書　山川肇氏にもの申す　元第一銀行員・古川　和子　7
誌代改訂のお知らせ　7
北から南から
初任給高卒一三、〇〇〇円・大卒一九、〇〇〇円――市銀連の賃上げ斗争終結へ　8
松戸信用金庫で組合役員九名に解雇通告　8
こんどは既得権のとりあげ〔地銀〕　8
要求貫徹への四里塚――春斗をいかに斗ったか（全信労機関紙より）　船橋信用金庫労組・正木　勇　8–9
政治を変える力――近づく参院選挙に思う　中島　健蔵　10–11
落し穴遂に完成せず（＊漫画）　中島　弘二　10
改憲の企図を粉砕するため革新勢力を勝利させよう――全国大会でよびかけ〔農林中金〕　11
映画　意図と視点のズレ「あの空の果てに星はまたたく」　全損保日火支部・小山　和子　10–11
実をむすんだ一年余の苦労――富士銀行従組京浜支部組合学校録　安達　孝雄　12–13
私たちの職場の実態――甲府市の金融機関に働く婦人のアンケート〔山梨県金融労組懇談会〕　14–15
私たちのたのしい歌「ベルネット」（フランス民謡、おきはるを編曲）　16
編集室から　16

表紙について――作者のことば　菊池　薫　16

第二六二号　一九六二年七月一日

表紙画　菊池　薫　(1)
札束のカゲに埋もれる青春――あいつぐ女子の退職者　2―6
窓口　ホームドラマの成立条件　新関　富雄　5
山中経営者のロコツな攻撃――女子停制と結婚退職制への布石？　山梨中央銀行職組・石浜あき子　6
真書贋書　愚神礼讃　山川　肇　7
映画　みたされた人間性を社会的なきびしさの中でとらえる――田坂具隆監督の「ちいさこべ」　全損保日火支部・小山　和子　8
「民青同」について　9
投書　北陸銀行職組・一組合員　9
北から南から
四地区で賃上げ決起集会――東京では千七百人〔協和銀行労組〕　10―11
支援組合旗を奪取――長崎相銀経営者の暴挙　11
松戸信用でこんどは暴力団の襲撃　11
高千穂相銀で組合三役の非組合員化を図る　11
東北銀行で〝全員得意先〟の制度つくる　11
日本信託労組に協約改悪の攻撃　11
解説　左派・愛国勢力の勝利――ラオス中立政府の成立　12
ごつそりとられる地方税――〝減税〟にカラクリ　低いものほど高くなる　12―13
紹介　『札束と暴力』――金融残酷物語　13
切りぬき帖　14―15
シュプレヒコール　明日はオレ達の時代――日本信託不当解雇斗争に　16―19
ほほえむ〝死の商人〟――復活した日本の軍需産業　19
私たちのたのしい歌　「どんぐりさん」（どんぐりコーラス作詞、斎藤三郎作曲）　20
編集室から　20
表紙について――作者のことば　菊池　薫　20

第二六三号　一九六二年七月一五日

表紙画　菊池　薫　(1)
首都のなかの軍事基地――金融共斗の三多摩基地めぐりから　地銀連・名取　栄子　2―6
この現実をみよ！――基地めぐりに参加して　全損保日動支部・海老原妙子　4
窓口　親はなぜ子供を生むか　横川　勘平　5
ヘルシンキへ二百人――平和友好祭　国内祭典は山中湖で　6
革新政党地固めのとき――参院選の結果をこうみる　松成　義衛　7
北から南から
七十七従組に首切り通告――ただちに処分撤回の斗いを　8
不抜の組織づくりを確認――地銀連第七回定期大会おわる　8

パートタイマー制をかちとる〔荘内従組〕　8–9
全損保の賃上げ斗争一部妥結――七支部は再度中労委あつせんへ　9
二四時間ストで全員大会――連帯ストに励まされて〔長崎相銀〕　9
真書贋書　空しき玩具　山川　肇　10
母と子のしあわせのために　第四銀行従組・松井　久子　(11)
テレビ　締出された同志会・共産党　U　12
映画　テロリストへの抗議――内出好吉監督の「祇園の暗殺者」　小山　和子　12
機関紙あれこれ
『職組時評』『建設』『組合ニュース』『波動』『主潮』『もがき』『地銀連あおもり』『いぶき』『組合報』『炬火』『道標』　13
未来に通ずる「流れ」として――富士銀行従組京浜地区第9回組合学校始末記　実行委員長・石戸谷　宏　14–15
私たちのたのしい歌「尾根はまねく」（米山正夫作曲、矢沢保編曲）　16
編集室から　16
表紙について――作者のことば　菊池　薫　16

第二六四号　一九六二年八月一日

表紙画　政治家の顔　菊池　薫　(1)
参院選の総決算と今後の課題　2–6
窓口　池田内閣と派閥抗争の新局面　新関　富雄　6
核戦争の危険と対決――第八回原水爆禁止世界大会の課題　安井　郁　7
米国でもデモや大衆行動――高まる世界の平和運動　7
静かなる「職務給化」――金融機関におけるその実態　金融共斗事務局・大歳　良充　8–9
北から南から
県内労組も挙げて支援に起つ――七十七の大量処分問題の詳報　10–11
予想外の売れゆきと励まし――団地へはじめての行商〔日本信託市川〕　11
明日をデザインしよう――単組の枠をこえて交流を　第10回地銀連関信青婦人代表者会議　11
真書贋書　男が階段を上る時　山川　肇　12
テレビ　政治に翻弄される国民の姿　U　13
映画　男女の十七年間のふれあい――吉田喜重監督の「秋津温泉」　小山　和子　13
（＊銀行員をテーマにした演劇「白い壁の中で」）　13
切りぬき帖　14–15
現代における青年の問題　日高　六郎　16–19
24時間を〝管理〟せよ――独身寮管理規定の意味するもの　紀陽銀行従組・林口　幸雄　19
私たちのたのしい歌「スィート　アンド　ロォウ」（バーンビイ作曲）　20
編集室から　20

表紙について――作者のことば　菊池　薫　20

第二六五号　一九六二年八月一五日

表紙画　炭坑労働者　菊池　薫　(1)
働く婦人と母親運動――職場で地域で母親運動にどう参加するか
森和子／（全損保青婦人対策部日動火災）小沼百枝／（全損保東京地協既婚者懇談会世話役日動火災）石原登喜子／（日本銀行）高橋三重子　2―5
窓口　もつともつと8月15日を　横川　勘平　5
こまくさは風雪に耐えて――統一めざして首切りと斗う七十七の仲間たち　6―7
北から南から
分裂の壁破つて遂に勝利――苦斗一五〇日　四千円の賃上げ獲得〔長崎相互〕　8
松戸信金共斗会議が千葉県警本部へ抗議　8
金と地位で立候補強要――会社側が卑劣な選挙介入〔東邦生命〕　8―9
富士銀行の時差出勤制度　9
組合の生休完全実施運動にいいがかり〔筑邦〕　9
真書贋書　巨人を嗤うかぶと虫　山川　肇　10
テレビ　日陰者に居直られた気持　U　11
映画　ウソのない景気のよさ――アートシアター上映「2ペンスの希望」　小山　和子　11
総評の立派な新路線を――国際自由労連路線に反対する　高野　実　12
今年は日本労働運動50周年　12―13
書評　なまなましい事実の重み――フレッド・クック著『戦争国家』　千葉銀行従組・田中　雅康　13
最近の市銀連――第七期運動方針・組織問題を中心に　富士銀行従組・中野　徹　14―15
私たちのたのしい歌「俺たちはほしい」（宮本研作詞、林光作曲）　16
編集室から　16
表紙について――作者のことば　菊池　薫　16

第二六六号　一九六二年九月一日

表紙画　女子工場労働者　菊池　薫　(1)
組合御用化への青写真――合理化強行に備え労働協約の改悪策す経営者　2―6
共同通信の斗いに学ぶ――改悪のねらいをつかもう　全損保東海支部・渡辺万里子　4
窓口　ニセ千円札流通の論理　新関　富雄　6
職場随想　勉強会の帰りの上野駅で　協和銀行労組・牧　朝子　7
真書贋書　露魂仏才の愛憎　山川　肇　8
テレビ　お手軽な終戦記念日の企画　U　9
映画　紙芝居的な追想におわる――木下恵介の「二人で歩

いた幾春秋」　小山　和子　9
北から南から
対象はほとんど活動家――秋田相互で悪質な大量異動　10
サービスに名札着用――組合の反対おして実施〔第四〕　10
青和でも提案――組合は反対を決定　10－11
名札につづいてモニター制度〔第一〕　11
銀行からも百名参加――東北・北海道ブロック平和友好祭　11
狙いは組合の丸抱え――住友海上で労資関係正常化委員会を提案　11
経営者の徳義上困ると会場使用拒否――七十七の逆オルグで〔滋賀〕　11
劇団新人会勉強会公演「白い壁の中で」の合評会から　12－15
大和生命で夏事務服を廃止しブラウス支給――労使慣行を破つた一方的支給に不満の声　14－15
楽しく仕事ができる事務服を――アンケートから　15
切りぬき帖　16－17
混乱の第八回原水禁世界大会――大同団結誓い何もきめず閉会　18－19
書評　青井和夫・綿貫譲治・大橋幸共著『集団・組織・リーダーシップ』　平井　晴夫　19
私たちのたのしい歌　「エレンカ」（ブルガリア民謡、宗像和編曲）　20
編集室から　20
表紙について――作者のことば　菊池　薫　20

第二六七号　一九六二年九月一五日

表紙画　子供の顔　菊池　薫　(1)
現代青年気質　高木　督夫　2－5
窓口　包装革命ひとかわムケば　横川　勘平　5
真書贋書　不易流行　山川　肇　6
テレビ　お茶の間精神からの脱出　U　7
映画　「晴れた空」の自主映画運動によせて　小山　和子　7
北から南から
処分強行をねらい十五日で交渉打切りを通告〔七十七〕　8
脱退強要は一対一で――社長が切り崩し戦術を指示〔振興相互〕　8
僻地の子供へ本を送る運動――岩手銀行従組本店支部で復活　8－9
市銀連で通期二六〇％要求　9
一日二十四時間勤務の傭員さん〔千葉〕　9
職場をつつむ黒い霧――露骨なアカ攻撃と権利侵害　北陸銀行職Ｂ組分会の場合　9
平和への願いをひとつに――急速に地域に根をはる母親運動　10－12
母親大会に参加して　三井銀行従組・馬野　淳子　11
大会宣言　12
自由化でどうなる？――拍車かける倒産・失業　心配な物価への影響　ＫＮＡ　13

生活記録五年の足あと〔千葉銀行従組蛙の子合唱団機関紙『かえるの子』より〕　千葉銀行従組・エヌ・さがわ　14–15
消費者泣かせの誇大広告――悪質なものにおキユウ　15
私たちのたのしい歌「われら平和のために」〔シャーロフ作詞、白樺合唱団訳詞、トウリコフ作曲〕　16
編集室から　16
表紙について――作者のことば　菊池　薫　16

第二六八号　一九六二年一〇月一日

表紙画　カウンター　菊池　薫　(1)
サークルからの発言　音楽を自分のものに――合唱センターと私の記録　千葉銀行従組・内藤　博夫　2–7
労働省の「婦人労働白書」から　婦人の半数が働く――だが低い地位・賃金　6
窓口　新産業体制のねらい　新関　富雄　7
真書贋書　智に働けば　山川　肇　8
テレビ　お粗末なとしよりの日番組　U　9
映画　作品紹介――ヘミングウエイ原作「青年」　9
北から南から
銀行ついに処分を強行――一方的に交渉を打ちきり発令〔七十七〕　10
昔の軍隊ばりの横車――〝自衛隊反対〟の銀行員に圧力　10
地銀連脱退後の但馬銀行従組の現況　10
圧倒的多数でスト権確立――協約斗争新段階へ〔全損保東海支部〕　11
威かくや甘言で切り崩し――東邦生命の不当労働行為問題　11
列を作る市民――不当解雇反対街頭署名に参加して　七十七銀行従組・朝倉　芳　11
犠牲者は私たちだけでたくさん――成功だつた職業病アピール大会　12–13
労働衛生週間によせて　後を断たない職業病――合理化でむしばまれる肉体　13
基地からのレポート　立川基地MATSのテラーたち　14–15
切りぬき帖　16–17
特別寄稿　松川の斗いは終っていない　岡田十良松　18–19
松川勝利のための十の誓い　19
私たちのたのしい歌「きらきらしずく」〔篠崎功作曲、内藤博夫編曲〕　20
編集室から　20
表紙について――作者のことば　菊池　薫　20

第二六九号　一九六二年一〇月一五日

表紙画　菊池　薫　(1)
かわいらしい表情のかげに――ネーム・プレートという名のプラスチック　2–4
窓口　ひとりの作家の生涯から　横川　勘平　4
最近の韓国の経済の状況　賃金は生計費の三割――完全に失敗した経済政策　5

真書贋書　常在戦場　山川　肇　6
テレビ　閑話休題　U　7
映画　青年の描き方に疑問——石川達三原作「僕たちの失敗」　小山　和子　7
北から南から
都労委の委員が収賄？——東京信用金庫の争議斡旋で　8
〝くるべきものがきた〟平静ななかにも固い決意——法廷斗争の準備すすむ七十七従組　8
組合切り崩しの第二次工作を指示〔弘前相互〕　8
〝一律三千円さしあげます〟——組合は職場討議の上受取る〔福島相互〕　8－9
週刊文春を使ってアカ攻撃〔青和〕　9
母親大会の成果をみんなのものに——和歌山県全金融第三回婦人集会から　紀陽銀行従組・児玉　典子　9
サークルからの発言　サークルとはなにか——よいリーダーとなるために　横浜銀行従組・服部　和男　10－13
歌い、踊り、しゃべりまくった二日間　千葉銀行従組・市川　力　12
〝目的は同じじゃないか〟——三井従組大阪支部組合学校他労組の仲間もまじえ盛大に開催　三井銀行従組・北村　博　13
話し合いの場をもっと作ろう——紀陽の仲間から三井の仲間へ　紀陽銀行従組・平井　章夫　13
マスコミの内幕①　新安保の進軍ラッパ——新聞週間ものがたり　14
マスコミの内幕②　〝大本営発表〟の復活？——強まる新聞の反動化　14－15
『ひろば』のモニターを募ります　『ひろば』編集部　15
私たちのたのしい歌「おうちの前で」（ロシヤ民謡、ムソルグスキー編曲）　16
編集室から　16
表紙について——作者のことば　菊池　薫　16

第二七〇号　一九六二年一一月一日

表紙画　地下金庫　菊池　薫　(1)
預金！　預金！　預金！——預金増強に踊らされる職場の実態　2－5
これでいいのだろうか——実情を訴えるA君の手記（千葉銀行従組青婦人部機関紙『はたなみ』より）　4
窓口　〝購買力〟のある読者　新関　富雄　5
さいきんの日本経済　大いにもうけた大企業　大沢　三郎　6
テレビ　日本人の中国観　U　7
映画　共感よぶまじめな愛の物語——吉村公三郎監督の「その夜は忘れない」　小山　和子　7
北から南から
法廷斗争対策を討議——第一回七十七不当弾圧対策会議　8
マスコットの登場で労働強化——女子行員が衣裳づくり〔日本相互〕　8
『われら分裂を乗り越えて』——長崎相銀従組の斗争記　8－9

録できる　8
親和銀行でも名札着用をはじめる　9
〝基地反対、弾圧はねかえせ〟——金融の仲間も一五〇
名　東北のうたごえ祭典　9
一労務行員の意見　第一銀行従組・Z　生　9
マスコミの内幕③　身にしみる残酷物語——新聞記者のつ
ぶやき　10
マスコミの内幕④　読者からふんだくれ——まだあがる新
聞代　10–11
使いよい鉛筆ときらいな鉛筆（＊漫画）　宮下　森
『ひろば』のモニターを募ります　『ひろば』編集部　11
職場での生活記録の方法　高田　佳利　12–15
日韓会談粉砕で安保共斗近く再開——社党の共斗拒否は誤報　15
私たちのたのしい歌「牧師とどれい」（黒人霊歌）　16
編集室から　16
表紙について——作者のことば　菊池　薫　16

第二七一号　一九六二年一一月一五日

表紙画　札鑑　菊池　薫　(1)
しのびよる女子停年制　2–5
窓口　カリブ海と家庭の幸福　横川　勘平　5
相つぐキーパンチャーの自殺　6–7
ひとごとではない——銀行のキーパンチャーは語る　7
北から南から
来春斗の口火切る——全国に先がけ賃金討論集会〔滋賀
金融共斗〕　8
決意も新たに全員大会——七十七の分裂一周年　第二は
酒肴料で〝お祝い〟　8
生休を百％消化〔高千穂相銀従組〕　8
団結餅つき大会——米は日農からのカンパ〔大光相互従
組〕　8
組合員のために証言した（旭化成ベンベルグ労組）組合
長がリコール〔高千穂相銀従組〕　8–9
友情と団結のために——静岡で初の〝金融うたごえ〟〔静
岡銀行従組〕　9
「時間外をさせてくれない」とこぼしている女性の話〔日
銀従組〕　9
ご注意!!　ご注意!!——銀行の研修会に出席して〔静岡
銀行従組〕　9
テレビ　地味だが堅実な「婦人の時間」　U　10
映画　極限状況での人間の非情さ——近代映協プロの「人
間」　小山　和子　10
読書　多面的な分野と積極的な課題——生活科学調査会編
『スポーツの社会学』　M　11
新刊紹介　11
キューバ問題の背景　千葉銀行従組・藤本　豊　12–13
この日だけは〝沈黙の街〟基地をとりまく人と旗の波——
一〇・二一横田大集会に参加して
第一銀行従組・高井　誠　13

職務給　組合員はこうみてる――地銀連のアンケートから　地銀連調査部・佐藤　御弦　14-15
私たちのたのしい歌　「寒い朝」（佐伯孝夫作詞、吉田正作曲）　16
編集室から　16
表紙について――作者のことば　菊池　薫　16

第二七二号　一九六二年一二月一日

表紙画　電子計算機の記憶装置　菊池　薫　(1)
組合学校12年のあゆみ――「年中行事」からの脱皮を　2-6
窓口　予算編成とわれわれの生活　新関　富雄　6
テレビ　本当の才能とは　U　7
映画　拾い物だつた「地獄の刺客」監督池広一夫・大映作品　小山　和子　7
既婚・年配者の締め出しはかる青森銀行の経営者　青森銀行労組・鎌倉　ちよ　8-9
願いを一つに結集――「新日本婦人の会」結成　9
北から南から
女子行員訓練講座の内容にふんがい――荘内従組飽海支部で開かれた「女の人の集り」から　10
朝日生命でもネームプレートを実施　10
評判わるいネームプレート〔東海銀行従組〕　10
地銀連を脱退した但馬従組その後　10-11
「権利」をふみにじる七十七の経営者　11
長崎相銀で従組と職組が統一の話しあい　11
千葉県全金融青婦人部で第一回組合学校開く　11
シユプレヒコール　1962ネン5ツのアピール――女の人の集りから　荘内従組飽海支部　12-14・6
日経連総会ひらく　業種別結束強化で春斗に対決――実質的賃金ストップへ　15
英鉄道労組賃上げに成功　15
時のことば　物価値下げの青い羽根運動／何をねらう？スポーツテスト　15
切りぬき帖　16-17
「防災訓練」という名の「戦場訓練」（＊漫画）　中畑　春雄　17
職場を覆う黒い霧――無協約下の東京海上の仲間たち　18-19
私たちのたのしい歌　「ぼくらのふるさと」（ドイツ民謡、おきはるを編曲）　20
編集室から　20
表紙について――作者のことば　菊池　薫　20

第二七三号〈職務給職能給特集号〉　一九六二年一二月一五日

表紙画　菊池　薫　(1)
第1章　職務給・職能給とその背景
1　職務給・職能給とはなにか／2　経営者にとつて年功賃金はウマ味だけではなくなつた／3　経営者にとつて職能給のウマ味はなにか／4　だから職能給にはウマ

味がある／5　職務給化・職能給化の背景　2—7
第2章　金融部門の職務給・職能給——その実態と問題点
の解明　7—12
1　金融部門の職務給化・職能給化の系譜／2　金融部
門の職務給・職能給の問題点と批判
第3章　職務給・職能給と斗うために　13—16
1　各労働組合の経験・対策をまとめてみよう／2　体
系斗争における基本方針／3　組織と賃金
豆字引
年功賃金と職員層／アメリカの組合の職務給批判／安定
賃金　4・11・12
編集室から　16
表紙について——作者のことば　菊池　薫　16

第二七四号　一九六三年一月一・一五日

表紙画　菊池　薫　(1)
ウサギ年辞典　北星　晃平　3
新春の話題
軍縮のバランス・シート——もし軍備が全廃されたら　4
沖縄と新潟の取材から考えさせられた祖国と民族
吉永　春子　5
経済の軍事化と「死の商人」　岡倉古志郎　6
まだ晴れぬ日本の〝黒い霧〟　山田清三郎　7
コントでのぞく一九六二年小史　4—7
新春インタビュー　ユーモアこそ美徳——開高健氏との一
時間　開高　健　8—13
窓口　今年はどうなる？　新関　富雄　12
正月料理の工夫　変わったおぞう煮／上手なシミ抜き法　13
春斗にむけてはばたく金融共斗　14—16
ムード・カレンダー（＊漫画）　宮本　卓児　16
仲間の年賀状
（日本信託銀行）高橋一夫／（千葉銀行）東山朝雄／（日
本銀行）岡朋二／（日本銀行）川端将己／（日本銀行）
田川一雄／（三井銀行）小松光子／（協和銀行）高科幹夫　17
あなたの予想は当ったか？　国際政治からプロ野球まで
——1962年をふりかえって　18—22
映画　若い作家たちへの期待　小山　和子　23
オラがくにのお正月
謙信の故事を今に伝える〝飴市〟——信州の松本から
日本銀行従組・土　あゆみ　24
雪の十日市と佐渡の〝春駒〟——北国新潟から
大光相互銀行従組・小林清一郎　24—25
〝としとりの晩〟のごちそう——飛騨の高山から
北陸銀行職組・もり・いさむ　25—26
〝しめなわ焼き〟のおもいで——四国の松山から
日本勧業銀行従組・津守　秀子　26
お正月のことば　26
北から南から　特集・私たちの職場きのうきょう
強まるHRとしめつけ——〝合理化〟で失われる明るさ

〔M市銀従組〕 27–28
仲間がふえ、輪がひろがり……——八〇〇人の大フォーク・ダンスの集い〔大阪全金融〕 28
ともに頑張ろう——集いに参加して〔M市銀従組〕 28–29
労働強化もたらす「横割り方式」〔静岡銀行従組〕 29
ニセ札と銀行員〔N銀従組〕 29
希望を失って職場を去ってゆく人びと〔F市銀従組〕 30
〝銀行さん〟のデモにおどろく街の人びと〔山陰全金融〕 30
〝自衛隊よりも非民主的〟——陽の当らない場所の労務行員〔D市銀従組〕 30–31
「ひとりっ子」の放送中止に思う 七十七銀行従組・あさくら・かおる 31
日韓会談のあとにくるもの〔千葉銀行従組〕千葉繁四郎／〔地銀連書記局〕名取栄子 32–35
職場の作品を募集——働くものの文化祭 35
私たちの楽しいうた「踊ろうたのしいポーレチケ」〔ポーランド民謡、小林幹治作詩、矢代秋雄編曲〕 36
編集室から 36
表紙について——作者のことば 菊池 薫 36

第二七五号 一九六三年二月一日

表紙画 雪国の子供 菊池 薫 (1)
首切り撤回と統一をめざして——粘り強く斗う日本信託と東京信用の仲間たち
都労委の結審もまじか——解雇問題組合側に有利に進展〔日本信託〕 2–4
年末斗争で強めた影響力——法廷斗争はこれから本格化〔東京信用〕 4–5
窓口 年頭にかく詩われた N O N 5
あるべき銀行の姿を！——過当競争のウズの中から R地銀・一得意先係 6–7
テレビ 正月と成人の日の番組から U 8
映画 裁判を通して現代の社会を衝く——増村保造監督の「黒の報告書」 小山 和子 8
ここにもこんな集いが 職場とは別人のように生き生きと——ある市銀の「しいのみ会」 9
オルグにゆく友に託す（＊詩） 大光相互銀行従組・小林清一郎 9
北から南から
一活動家を懲戒解雇——ワンマン社長は日経連理事〔振興相互〕 10
預金カクトクに人海戦術〔大和銀行従組〕 10
あほらしゅうてニッコリ笑えるか〔紀陽銀行従組〕 10
語るにおちた人事部長通達〔岩手銀行従組〕 10
民主々義よどこへゆく——暗くなった最近の職場〔日本銀行従組〕 11
組合員の権利を守らない組合〔広島銀行従組〕 11
東邦銀行でまた役員の不当配転 11
失対打ち切りをテーマにした創作劇を上演——青森県第

十回演劇コンクールで好評〔青森銀行労組〕 11
「ひとりつ子」中止は氷山の一角――軍国主義宣伝と新聞・放送の実態 12―13
表紙の絵について――読者のみなさんと一緒に考えてゆきたい　菊池　薫 13
ヨチヨチ歩きでも夢は大きく――広島銀行の既婚婦人の集い「つくしの会」（広島従組青婦人部機関紙『若いなかま』より） 14―15
地銀連第三回全国婦人集会に出席して　横浜銀行従組・脇屋　知子 15
切りぬき帖 16―17
斗いへの出発点に――第4回農林中金従組九州地区組合学校　農林中央金庫従組・桐野　昭二 18―19
11・4アピール〔農林中金従組第四回九州地区組合学校全員集会〕 19
私たちの楽しいうた「おなかのへるうた」（大中恩作曲、阪田寛夫作詩） 20
編集室から 20
表紙について――作者のことば　菊池　薫 20

第二七六号　一九六三年二月一五日

表紙画　雪の街　菊池　薫 (1)
春斗に際して発言する「戸じまり論」では斗えない――資本の攻撃の実態と本質をつかもう　千葉銀行従組・今野　春二 2―5
窓口　最後に頼りになるもの　DON　Q 4
市銀連も一〇%賃上げへ――金融関係労組の春斗準備状況 5―6
テレビ　お粗末な民放の子供番組　U 7
映画　アントニオーニの「太陽はひとりぼつち」　小山　和子 7
北から南から
恐るべき協約改悪案――銀行と第二組合幹部が取引〔七十七〕 8
組織の強化をみんなの手で――成果をあげた市銀連組合学校 8―9
電話交換手の就業条件改善を要望〔富士従組〕 9
考課表改訂の狙いは？〔北陸職組〕 9
生休とつて明かるい職場に――静岡従組で組合員に呼びかけ 9
ハイ　それまでヨ（京都銀行従組機関紙『獅子吼』より）　京都銀行従組・高辻　唐寿 9
資本の手は寝室にまで――七十七銀行でこんどは〝独身寮管理法〟　七十七銀行従組・村上　康郎 10―11
ストの波広がる一方――激化するアメリカの労働争議 11
日韓会談の内幕（1）十一月十二日の密約――目的は軍事政権のテコ入れ 12―13
日韓会談粉砕へ　全国一せいに決起――一・二一統一行動 13
仕事で参加できなかつたデモ　某市銀従組・皆賀　等 12―13
「ひとりつ子」中止は氷山の一角（下）――軍国主義宣伝

と新聞・放送の実態　14–15
家城巳代治作「ひとりっ子」から　15
私たちの楽しいうた「ゲレンデの穴」（ドイツ民謡、早川義郎作詞）　16
表紙について――作者のことば　菊池　薫　16

第二七七号　一九六三年三月一日

表紙画　冬のけしき　菊池　薫　(1)
〝週五日制〟という名の合理化　2–5
バカなこととは知りながら――過当競争のウズの中から　U銀行従組・門村　修介　6–7
北から南から
〝せめて所得税をとられる位の賃金を〟――紀陽銀行従組の労務行員懇談会　8
形だけの討議で強行採決――協約改悪案七十七の第二組合が　8
〝共同テーマで新聞づくり〟――静岡銀行従組で通信員会議　8–9
二〇才おめでとう新春パーティー――青森労組青婦人部東青支部　9
激しい経営者の巻き返し――さいきんの千葉の職場から（千葉銀行従組）　9
テレビ　みつめてほしい日本の底辺　U　10
映画　富本壮吉の「温泉芸者」　小山　和子　10
革新の進出阻む防壁――創価学会と地方選挙　村上　重良　11
役席への〝狭き門〟――その現実と組合員の期待度　地銀連・佐藤　御弦　12–13
日韓会談の内幕（2）　経済協力の正体――狙いは反共体制の強化　14
僕たちの幸せのために無関心ではいられない　某市銀従組・中川　実　15
トピック
人気上々の「新制作座」インドネシア公演／幹部買収に妙案？／日本・キューバ友好協会発足　15
私たちの楽しいうた「調子をそろえてクリック・クリック・クリック」（オーストラリア民謡、音羽たかし作詞、若松正司編曲）　16
編集室から　16
表紙について――作者のことば　菊池　薫　16

第二七八号〈婦人特集号〉　一九六三年三月一五日

表紙画　菊池　薫　(1)
特集1・架空学習会　女子の低賃金を追放するために――大巾賃上げと男女同一賃金　2–4
特集2
搾取から母性を守るために　橋本　宏子　5–6
私たちの母性保護統一要求の斗い　全損保新樹会既婚者懇談会世話人・石原登喜子　7

母体保護要求によせて　千葉銀行従組・藤本　豊　7－8
生休はとりたいけれど――意外な角度から
東陽相互従組・H　生　8
役席を利用し、生休に干渉　静岡銀行従組・沢田　博夫　8－9
組合結成一年で生休一〇〇％消化
高千穂相互従組・大野　寿子　9・4
電話交換手は訴える――あまりにもひどい就労条件　10－11
交換台を受け持って　協和銀行労組・宮本すみ子　11
北から南から
〝産休が終っても出勤する必要はない！〟〔農林中金従組〕　12
係替えもストップ昇給もストップ〔岩手銀行従組〕　12
よくもまあ似たことばかり――経営者の意図を見抜こう
〔宮崎銀行従組〕　12－13
預金増強運動のなかの職場の女性たち〔静岡銀行従組〕　13
ホントのしあわせは……〔東陽相互従組〕　13
酒田のおなごは酒田の浜っ風のように――酒田市の働く婦
人懇談会の活動から　荘内銀行従組・斎藤　陽子　14－15
仲間からの報告　日本一の保育園をつくった母親たち　15－16
まだ少ない〝保育園利用〟――日銀の『働く主婦のしんぶ
ん』の調査から　16
日本映画に現われた女性たち――「素晴らしい悪女」のミ
カを中心に　全損保日火支部・小山　和子　17
職場随想
日記帳から――通信機オペレーターの生活
N銀行従組・川神　麗子　18
私のひとりごと　三和銀行従組・山崎真規子　18－19
世界婦人大会・婦人労働者の第2回国際会議の意義と経験　19
私たちの楽しいうた「もしぼくが」〔谷川俊太郎作詞、服
部公一作曲〕　20
編集室から　20
表紙について――作者のことば　菊池　薫　20

第二七九号　一九六三年四月一日

表紙画　誕生　菊池　薫　(1)
特集　地方選挙
強力な土台を築こう――地方選挙の意義と課題
木村禧八郎　2－3
「公明選挙」の正体　3
東京・保谷町からのレポート　町議選で過半数とつた革
新陣営　3－4
地方税のカラクリ　なぜこんなに高い？――大衆のフト
コロから大資本へ　4－6
私の一票　家城巳代治／佐多稲子／左幸子／永井智雄　4
基地と自治体　6
各党の地方選挙政策一覧　6－7
窓口　婦人解放と婦人部運動　HIRO　5
地方自治とわたしたち（1）地域開発の夢と現実
加藤　尚文　8－9
北から南から

要求をほぼ貫徹——初任給は引続き交渉中〔高千穂相互〕 10
統一と団結で勝ちとろう——一千名が参加した総決起集会　九州地区〔宮崎銀行従組〕 10
新聞記者もおどろく気合いのこもったデモ行進〔滋賀共斗〕 10-11
桃の節句に「金融のなかま文化祭」〔秋田共斗〕 11
成果をあげた各課オルグ〔日本銀行従組〕 11
岩手第二組合が協約改悪を準備〔岩手銀行従組〕 11
活動家にまかせきりではダメ——東京支店にきて思うこと　第四銀行従組・内藤　洋 11
オフイスガールとして思うこと　朝日生命労組・大村　美江 12-13
わたしは女子得意先係　北陸銀行職組・Ｐ　子 13
コント・コーナー 13
日韓会談の内幕（3）　ＮＥＡＴＯ結成の布石——危険な日韓親善ムード 14-15
解説　インフレで暴動寸前——朴政権混乱の背景 15
私たちの楽しいうた「大きな古時計」〔保富東平訳詞、小林春雄編曲〕 16
編集室から 16
表紙について——作者のことば　菊池　薫 16

第二八〇号　一九六三年四月一五日

表紙画　子供　菊池　薫 (1)
戯曲「夜明けのうた」　青森銀行労働組合演劇部創作班・きしだみつお 2-11
窓口　につぽん重傷　ＰＯＮ太 11
目にあまる右翼候補——保守系候補のお先棒かつぐ 11
北から南から
回答は千五百円前後——相銀は追込みへ〔妥結九単組〕〔地銀〕 12
処分の不当性をバクロ——七十七公判〝銀行側かたなし〟 12-13
おいつけ、おいこせ、二千億……〔静岡銀行従組〕 13
分裂支配はスポーツにまで〔岩手銀行従組〕 13
紀陽従組の労務の皆さんへ——本誌３月１日号の記事を読んで　市銀の一労務行員より 13
テレビ「あしたの風」と「中学生次郎」　徳 14
映画　ロベール監督の「わんぱく戦争」　小山　和子 14
ぼくのヤブにらみ　坊戸　令留 15
合理化の波は外部活動にも——過当競争のウズの中から　第一相互銀行従組・浜野　政雄 16-17
錯覚におちいるな！——韓国のゴタゴタと日韓会談　寺尾　五郎 17
地方自治とわたしたち（２）　誰のための税金　加藤　尚文 18-19
私たちの楽しいうた「ふるさとの山」〔スイス民謡、早川

義郎訳詞） 20
編集室から 20
表紙について――作者のことば 菊池　薫 20

第二八一号　一九六三年五月一日

表紙画　働く子供 菊池　薫 (1)
特報　日本信託、都労委で勝訴！――不当昇格・解雇を撤回し原職に復帰させよ 2-5
私たちの勝訴を共斗発展の糧に　日本信託労組委員長・小早川皓三郎 3
窓口　春斗の示唆するもの　新関　富雄 5
ぼくのヤブにらみ　坊戸　令留 6
テレビ　ウソのようなホントの話　徳 7
映画　黒沢明と「天国と地獄」　小山　和子 7
北から南から
大半が三千円前後で妥結――地銀も大手を残して回答出揃う〔相銀〕 8
全相を「ナチス」呼ばわり――茨城相銀に第二組合が発生 8
大分銀行従組にも分裂攻撃――銀行側の策謀で第二組合結成 8-9
中斗一三名をクビ切り――背後には会社乗取りの陰謀が〔静岡相銀〕 9
通信員並びに読者の皆さんにお願い
記事取消しとお詫び（二七五号一一ページ「組合員の権利を守らない組合」） 9
ひびけうたごえとどろけ足音――祝第34回メーデー　みんなでメーデーに参加しよう 10-11
第34回メーデーを成功させよう――メーデーアッピール（要旨）　第三十四回中央メーデー実行委員会 10
第一回メーデーは私が計画した――印刷工として働く　水沼　辰夫 11
地方自治とわたしたち（3）黄金と水の物語　加藤　尚文 12-13
姿なきピケライン――三協紙器600日のストライキ 14-(15)
私たちの楽しいうた「風よ歌え」（楽団カチューシャ訳詞、ドナエフスキー作曲） 16
編集室から 16
表紙について――作者のことば 菊池　薫 16

第二八二号　一九六三年五月一五日

（＊働くものの祭り・写真） 菊池　薫 (1)
第34回メーデー　なごやかな中にも生活向上への意欲が！　協和銀行労組・中屋　慶美 2-5
写真・構成 菊池　薫 2-5
参加できなかったメーデー　某市銀従組・山本　春夫 6
窓口　実績つみ上げということ　N　O　N 6
目の前に職能給――白紙撤回を祈りながら　北陸銀行職組・一組合員 7

ぼくのヤブにらみ　坊戸令留　8
テレビ　日本歴史ブームはここにも　徳　9
映画　観客を不感症にする残酷シーン　石河　糺　9
北から南から
松戸の首切り行為を正当化——許せない千葉地労委の決定　10
パートタイマーという名の低賃金労働者〔日本銀行従組〕　10
婦人のしあわせはみんなの手で！——宮崎金融共斗で第一回婦人のつどいを開催　10－11
春斗いよいよ終盤戦——地銀連では一二単組が妥結　11
ミイラ取りがミイラになつた話——創価学会員を〝折伏〟したS子さん〔某市銀従組〕　11
合併を阻止し首切りを撤回さす——静岡相互・新産業体制下の反合理化斗争　12－14
大分で・みたこと・きいたこと・感じたこと　宮崎銀行従組・鈴木　茜　14－15
にくむ——一九六三・三・二四私たちの組合は分裂していつた（＊詩）　大光相互銀行従組・小林清一郎　15
切りぬき帖　16－17
振替口座開設のお知らせ　銀行労働研究会　17
統一自治体選挙をふりかえって　松下　圭一　18－19
私たちの楽しいうた「乾杯の歌」（ドイツ民謡、伊藤辰雄編曲）　20
編集室から　20
表紙について——作者のことば　菊池　薫　20

第二八三号　一九六三年六月一日

表紙画　早乙女　菊池　薫　(1)
合理化でしめあげられる婦人労働者——はたらく婦人の二つの集会から
地域や職場に話し合いの場を——第三回金融婦人の交流集会　全相銀連・S　2－4
苦しみの根はひとつ——第八回はたらく婦人の中央集会　4
解説　広い目でとらえよう——討論は合理化問題に集中　4
スモッグの正体を見破ろう——第八回働く婦人の中央集会に出席して　田沼　肇　5－6
窓口　万太郎における「下町」　新関　富雄　6
ぼくのヤブにらみ　坊戸令留　7
北から南から
七％・高卒一四、五〇〇円・大卒二一、〇〇〇円——市銀の賃上げ回答出そろう　8
職能給もちこみを撤回さす——北陸職組第二次回答で妥結　8
山梨では銀行回答不満で第二と共斗　8
各地のメーデー
首切り反対！くるなポラリス！——意気高く七十七、振興の仲間たち〔仙台〕　七十七従組・村上　8－9
雨のなか大光相互へ連帯の拍手〔新潟〕　大光相互銀行従組・K　9
七十七の鈴木君、学習活動者代表として訪中　9

先輩からの助言――新しく加わつた仲間たちへ　10-11
演劇　新劇のひとつの課題　E　12
新聞・出版　米軍内公開の狙いは　T　12
姿勢を低めても嵐はやまない――さいきんの首切り・分裂
攻撃の背景　千葉銀行従組・今野　春二　13-15
大光従組の仲間によせて（＊詩）
秋田相互従組・斎藤　勇一　15
私たちの楽しいうた「全相銀連の歌」（植木利子作詞、木
下航二作曲）　16
編集室から　16
表紙について――作者のことば　菊池　薫　16

第二八四号　一九六三年六月一五日

表紙画　船　菊池　薫　(1)
職務給・職能給化への布石――今春斗の回答にあらわれた
経営者の動向　2-4
K子さんへの手紙　職務給反対斗争の全面的展開を――賃
金斗争の総括を通じて明日の課題をさぐる
富士銀行従組・吉川　滋彦　4-6
窓口「日経連の線」は破られたか　Ｄｏｎ　Ｑ　5
編集部より　6
権利擁護で対決――フランス炭鉱ストに学ぶ　7
創意と自発性で働く者の文化を――第3回地銀連文化活動
者会議開く
千葉銀行従組・千葉繁四郎　8-9

労音・労演に課税――民主団体の組織破壊がねらい　9
北から南から
首切り・不当転勤を撤回さす――分裂後の茨城従組で大
きな成果　10
グンと上つた能率つよまる差別〔日本銀行従組〕　10
地道に活動家を育てるAさん〔A市中銀行従組〕　10
市銀連第八期役員きまる　10-11
飯をカミカミ卓球場へ――待ちどおしくなつた昼休み
〔静銀従組〕　11
〝預金増強〟のかげに暗くなる職場　11
本誌No.282「にくむ」の作者小林清一郎さんへ　M　11
振替口座開設のお知らせ　銀行労働研究会　11
ぼくのヤブにらみ　坊戸　令留　12
テレビ　勤労者と主婦の批評の眼　徳　13
文学　現代の不安と文学　M　13
「黒いシナリオ」の筋書――大分銀行従組の分裂まで　14-16
ブック・ガイド　内海義夫著『講座・労働の経済学』　15
時評　ポラリスに踊る新聞　17
キケンなポラリス潜水艦　ＫＮＡ　17
切りぬき帖　18-19
私たちの楽しいうた「空にはお陽さま」（オシャーニン作
詞、オストロフスキー作曲）　20
編集室から　20
表紙について――作者のことば　菊池　薫　20

第二八五号　一九六二年七月一日

表紙画　漁夫　菊池　薫　(1)
〝安保〟を上まわるたたかいへ——米原子力潜水艦〝寄港〟
は私たちになにをもたらすか　2–5
窓口　低金利政策の矛盾　新関　富雄　5
サークルは自由のひろば——「ゆきどけ」サークル七年の
あゆみ　第四銀行従組・金原　規子　6–7
車掌さん死の抗議——神戸市バス人権無視の身体検査　7
北から南から
組合結成相次ぐ証券業界——春斗の中で大阪・名古屋に
四組合　8–9
多彩なプログラム——静岡銀行の研修計画　8
こんどは組合事務室の移転と〝使用心得〟の押しつけ〔七
十七〕　9
全生保婦人部でパンチャーの懇談会　9
朝掃除のための早出廃止をかちとる〔羽後〕　9
ぼくのヤブにらみ　坊戸　令留　10
新聞・出版　国民の声を故意に黙殺　T　11
美術　職場における美術運動　全生保文化部・鈴　木　11
資本家だけが丸もうけ——物価値上げと安定賃金　大沢　三郎　12
すすむ労協の改悪——はくだつされる既得権　ＩＬＯの民
間版　活動制限やスト禁止　12–13
値上げ反対運動高まる——乗車ボイコットなど〔関西〕　13
新らしいアメリカの労働運動　全港湾労組委員長・兼田富太郎　14–15
私たちの楽しいうた「チロルの射手」（チロル民謡、戸野
昭訳詞、矢沢保編曲）　16
編集室から　16
表紙について——作者のことば　菊池　薫　16

第二八六号　一九六二年七月一五日

表紙画　海の魚　菊池　薫　(1)
はたらく者の文化運動の方向——未来への確かなイメージ
が新しい文化を創る　武井　昭夫　2–5
窓口　〝人道〟と〝政治〟の関係　ＰＯＮ太　5
もう戦争はごめんだ——全国で「寄港」反対の大デモ　(6)–7
職場のなかまに真実を知らせたい——6・23横須賀大集
会に参加して　某市銀従組・Ｋ　生　8
職場で「寄港」反対の署名を集めたＡさん　Ｂ市銀従組・Ｒ　8
ぼくのヤブにらみ　坊戸　令留　9
北から南から
臨給に「特別加給減給」制——伊予銀行で今期から実施　10
現職事務局長に配転命令——任期まで延期を申入れ〔滋
賀金融共斗〕　10
〝別居してでも現地へ住め〟——親和経営者通勤手当問

題で暴言 10–11
競争激化と労働強化をもたらす銀行回答〈日銀従組〉 11
訪中中の鈴木君から元気な便り 11
〝小さく分けて支配せよ！〟――特急コースと鈍行コースの賃上げ回答　N銀行従組・M 生 11
テレビ　うなずけないNHKの解説　徳 12
映画　映画界のまき返し攻勢　石 12
ブックガイド
豊富なデータで示す合理化の本質と現象――加藤尚文著『合理化』　三井銀行従組・小松　光子 13
ねころんで読める軽い物語りで解説――金子・丹下著『ぼくは組合1年生』 13
軍事基地の中にも合理化の嵐――チエース・マンハッタン銀行に首切り　外銀連・井上　尚直 14–15
紹介　話題の「ジキト」――また来日するボリショイ・サーカス 15
切りぬき帖 16–17
正しいことは正しいと……――〝分裂〟とたたかう大分従組のなかま　T生／泉谷甫 18–19
私たちの楽しいうた「おやまたはずした」（フランス系スイス民謡） 20
編集室から 20
表紙について――作者のことば　菊池　薫 20

第二八七号〈安定賃金問題特集〉　一九六三年八月一日

表紙画　花火　菊池　薫 (1)
はじめにまず結論を 2
第1章　「安定賃金」の背景 2–3
第2章　安定賃金とはどんなものか 4–5
第3章　安定賃金の諸形態 6–10
第4章　「安定賃金」のもたらしたもの 10
第5章　金融機関にあらわれた安定賃金 10–12
第6章　物価問題と安定賃金 12–13
第7章　安定賃金といかに斗うか 13–14
日経連の「安定賃金」の分類／労働省の「安定賃金」の分類 7
資料　物価騰貴にたいする総評の見解と提案 14–16
安定賃金に対する総評の態度 15
参考文献紹介 16
表紙について――作者のことば　菊池　薫 16

第二八八号　一九六三年八月一五日

表紙画　トウモロコシ　菊池　薫 (1)
バカンスを私たちのものに――金沢金融若人の集いが〝夏の祭典〟 2
炎に映える若者たちの顔、顔――北鉄の仲間とともにいごを飾るキャンプファイヤー　損保・S 3

明日の世界はこのつながりの中から――キャンプに参加
して　北陸銀行職組・S・T生　4－5
バカンスとはいうけれど〝一斉夏休み〟はゴロ寝――会
社がにぎる「休暇の権利」　KNA　3－5
窓口「家庭」について　HIRO　5
私たちのサークル
「現代」を知る手がかりに――開銀歴史サークル十一年
の歩み　日本開発銀行従組・中村　明子　6－7
機関紙『サークルだより』から　歴史サークルと私
何を感じ何を考えどう生きるか　営二・小沢　7
できる限り続けたい　共済会・黒沢　7
人が人を搾取する社会の道徳――修身課復活の動きに想う
紀陽銀行従組・林口　幸雄　8
サークルの仲間たちと一日猿島にあそぶ
市銀従組・K生　8－9
生活記録　子供を育てる　正金相互従組・平野　重信　9
北から南から
組合の反対を無視し女子案内係を強行実施〔泉州〕　10－11
期待はずれの昇給査定〔日本銀行従組〕　11
創作曲「おお金融の仲間たち」をうたつて下さい
西日本のうたごえ金融実行委員会・木村　睦夫　10
働くものの連帯の輪でぼくらの明日をかちとろう――静
岡銀行従組青婦人部の役員研修会開く　後藤　桂一　11
職業病対策を合理化反対斗争の一環に――キーパンチャー
対策単産代表者会議開く
全損保青婦対策部・本橋　愛子　12
全損保でも決起集会　12
ぼくのヤブにらみ　坊戸令留　13
〝誠意〟と〝かけひき〟のあいだ――『徳川家康』はなぜ
読まれるか　金子　徳好　14－15
新週刊問題　後味の悪い結末――総評定期大会おわる　15
切りぬき帖　16－17
投稿「寄港」反対に立ち上ろう――行動をとおして平和
への意思表示を　千葉銀行従組・今野　春二　18－19
私も一言「専門家」ということ　服部　栄　19
私たちの楽しいうた「おお金融のなかまたち」（西日本の
うたごえ金融創作曲）　20
表紙について――作者のことば　菊池　薫　20

第二八九号　一九六三年九月一日

表紙画　鉄工場で働くひと　菊池　薫　(1)
原水爆禁止世界大会に参加して
分裂では決してない――マスコミの報道と事実はこうも
ちがう　全損保日動支部・川上礦二郎　2
なんとしても統一を――平和は守るのでなくきずくもの
だ　中村　頴子　3
当面の行動で一致　困難のりこえ核武装阻止へ前進――第
九回原水爆禁止世界大会の経過　4－6
当面の統一行動強化に関する決議

第九回原水爆禁止世界大会日本代表団　6
開会総会での外国代表のあいさつ〔要旨〕
趙朴初／ヤロスラウ・クノブロッホ／ビクトリア・シラージン　7
窓口　先進国への道　新関　富雄　7
北から南から
権利意識にめざめよう――いっこうに減らない時間外労働〔某市銀従組〕　8
本人に無断で天引預金〔七十七〕　8
改善された電話交換手の就労条件〔富士〕　8
年休に不当な制限――組合では厳重に抗議〔岩手〕　9
〝金融のうたごえ〟主催で大キャンプ〔静岡〕　9
ぼくのヤブにらみ　坊戸令留　10
テレビ　NHKの危険な傾斜　G　11
暮し　夏向き住宅と暖房　K　11
ドキュメント関東大震災　現代につながる教訓――日朝労働者の弾圧か　侵略戦争へ　原　一彦　12-13
弾圧犠牲者の追悼式――四十週年を記念して　12
闘いとられた権利　有給休暇を四週間に延長――フランス労働者の本場のバカンス　13
大分従組に救済命令でる――大分地労委、組合側の主張を全面的に認める　14-15
今度は〝理由なき〟首切り――全県的な斗争体制固む〔弘前相互〕　15
事実を一人でも多くの仲間に……
弘相従組・田中　鉄信　15
私たちの楽しいうた「武器はみんな捨てろ」〔黒人民謡〕　16
編集室から　16
表紙について――作者のことば　菊池　薫　16

第二九〇号　一九六三年九月一五日

表紙画　精油所　菊池　薫　(1)
限りない祖国日本への郷愁――沖縄の幼き友だちを訪ねて　静岡銀行従組・佐野　明　2-6
黒人の差別撤廃を要求――ワシントンで二十万人の大デモ　7
窓口　ホントの週休二日制を　NON　7
新聞・出版　なり手がいない義宮妃　T　8
映画　しみじみ感じる平和への讃歌　小山　和子　8
ぼくのヤブにらみ　坊戸令留　9
北から南から
池袋金融学習サークル――夜空にひびく笑い声丹波キャンプ場に五〇名が集う　東京信用従組・大神田武行　10
〝だれも信用できない〟とA君はいうが……〔日本銀行従組〕　10
反発かつた銀行のお古いアタマ――第一〇回組合学校盛大に終る〔山陰合同〕　10-11
資本のねらいを見抜こう――金融機関における週休二日制のうごき　11
苦しみの根源に鋭どいメス――盛大に開かれた第九回日本

母親大会　12―13
決議（要旨）　13
一人ぼっちではなくなった日本のお母さん！――分科会「母親運動」に出席して　大分銀行従組・椎原　房恵　13―15
悩みや苦しみをのり越えよう――商業金融婦人交流集会開く　14
共働きの喜びと苦しみ――第三回既婚者の交流会の中から　東海銀行従組・福富喜栄子　15
まかりでた御用文化活動　敵ながらアッパレ・キメのこまかさ――愛社精神の昂揚からレジヤー管理まで　16
年内解散説の背景　バラ色のムード崩れ革新の虚をつく作戦　17
文化短信
「忍びの者」さらに続編／〝恐怖反応〟が四〇％／わらび座訪中　17
マスク・ぬれ手拭いで押入れへ――原子力潜水艦の事故を政府が想定　社会党が政府調査資料を入手　18―19
東西呼応して20万人――9・1統一行動　核潜艦「寄港」に痛撃　19
私たちの楽しいうた「キューバ・シー！ヤンキー・ノー！」（キューバ歌曲、関鑑子訳詞）　20
編集室から　20
表紙について――作者のことば　菊池　薫　20

第二九一号〈松川事件特集〉一九六三年一〇月一日

表紙画　ぼた山　菊池　薫　(1)
松川断想　後藤昌次郎　2―3
奪われた青春はかえつてこない――永かつた14年・この怒りを今後の斗いに　高橋　晴雄　4―5
松川事件とともに12年――ある活動家の記録　七十七銀行従組・青木卯三郎　6―8
広津先生のこと　岡田十良松　8
松川斗争にまなぶ――不当弾圧と斗う活動家の座談会（長崎相互銀行従組）池田勉／（松戸信用金庫労組）渡辺寛美／（松戸信用金庫労組）天野征朗／（東京信用金庫労組）笹岡義雄／（東京信用金庫労組）大神田武行／（日本信託銀行労組）関町好子／（日本信託銀行労組）御筆敏子　9―11
事件の背景と真犯人への手がかり　12―15
窓口　司法権の独立と〝雑音〟　新関　富雄　13
真の意義を故意に黙殺――無罪判決とマスコミ　曾木　耕一　14―15
私たちの楽しいうた「真実の勝利のために」（仙台合唱団詞曲）　16
編集室から　16
表紙について――作者のことば　菊池　薫　16

第二九二号　一九六三年一〇月一五日

表紙画　買い物　菊池　薫　(1)
高い貯蓄率・低い生活水準——社会保障の貧困がもたらした矛盾　2–5
社会保障の充実訴え「朝日行進」東京入り　4
窓口「若い銀行」のかげに　DON　5
集金事務を下請け化——ふき荒れる合理化のあらし〔弘前相互〕　6–7
制作部門はすべて下請け——すすむ民放の合理化　7
テレビ　人気番組を採点すれば　徳　8
暮し　商品テストへの信頼と不安　K　8
ぼくのヤブにらみ　坊戸令留　9
北から南から
オペレーター等の災害補償と交替制の確立を要求〔山陰合同〕　10
滋賀銀行にもけんしよう炎が発生　10
松川・白鳥事件まがいの謀略行為——偽造領収書の提出、証拠隠滅をはかる銀行側〔七十七〕　10–11
敬遠された労務行員の待遇〔関東地区〕　11
おことわり　編集部　11
得意先係は訴える　自動車より人間に保険を！——銀行業務の第一線というけれど〔泉州銀行〕　11
時の問題　改憲急ぐ憲法調査会民主条項なし崩し——総選挙めざし最終報告書提出へ　12
ブック・ガイド
米ソの歴史を対照的にえがく——アラゴン、モーロア共著『東と西』　金子　静枝　13
きびしい斗いの背景と教訓——東京地方争議団会議、労働法律旬報社共編『斗う労働者のど根性』　NON　13
もう選挙戦ははじまっている——総選挙をめぐる両陣営のうごき　小林　庄一　14–15
切りぬき帖　16–17
現代共稼ぎの訴え！——イヤガラセの中でがんばる既婚者
山陰合同銀行従組のアンケートから　18–19
私たちの楽しいうた「とび去った小鳥」（ポーランド民謡、おきはるを編曲）　20
編集室から　20
表紙について——作者のことば　菊池　薫　20

第二九三号　一九六三年一一月一日

表紙画　失業者　菊池　薫　(1)
兜町にはなにが起ったか——不況下の株式市場と証券労働者　2–5
新聞週間はにぎやかだが良心的記者は配転——真実は報道されない　4
窓口「カギッ子」　H　5
預金集めにあらたな手——問題はらむ四国銀行の「走る店

舗」 高知金融労組懇談会も経営者に抗議 6－7
銀行に対する回答 7
お知らせ 7
雑談にも職制の目——強まる役所のしめつけ 7
北から南から
狙いは組織の弱体化——神奈川相互に協約改悪案と役手当増額でる 8
七十七にまたも不当なケンセキ処分 8
ネーム・プレートを全店で着用——三井銀行で一〇月から 8－9
気楽な話し合いの場——全相銀連大阪府協に「フラワー会」誕生 9
大正相互で、時短の先制提案 9
労基法も守られていない職場東邦 9
果して時代の花形か——私たちの職場をもう一度みつめよう〔四国地区〕 9
ぼくのヤブにらみ 坊戸令留 10
新聞・出版 与論調査のトリック T 11
映画 曲り角にきたATG 石 11
〝争点なき総選挙〟の争点——それはありあまるほどある 松成 義衛 12－13
背後に蔑視思想と差別政策——相つぐ朝鮮高校生への暴行・傷害事件 14－15
現職警官の暴行や「集団暴力」扱いも KNA 15
私たちの楽しいうた「紅い河の谷」〔アメリカ民謡、中山英雄編曲〕 16
編集室から 16
表紙について——作者のことば 菊池 薫 16

第二九四号 一九六三年一一月一五日

表紙画 道路 菊池 薫 (1)
総選挙特集① あの公約はどうなつた——池田政府の3年間 2－4
総選挙特集② 物価はなぜあがる？ 金子 徳好 5－7
総選挙特集③ 総選挙にのぞむ各党の主な公約くらべ〔日本機関紙通信社編〕 8－9
全裁判官に×印を——最高裁裁判官の国民審査 9
保守・革新の得票率 9
北から南から
〝一石三鳥〟ねらうガメツイ役手引上げの提案〔紀陽〕 10
系列化に反対してスト権確立〔滋賀相互〕 10
「既婚者はみんなやめろ」——御用組合の興産相互で首切り 10－11
組合要求とは正反対の回答〔北陸〕 11
七十七でこんどは差別と弾圧の人事異動 11
これが〝合理化〟だ！——機械従事者の座談会から〔四国〕 11
ぼくのヤブにらみ 坊戸令留 12
テレビ これがほんとの〝俗悪番組〟 G 13

サークル　サークルにおける紋章の発見　佳　13
労務員は訴える——ぼくらも同じ組合員　14－16
憲法解釈をさける——朝日訴訟　政治的な判決　17
切りぬき帖　18－19
私たちの楽しいうた「いつも君と共に」（トウレィザーロフ作詞、モクロウソフ作曲、小野光子訳詞）　20
編集室から　20
表紙について——作者のことば　菊池　薫　20

第二九五号　一九六三年一二月一日

表紙画　職場の合唱　菊池　薫　(1)
職場にひそむ厄病神——労働災害は私たちのまわりにも　2－5
窓口　アメリカの〝黒い霧〟　ＰＯＮ太　5
ぼくのヤブにらみ　坊戸令留　6
新聞・出版「罠」放送延期の真相　Ｔ　7
音楽　労音、音協、民音　田村　一郎　7
北から南から
　選挙違反を口実に不当逮捕
　有無をいわさず連行——アカハタ販売中目にあまるこじつけ〔東京〕　8
　偽の証拠固めに狂奔——任意同行が現行犯に化ける〔青森〕　8－9
首切りを撤回さす——二四五日の斗い一応妥結〔門司信用〕　9
ねらいは思想調査?——行員ロッカー、独身寮の検査〔東京地区〕　9
ゆがめられる〝真実〟——強まる反動文化攻勢　10－11
テレビは狙われている——日米文化会議の裏側　11－12
民主的なチャンネル権　最高は1日10時間——私鉄京阪神労組のアンケートより　12
社会党はなぜ伸び悩んだか——総選挙の結果が教えるもの　海野　幸隆　13－15
驚くべき不正手段——韓国大統領選挙　15
私たちの楽しいうた「おおアルムには」（チロル民謡、穂高五郎訳、矢沢保編曲）　16
表紙について——作者のことば　菊池　薫　16

第二九六号　一九六三年一二月一五日・一九六四年一月一日合併号

表紙切り紙　蛇踊り　金子　静枝　(1)
ぼくの初夢（えと文）　谷内　六郎　2
表紙のことば　金子　静枝　2
新年随想
　この時にこそ深い思索を　真山　美保　3
問題はかくされた真実　松本　清張　9
現地報告　にっぽんの現実
①東北から　新産業都市指定後の表情——八戸全体が掘り起されている　青森銀行労組・小倉　ミキ　4－6

②中国から　自衛隊航空基地をめぐるその後の美保
山陰合同銀行従組・田中　邦枝　7—9
③九州から　筑豊のヤマをたずねて
全損保日動支部・石原　雅彦　10—11
資本の本性むきだしに——七十七銀行従組の裁判斗争から　12—14
季節のことば　七福神／鏡餅／たこ　14
スポーツと政治——東京オリンピックを目前にして
原　秀彰　(15)—17
ここにも体制の相違——オリンピック強化策　17
東京オリンピックと新聞——オリンピックブームのかげに
新聞労連・福本　照　18—19
1964年わたしの公約
(岩手銀行従組)星研二／(日本銀行従組)毛利元／(宮崎銀行従組)鈴木茜／(朝日生命労組)千坂雅子／(第一銀行従組)駒形徳治／(日本銀行従組)土あゆみ／(七十七銀行従組)村上康郎／(千葉銀行従組)山田通雄／(三井銀行従組)小松光子／(福陽信金労組)藤原久／(千葉銀行従組)内藤博夫／(紀陽銀行従組)林口幸雄／(富士銀行従組)上野典明／(名古屋相銀従組)横井利雄　20—21
ママ組合員の悩みと喜び——既婚婦人の回覧ノートから
〔東京労〕(全労金機関紙『全労金』から)　(22)—24
おんがく「労音」対「音協」は氷山の一角——民族的音楽文化の発展おそれる日米反動
全損保日火支部・田村　一郎　25
作品傾向からみた1963年の映画　いしこ・ただす　26—27
実業家的作家と文学青年の浅薄さ　加見　優　26—27
コントでのぞく1963年小史　28—29
お正月の祝い唄　上　笙一郎　28—29
晴れ着と若い女性——去勢される〝現代女性〟　村上　信彦　29
お酒に飲まれないお酒の飲み方　29
北九州金融のなかま　若い情熱が作る連帯の輪——赴任して一年間に感じたこと　F銀行従組・三山　登　30—31
1963年の10大ニュース
裏日本に豪雪／吉田石松老無罪／誘かい・爆発・脅迫／核潜艦反対運動高まる／原水禁大会紛糾／松川事件の無罪確定／東京国際スポーツ大会／三池・鶴見の大惨事／総選挙で革新伸びる／物価うなぎ上り　31
ケネディ暗殺と国際政治の焦点——ゆれ動くアメリカの政治情勢　陸井　三郎　32—35
平和の使徒にまつりあげられたケネディ——暗殺事件に見るマス・コミの態度　紀陽銀行従組・林口　幸雄　35
あけましておめでとうございます　銀行労働研究会一同　36

第二九七号〈新年第2特集号〉一九六四年一月一五日

表紙切り紙　金子　静枝　(1)
創作　白い元帳はイコさん　日本勧業銀行・昆　とし子　2—5
詩　記念植樹　日本銀行・木田　満枝　3
テラー嬢の憂うつ(鳥取銀行従組機関紙『はばたき』より)　5

馬喰のうた――青森職演協第11回労働芸術祭上演脚本
青森銀行労働組合演劇部創作班・きしだみつお 6―15
詩 海 協和銀行・信田 東子 9
切りすて（＊詩）（静岡銀行従組『銀泥』より）
かとうようこ 12
「みんなでうたう歌」を担当するにあたって
千葉銀行合唱センター 15
みんなでうたう歌 「祝えこの日」（岡田京子曲）
千葉銀行合唱センター 16
編集室から 16

第二九八号 一九六四年二月一日

表紙切り紙 かまくら 金子 静枝 (1)
モグラのような斗い二年間――白日のもとに躍り出た野村
証券労組 地銀連・佐藤 御弦 2―5
窓口 民族の尊厳を知るもの N O N 5
時の問題 動き出した金融界の再編成 松成 義衛 6―7
北から南から
一律を基本に定昇別四千円以上の賃上げを――地銀連第
二六回中央委員会で討議 8
大分従組で時間外協定改悪案を粉砕 8
「知的美人以外は雇わない」――大阪労金で役席が放言 8―9
不当配転で共稼ぎ夫婦が別居――無協約下の全損保東京
海上支部で 9
松谷、石垣両君の不起訴を斗いとる〔青森銀行労組〕 9
残高不突合を理由に一四名に処分強行〔岩手銀行〕 9
病友へ――けんしよう炎にて池の平に病める（＊詩）
全損保日火支部・本橋 愛子 9
テレビ 平和な島か基地か 徳 10
社会 愉快な求人広告 潮 10
在日米軍縮少の陰に米軍の増強ビッグ・リフト作戦――B
57は引揚げるが…… 11
F一〇五横田に来るな――一・二六10万人集会 原水連は
30・31日に平和大会 11
西独のBG見たまま 上坂 冬子 12―13
根元は原子力政策のゆがみ――東海村JPDR騒動の背景
江連 秀夫 14―15
みんなでうたう歌 「コンニチハ赤ちゃん」（永六輔詞、中
村八大曲） 千葉銀行合唱センター 16
編集室から 16
表紙のことば 金子 静枝 16

第二九九号 一九六四年二月一五日

表紙切り紙 紙すき 金子 静枝 (1)
大巾賃上げへ確信もって斗える要求を――春斗めざす要求
づくりの活動から
行動を通じて意志を結集〝地域との結びつき〟にもねら
い――全損保大正支部青年婦人部の調査活動 2―4

実例によって「理論」の理解を　二冊の討議資料と三冊の学習資料——北陸銀行職組の学習活動　北陸職組・森　勇　4-5
窓口　予算案の季節　新関　富雄　5
さいきんの人事管理賃金管理のねらい——三井銀行の「新」人事制度を素材に（上）　6-7
あり得ぬ〝二つの中国〟——反米で一致した中仏の国交再開　杉山　市平　7
新聞・出版　〝朝日〟のお家騒動　T　8
暮し　軽んじられてる生命　K　8
文化時評　注目をあびる創価学会の文化活動——その狙いはどこに？　9
〝歓喜の歌〟（滋賀銀行従組機関紙『いぶき』より）　一　女　性　9
北から南から
「長崎相銀事件は階級的弾圧」——最高裁公判で諫山弁護人が反論　10
職場に地域に統一の輪を！——東北・岩手活動者会議開く　10
精神訓話より効果ある？「職場体操」　日銀従組・落　10-11
なごやかな中にも斗う決意が——金融・放送・航空統一春斗総決起集会開く　11
事務センターの休憩時間を獲得——一五分づつ三回一斉に〔北陸〕　11
四国銀行が「春斗討論集会」に不当干渉　11
基地をとりまく怒りの声——F一〇五かえれ！　12-13
解説　ねらいは核戦略体制の強化——F105戦斗爆撃機の性能は……　13
まま子扱いはもうごめん——望まれる積極的なトラ店対策　14-15
コント・コーナー　15
切りぬき帖　16-17
文化短信　日本アンデパンダン展近づく／小林多喜二の記念碑建設へ　16
39年度予算と国民生活　安保体制強化のマンモス予算——重税・高物価のしわは労働者・中小企業者に　木村禧八郎　18-19
みんなでうたう歌「建設」（朝鮮曲、楽団カチューシャ訳詞、山田通雄編曲）　千葉銀行合唱センター　20
編集室から　20
表紙のことば　金子　静枝　20

第三〇〇号〈創刊300号記念号〉

一九六四年三月一・一五日合併号

表紙切り紙　くらしの道具　金子　静枝　(1)
春風にのせて——『ひろば』300号によせて（＊詩）　土井　大助　2
座談会　現代の青年気質とこれからの青婦人活動
（東邦生命労組）中島登茂子／（三井銀行従組）宮島操／（日本勧業銀行従組）高橋俊夫／（地銀連青婦人対策部長）渡辺金一／（地銀連調査部書記）佐藤御弦／那須

野隆一　3－8
文化短信
「こちら社会部」に本賞／積立預金で中国旅行／野呂栄太郎没後三十周年　8
変貌する社会と婦人労働者――その雇用をめぐる二、三の問題　広田　寿子　9－11
婦人の権利憲章草案を発表――五月十一日から国際婦人労働者会議　11
現代青年層の政治意識――地銀連の社会意識調査から　佐藤　御弦　12－15
ねらわれる若者たち――政府・独占資本の青年対策　竹内　真一　16－19
〝危機〟は作品の質に――よい映画作ろうと映画復興会議開く　19
青婦人部活動の理論と実践　日本勧業銀行従組・高橋　俊夫　20－21
金融・保険業における青年労働者の規模別・年令別・性別賃金分布　22－23
歴代の編集者が語る『ひろば』その昔
職場の仲間たちとの語らい――かれらこそほんとうの編集者　長　幸男　24－25
あれから十年もたつのによくならない働く人たちの暮し　大河内俊子　25－26
起伏の多い労働運動の中でいま当時の紙面作りを反省　佐藤　御弦　26－28
徹夜での仕事もしばしば――なつかしい青春時代の一頁　野田　正穂　28－29
三〇〇号を迎えるにあたつて――『ひろば』のあゆみをふりかえりながら　編　集　部　29
国境をこえた美――北京京劇団日本公演をみて　七十七銀行従組・鈴木　楫吉　30－31
みんなでうたう歌「コキリコの唄」（富山県五箇山民謡、矢沢保編曲）　千葉銀行合唱センター　32
編集室から　32
表紙のことば　金子　静枝　32

『月刊ひろば』

第一号〈青婦人代表者会議特集〉一九五〇年一一月

『ひろば』と三つの願い――創刊の辞に替えて　全銀連青婦人対策部長・高橋　元滋　前付1
〝嵐の中に進む道を〟――第三回青婦人代表者会議ひらく　1－2
〝たかまる平和の熱望　戦争準備の首切・低賃金に〟――真剣に説く佐藤委員長　2－5
休暇（定例・生理）なぜ取れぬ――忙しい？　役席がこわい？　5－6
だけど休暇は取れる!!――努力と工夫の生み出す斗い　6－7
ダブル配置で増員――安上りの人員配置に反対　7－10

ファスト・カスペル一体で巨大な統一戦線の一環へ 10−12
居残り稼ぎと健康――愛情、賃上げ、早帰り 12−13
機関誌『風車』も出す――活発な東北演劇サークル 13−14
文化運動オンリーはダメ――一斉休憩コーラスいかが? 14−15
〝一人一人がバリケードとなろう〟――統一斗争に固い決意 15−19
統一斗争こそ平和擁護の道――「朝鮮」と関連する「赤追放」 20
サボ? 御用化?――必要な単組の反省 20−21
首切りは必至 明日からオルグを――あらゆる職場に抵抗を 21−24
スローガンより明日からの斗いが大切 24−26
若さと行動性こそ青婦人の力――青婦中執は取下げ 26−28
信条の自由犯すな 斗う努力が重要 28−29
直ちに実践へ――委員長あいさつ 29
編集部あとがき W (30)
『ひろば』第二号予告 (30)

第二号 一九五〇年一二月一八日

するおがん 前付2
お札のホコリはシミになる――横浜興信、出納被服獲得の歴史 1−3・10
詩 青森の若ものよ! 全銀連青婦人対策部長・高橋 元滋 4−5
「燃えろペチカ」(ロシヤ民謡、鳳秋夫編曲、緒園涼子作詞) 6
中京の銀行の娘たち――東海支部婦人懇談会の歴史 7−9
詩 たましいを磨いてゆく 10
特集 不当首切りと青婦人
こんな悲しい時に歌なんか歌えません〔帝銀京都〕 11−12
必ず勝つという確信を――近畿青婦人、首切り反対へ 12
やがて私たちの平和乱す――関信婦人拡大執委に帝銀某嬢の叫び 12
どうして破壊的分子などと……――帝銀、協和女子行員へ激励文 13−14
新聞も出す、会費もとる――協和、全国青年婦人協議会生る 14−15
『青婦協』創刊号出る 15−16
コント 新版ペン偽らず(協和『青婦協』創刊号より) 16
協和労組本店・幸 子 17−18・10
カット(青森従組機関誌『新鉱脈』より) 17

第三号 一九五一年二月

巻頭言 全銀連青婦人対策部長・高橋 元滋 前付1
〝歌う自由〟と〝自分の歌〟――嵐の中に伸びる千代田合唱サークル 1−4
寸劇Ⅰ 大トラの黒星(『青婦協』第二号より) 5
寸劇Ⅱ 銀行のホコリ(『新樹』創刊号より) 5−6

うた「花環の歌」（ウエーバー作曲、大井辰夫編曲、高橋信夫作詞）　7
詩　ポプラの詩抄　青森銀行本店・梅木　きみ　8・37
特集Ⅰ　斗う北陸青婦人の横顔　9―18
（＊読者カード・投稿について）　高橋　元滋　18
小説　親父――一九五〇年の日記から　帝銀大阪支部・木村　良平　19―22
『緑蔭』出る　22
特集Ⅱ　女子行員の生活記録
読書もゼイタク？　帝銀営業部・Y　子　23―25
ある女子行員の職場日誌――お掃除・事務服・戦争・居残り・署名・お給料　協和A分会・S　子　25―27
北から南から
〝毎晩弟が出迎えに〟〝帰って着物の仕上げを……〟（埼玉）（『芙蓉』第一巻第四号より）　27―28
壁新聞食堂へ行く（大分合同従組本店婦人部）　29―31
サンタ爺さんよろしく――事ム服をプレゼント（四国従組婦人部）　32―33
読者のひろば（読書カード回答）
（大阪神戸支店）竹内稔／（大和本店）橋崎博之／（七十七調査）菊田勝英／（協和小倉支店）田中貞子／（協和久留米支店）内野勇／（協和甲府支店）雨宮章生／（青森五所川原支店）高橋いち／（伊予合同桜井支店）種田繁／（佐賀興業塩田支店）緒方文生／（四国銀行上町支店）植矢静江　34―37
『ひろば』の利用について
『ひろば』読者カード　『ひろば』編集部　38・37
（＊ビラ②）一九五一年二月五日
『週刊ひろば』発刊のおしらせ!!　高橋　元滋
（＊ビラ③）一九五一年二月七日
『ひろば』をみんなのものに!!　高橋　元滋
第四号　一九五一年三月二八日
（＊スローガン）　表紙裏
巻頭言　全銀連青婦人対策部長・高橋　元滋　1
詩　妻の誕生日によせて労働者の妻達に捧げる　秋田銀行職員組合・いしいかつゆき　4―5
東海特集
婦人会議
私たちのことは私たちの手で――みんなが喋べつた東海　6―9
伊予合同特集
〝坊ちゃん〟の町松山に育つ芽生え　10―18
伸びる婦人コン談会（伊予合同従組）　21―27
私のすゝめる本
『現代女性十二講』　N銀・北川　俊子　19

O・ラティモ著、小川修訳『アジアの情勢』　平田貞治郎　19–20
『ルーヂン』　K銀・田中みよ子　20
話す言葉と歌う言葉（パアシイ・デユート）　20
統一メーデーへの動き　27
詩　くらしの歌　千代田・園　いずみ　28–29
うた「おゝ、この道よ」（ノヴィコフ作曲、鳳秋夫編曲、篠原真採譜）　31–30
北から南から
組織の力へのめざめ――事務服をカク得するまで　岩手殖産従組本店支部婦人部長・工藤万貴子　32–34
たのしいサークル活動を中心に――女子給仕さんたちの全国組織「みどり会」（農林中央金庫本所）　木村　康子　34–37
読者のひろば（読書カード回答）（埼玉銀行調査課）野崎敏夫／（四国銀行本店）田所珣子／（大和銀行大手支店）谷口千代子／（協和銀行下関支店）田上正／（協和銀行天下茶屋支店）横田一子／（近畿青婦人会議）原山悟／（第四銀行板倉支店）上原光子／（大和銀行阿倍野橋支店）松本昭子／（伊予合同本店）大山初子／（青森銀行田名部支店）白浜幸三／（山陰合同本店）力頭敏夫／（大和銀行本店）鈴木寿枝／（大和銀行船場支店）吉川留次／（大和銀行船場支店）中下定子／（大和銀行本店）青野弘子／（山梨中央本店）高岡英子　37–39
編集後記　N　39

（＊第五号）〈第四回全国青婦人会議特集号〉　一九五一年九月一日

第四回全国青婦人代表者会議確認スローガン　(1)
Ⅰ　青婦人こそ正義の力（第一日午前）　4–6
Ⅱ　職場に斗う若者たち（第一日午後）　6–11
Ⅲ　戦争準備、法規改悪との斗い（第一日午後）　11–14
Ⅳ　〝平和への道〟給与斗争（第二日午前）　14–16
Ⅴ　生活と文化のための斗い（第二日午後）　17–20
Ⅵ　戦争は防げる!!（第二日午後）　20–24
生保青婦人部代表挨拶より　24
青年祖国戦線代表の挨拶より　24
友誼団体挨拶及びメッセージ　24

〈復刻版と原本の対照表〉

復刻版巻数	原本号数	原本発行年月
第1巻	第1号～第62号	1951年2月～1953年7月
第2巻	第63号～第97号	1953年8月～1955年4月
第3巻	第98号～第122号	1955年5月～1956年6月
第4巻	第123号～第150号	1956年7月～1957年9月
第5巻	第151号～第176号	1957年10月～1958年10月
第6巻	第177号～第203号	1958年11月～1959年12月
第7巻	第204号～第228号	1960年1月～1961年1月
第8巻	第229号～第253号	1961年2月～1962年2月
第9巻	第254号～第278号	1962年3月～12月
第10巻	第279号～第300号	1963年1月～1964年3月
付録	『月刊ひろば』第1号～第4号、第4回全国青婦人会議特集号 『ひろば』第313号、第382号、第441号、第500号、第790号、第1096号	

解題執筆者紹介

鈴木貴宇（すずき・たかね）

一九七六年生まれ。

現在、東邦大学理学部教養科人文科学教室准教授。

主著に『コレクション・戦後詩誌　第八巻　社会主義リアリズムの系譜』（単編著）ゆまに書房、二〇一七年

『ライブラリー・日本人のフランス体験　第三巻　パリへの憧憬と回想――『あみ・ど・ぱり』』（単編著）柏書房、二〇〇九年

論文に「銀行労働運動における機関誌の意義と考察――機関誌『ひろば』を事例として」、『Intelligence』第一八号、二〇一八年

「パトスとしての文壇――巴里会と組合文化運動を事例として」、『文学』二〇一六年五・六月号

「鍵のかかった部屋――あるいは名探偵と精神分析」、『ユリイカ』二〇一五年八月号

『ひろば』解題・総目次・索引

２０１８年10月30日　第1刷発行

定価（本体２、０００円＋税）

ISBN 978-4-8350-8249-3

発行者　小林淳子

発行所　不二出版　株式会社

東京都文京区水道2-10-10

電　話　０３（５９８１）６７０４

ＦＡＸ　０３（５９８１）６７０５

振　替　００１６０-２-９４０８４

組版・印刷・製本／昴印刷

Ⅲ 索引

『ひろば』索引・凡例

一、本索引の採録範囲は『ひろば』第１号～第300号、『月刊ひろば』第１号～第４号・第四回全国青婦人会議特集号（1950年11月～1964年３月）である。

一、本索引は配列を五十音順とし、外国人名も姓を基準とした。

一、旧漢字、異体字はそれぞれ新漢字、正字に改めた。

一、表記は、号数―頁数の順とした。

一、『月刊ひろば』の号数は「月」を付して表記した。

　　また、号数のない「ビラ」は、以下のとおり資料番号で示した。

　　ビラ②1951年２月５日発行

　　ビラ③1951年２月７日発行

一、原本に頁数表記のない場合は、頁数に（　）を付した。

一、銀行名（組合名）が付してあるアルファベット匿名、及び「一組合員」等は、索引では割愛した。

一、〔　　〕は編集部の補足であることを示す。

（編集部）

『ひろば』索引

【あ】

I→泉谷　甫
青　正上　163-6
青木卯三郎　291-6
青木繁男（あおき・しげを）　173-9, 227-11
青木信利　259-11
青木八郎　72-5
青野弘子　月4-39
青牧幸児　97-7, 143-8
青森銀行従組東青支部人形劇サークル　108-20
青 山 生　155-6
あおやま,あいいち　100-15
青山恒夫　150-18
青山春夫　146-10
赤木健介　32-6
あかつき・のぼる　223-14
赤松常子　25・26-5
赤松俊子→丸木俊子
秋　226-14, 234-11
安岐真砂　250-10, 250-29
秋島雅子　153-6
秋原秀夫　224-16, 229-10
秋山秀夫　37-6
阿　窮　148-11
昭→河野　昭
芥川三郎　159-13
吾郷　昭　31-5
浅川輝男　98-1
朝倉　芳（あさくら・かおる）　268-11, 274-31
浅田石二　104-5
浅田和生　148-2
安里史朗　126-8
浅沼大生　242-8
浅野隆一　169-12
浅原涼子　219-6, 224-5
朝日久緒　28-10
阿佐美草　161-12
足立喜美子　231-5
安達孝雄　261-12
あだちとしお　180・181-13
阿部市次　163-16
安部キヨ　224-14
阿部知二　61-9
あべはつひこ　62-1
天達忠雄　50・51-9, 105-20
あまの・とおる　106-9
天野征朗　291-9
雨宮章生　月3-35
新木敏久　248-10
アラゴン　57-1
荒瀬　豊　173-6
有馬　敲　131-2, 137-10, 150-9, 168-15, 210-10, 232-7, 243-12

安西恒平　139-10
E　283-12
飯田蝶子　11-4
飯田芙美　78-1, 89-1, 164-7
飯　塚　218-14
飯塚綾子　225-10
飯　沼　81-7
家城巳代治　279-4
伊神恭子　237-19
壱岐一郎　90-15
伊久　正　195-12, 250-17
生島啓子　174-9
井汲　伸　64-11
池田和子　260-8
池田　忠　178-14, 216-6
池田　勉　291-9
池田みち子　139-6
池田倫子　156・157-27
井越基生　238-13
伊崎忠夫　250-23
砂野光生　152-12, 154-8, 227-22
石井かづはる　250-(22)
いしいかつゆき　月4-4
石井元子　182-5
石井洋子　43-1
石岡　錦　69-12, 92-5, 102-2, 109-2, 121-2, 142-2
石垣綾子　95-3
石垣純二　232-10
石垣りん　25・26-12 , 41-1, 48-1, 59-7, 84-8, 91-21, 98-5, 120-2, 140-10, 204-(2), 204-10, 233-3
石神　洋　144-14
石川啄木　44-1
石川達三　124-12, 171-15
石川利夫(いしかわ・としお)　41-8, 250-17
石黒義行　2-1
石河糺(いしこ・ただす、石)〔石子順〕　282-9, 286-12, 293-11, 296-26
石田為治　39・40-13
石塚竜男　27-1
石戸谷宏　263-14
石浜あき子　262-6
石原健治　109-11
石原登喜子　265-2, 278-7
石原　昇　49-9
石原雅彦　169-13, 213-(8), 296-10
泉谷　甫(泉谷、泉、I)　65-2, 83-3, 156・157-3, 171-11, 176-12, 178-7, 185-10, 204-28, 222-17, 233-6, 242-2, 247-3, 247-4, 247-6, 250-35, 286-18
泉　澄子　68-4
泉　敏孝　192-5
泉　康子　7-1
泉谷洋子　161-16
磯　177-12
磯野淡美　141-8, 173-9
磯　村　165-7
磯村定代　166-4
市川盛一　27-1
市川　力　269-12
市川千代子　32-4
市川義雄　97-5
一　条　19-6
一瀬正秋　160-8
市橋美智子　60-10, 125-8
一路すすむ　215-12
井 手 生　63-7
井出弘子　180・181-20, 182-6, 183-6,184-6, 255-14

井出　洋　180・181-20, 182-6, 183-6, 184-6
井手文子　63-10, 72-8, 83-15, 135-8, 220-6
伊藤郁子　111-2, 115-9, 116-2
伊藤和子　63-7
伊藤信吉　67-9, 100-24
伊藤太郎　255-13
伊藤治子　260-2
伊藤文子　71-11, 74-6
伊東まき子　149-6
伊藤正子　163-5
井道三千代　218-3
稲垣房代　219-10
犬塚義人　105-17
井　上　78-3
井上善太郎　70-1
井上智恵子　174-10
井上尚直（井上）　144-18, 158-14, 189-8, 211-8, 229-14, 232-14, 238-6, 242-13, 286-14
井上文次郎　149-14
井上頼豊　93-11, 132・133-7
猪 熊 生　46-6
井原綾子　9-1, 37-4
今井静子　196-6
今井田勲　227-30
今定　正　241-8
伊予銀行従組青婦人部　160-18
入内島庸子　180・181-3, 185-3
入沢とし江　96-19
岩井義照（岩井、岩井生）　82-7, 96-18, 126-1, 142-17, 171-2, 227-23
岩下ひろみ　164-5
岩瀬万葉　125-2
岩橋智子　113-2
植木逸生　50・51-6
植草貞夫　227-3
上田　進　222-6
上野幸子　22-4
上野典明→河部友美
上野　誠　204-(1)
上原専禄　138-19, 224-12
上原光子　月4-38
上村恵一郎　49-14
上村康雄　112-19, 148-14
植矢静江　月3-36
宇賀小百合　35-8
潮　298-10
潮　由一　244-14
牛木直一　12-1
牛久太良　226-15
氏田恭子　258-6
牛原虚彦　115-3
牛山喜久子　251-12
碓井真樹人　39・40-16
内田登美子　59-5, 68-4, 117-13, 124-9
内田富美子　66-7
内野　勇　月3-35
内山小二郎　27-1
宇津木幸雄　228-14
宇都宮博介　158-10
宇野重吉　122-11
馬野淳子　267-11
梅木きみ　180・181-28, 182-14, 183-18, 184-14, 月3-8
浦　米雄　27-7
浦沢照子　70-7
浦島二郎　224-14
浦野省吾　19-8
浦和　淳　35-8

海野幸隆 216-8, 295-13
A 134-8
A 子 31-8
H 167-9, 175-16, 187-10, 235-12, 293-5
江口 渙 114-18
江口八重子 138-18, 139-14
S 62-6, 63-10, 64-2, 73-8, 82-7, 82-12, 145-12, 151-10, 163-13, 180・181-32
S 子 151-13
S・N生 22-4
江連秀夫 298-14
N 1-4, 3-4, 5-3, 10-4, 29-8, 30-8, 64-10, 71-7, 73-2, 73-6, 74-12, 77-2, 77-12, 82-2, 126-2, 126-8, 128-9, 129-12, 130-2, 134-9, 138-10, 139-5, 142-8, 143-12, 147-13, 159-10, 160-9, 162-13, 187-19, 月4-39
N 生 192-2
N・H 163-14
榎本弘子 245-15
榎本宏司 236-(8)
榎本光正 227-11
江比 猛 94-6
海老原 90-7
海老原妙子 263-4
F 172-6, 190-6, 198-12
M 19-8, 67-12, 70-5, 77-11, 124-14, 125-8, 271-11, 284-11, 284-13
M・A 253-11
M・M 152-9
エリュアール, ポール 140-5
L 250-8
遠藤 勲(エンドウ・イサオ) 173-14 175-8, 177-18, 180・181-18, 185-12
遠藤美津子 236-3
遠藤安彦 227-21
及 207-15
及川和男 228-4
扇 悦子 204-13
O 87-2, 87-6, 126-9, 161-15, 166-7, 168-7, 173-6, 174-8, 179-10, 190-9, 194-10, 210-15, 248-4
OH·SOH 226-14
O P Q 228-9
大池光夫 193-11
大石真也子 112-3, 113-6, 247-(8)
大内利治 28-10
大江健三郎 204-3, 216-9
大 川 24-1
大神田武行 238-(10), 290-10, 291-9
大木恵子 58-5
大木ひろ子(大木ひろこ) 121-13, 122-13, 220-8
大久保生 63-9
大倉みつる 152-6
大河内一男 127-3, 227-27
大河内俊子 300-25
大沢三郎 270-6, 285-12
大沢正治 50・51-4
大島語一 261-3
大島博光 152-2
大関松三郎 74-1
太 田 78-3
太田 薫 204-16
大田順子 162-8
太田省次 67-10
大谷和夫 155-12

大塚明子　169-12
大歳良充　231-18, 264-8
大友　悠　136-1
大友祐子　166-9
大西俊章　35-8
大西正美　91-14
大西由夫　235-8
大沼昌平　139-10
大野十郎　25・26-15
大野正市　59-6
大野寿子　278-9
大野　宏　204-11
大場幸男　38-1
大橋芙佐子　230-10
大林利寿　140-1
大原　誠　168-14
大曲浩暢　139-1
大村美江　279-12
大森達生　158-12
大家　健　28-9, 49-10
大家須万人　218-6, 224-15
大山初子　月4-38
大和田　87-12, 104-18
岡　猛　143-5, 227-11
岡　敏夫　71-4
岡　朋二　274-17
丘　伸子　104-10, 128-7
岡倉古志郎　72-2, 227-14, 274-6
小笠原貞子　72-9
尾　形　245-11
尾形和子　22-7
緒方真二　137-4
岡田　晋　156・157-14
岡田十良松　268-18, 291-8
岡田春夫　238-12
緒方文生　月3-36
岡林辰雄　101-4
岡村芳郎　72-12
岡本義一　120-1
岡本　潤　178-15
岡本妙子　3-1
小川　惇　112-20, 128-10, 130-10
小川阿屋子　178-11
小川義一　100-10
小川三吉　156・157-26
沖野信子　70-8
奥田慰世　179-18
奥田栄造　245-15
奥出一男　46-7
奥　原　61-6
小熊　進（小熊）159-7, 167-10, 227-34
奥村誠一郎　37-7
奥村利彦　134-1
小倉みき子（小倉みき、小倉ミキ）　224-18, 231-8, 296-4
小此木真三郎　62-7
長田正一　19-6
小　沢　288-7
小田切秀雄　151-2
落合さゆ子（おちあい、落）　108-2, 204-10, 208-6, 209-6, 220-16, 250-7, 299-10
落合基子　109-3
落合ゆり子　163-2, 231-12
小津千枝子　219-10
音木新吉　138-15, 144-15
乙羽信子　125-4
小野　誠　192-6
帯包隆一　71-1
小俣　充　142-18
織井明子　78-12

【か】

甲斐孝一　159-4
開高　健　274-8
戒能通孝　69-4
垣内芳子　156・157-28, 204-26
郭　鈞　168-1
影　山　20-6
加古昌枝　227-26
笠置八千代　108-12, 109-10, 226-16, 247-12
鍛治千鶴子　90-5
梶谷善久　165-4, 180・181-14
柏崎三郎　135-9, 140-10
栢野晴夫　221-2
和　子　50・51-15
加瀬忠一　158-10, 183-13, 242-4, 257-2
片岡　修　128-1
片岡,マヤ　110-11
片桐一秋　152-16, 155-7, 200・201-16, 203-12
片島康彦　108-19
片寄みつぐ　221-7
勝田倫吉　95-15
加藤悦郎　156・157-18, 162-3, 173-19
加藤啓子　59-7
かとう・こうじ　27-5
加藤隆史　229-4
加藤千恵子　84-10
加藤尚文　200・201-28, 202-14, 203-16, 255-16, 256-14, 257-8, 279-8, 280-18, 281-12
加藤治一　227-3
加藤道雄　114-2
加藤洋子(かとうようこ)　49-15, 94-6, 297-12
門田昌子　25・26-5
門村修介　277-6
金木弓太良　22-7
金　子　63-5
金子桂一　175-13
金子静枝　227-(1), 292-13, 296-(1), 296-2, 297-(1), 298-(1), 298-16, 299-(1), 299-20, 300-(1), 300-32
金子徳好(かねこ・とくよし)　91-11, 110-13, 202-2, 230-13, 241-9, 288-14, 294-5
金子光晴　82-9
兼田富太郎　285-14
金光不二夫　227-19
鎌倉ちよ　272-8
上筌一郎　296-28
加見　優　174-14, 176-10, 187-12, 198-10, 296-26
上市喜代子　82-8
上坂　冬子　298-12
神坂　庸　136-13
神志名章夫　175-12
川井正臣　214-15
川上礦二郎　227-21, 289-2
河上　弘　126-11, 127-11, 128-11, 129-11, 130-11, 131-11, 132・133-11, 132・133-12, 134-11, 136-11, 137-11, 138-11, 140-15, 141-11, 142-17, 143-11, 144-17, 145-11, 147-11, 148-17, 150-9, 150-13, 151-11, 152-11, 153-9, 154-11, 155-9, 156・157-18, 158-9, 160-11, 162-9
川神麗子　278-18

川口　彰　146-8
川口しげ子　79-1
川口友子　207-15
川崎　明　50・51-2
川崎利己　166-14
川崎　勝　20-8
川尻則子　109-13
河瀬通子　212-9
河　田　178-2
川名健史　233-18
河中二講　188-2
川端　郁　207-9
川端将己　274-17
かわべ・かずこ　204-10
河部友美(かわべ・ともよし、上野典明)　163-12, 167-18, 180・181-3, 187-18, 204-10, 207-14, 210-13, 215-11, 224-5, 227-22, 243-7, 250-16, 296-21
河村周三　83-11, 155-7, 227-11
河村真木子　100-24
神崎　清　122-11
関信支部婦人部　23-4
関信北越支部婦人部員　50・51-16
神田生大　94-13, 115-9, 117-2
神田　隆　86-6
き　159-4
木内陽子　144-14
木　川　24-2
菊　田　100-6
菊田勝英　月3-35
菊池　薫　255-(1), 255-20, 256-(1), 256-16, 257-(1), 257-20, 258-(1), 258-16, 259-(1), 259-2, 259-16, 260-(1), 260-20, 261-(1), 261-16, 262-(1), 262-20, 263-(1), 263-16, 264-(1), 264-20, 265-(1), 265-16, 266-(1), 266-20, 267-(1), 267-16, 268-(1), 268-20, 269-(1), 269-16, 270-(1), 270-16, 271-(1), 271-16, 272-(1), 272-20, 273-(1), 273-16, 274-(1), 274-36, 275-(1), 275-13, 275-20, 276-(1), 276-16, 277-(1), 277-16, 278-(1), 278-20, 279-(1), 279-16, 280-(1), 280-20, 281-(1), 281-16, 282-(1), 282-2, 282-20, 283-(1), 283-16, 284-(1), 284-20, 285-(1), 285-16, 286-(1), 286-20, 287-(1), 287-16, 288-(1), 288-20, 289-(1), 289-16, 290-(1), 290-20, 291-(1), 291-16, 292-(1), 292-20, 293-(1), 293-16, 294-(1), 294-20, 295-(1), 295-16
菊地百合子　68-6
如月旅人　141-13
岸喜二雄　37-7
岸　昭三　242-10
岸　輝子　90-3, 238-12
岸　旗江　85-6, 88-6
きしだみつお　280-2, 297-6
岸部　繁　104-12, 132・133-17
木曾隆一〔小田切進〕　137-12
木田満枝　297-3
北川　剛　129-2
北川俊子　月4-19
北川　弘　31-6, 36-6
北川雄一郎　111-1
北川礼子　129-10
木谷あきこ　204-32
北星晃平　274-3
北見啓子　250-(20)
北村　篤　70-1

北村知久　101–7
北村　博　269–13
北村まり子（まり子）　56–5, 93–15, 97–22
絹原一夫　245–6
木下航二　104–5
木下順二　71–10
木下康夫　104–6
木村禧八郎　156・157–12, 159–14, 204–16, 279–2, 299–18
木村荘十二　57–6
木村立子　164–12
木村とよ子　9–3
木村みづえ　227–20
木村三津子　80–1, 88–6
木村睦夫　288–10
木村康子　月4–34
木村良成（良）　153–10, 178–12
木村良平　月3–19
木村若菜　95–1
木山　博　178–6
Q　141–12, 193–5, 253–15
清山恵子　95–13
切　田　30–2
桐野昭二　275–18
『近畿ひろば』編輯部　9–1
銀行労働研究会　132・133–1, 147–15, 153–15, 232–7, 282–17, 284–11
銀行労働研究会一同　180・181–(2), 296–36
銀行労働研究会『ひろば』編集部→『ひろば』編集部
近代映協同人　52–7
金原規子　285–6
陸井三郎　131–3, 199–14, 204–16, 296–32
草壁とし子　185–4
草野心平　72–4
久慈満代　126–10
櫛田克巳　140–12
櫛田ふき　53–2, 73–3, 238–12
楠　29–6
工藤慎三　130–5
工藤万貴子　月4–32
国方　勝（国方）　175–10, 180・181–3
国政敬美　93–1
クノブロッホ，ヤロスラウ　289–7
久保一男　196–12
久保佳弘　93–4
窪添正道　182–5
くぼた・とおる　211–6
久保田弘　71–12
久保田佳郎　147–14
公文正躬　199–2, 204–10, 250–16
倉林和子　27–1
倉　持　227–11
黒川俊雄　66–9
黒川祐子　204–11
黒木敏明　226–5, 230–9
黒　沢　288–7
黒沢栄司　127–1
黒沢和子　100–25
黒田完治　95–12
畔柳二美　228–14
桑沢洋子　156・157–20
桑　島　249–9
K　81–6, 82–3, 83–10, 161–12, 170–7, 289–11, 292–8, 299–8
K N A　150–5, 160–9, 167–16, 170–11, 178–5, 185–16, 257–14, 267–12, 284–17, 288–3, 293–15
啓　子　58–7

弦→佐藤御弦
原水爆禁止署名運動全国会議　93-2
原水爆禁止世界大会　104-3
小池賢三　127-13, 188-7
小泉とも子　69-7
小出隆行　239-12
構成詩研究会〔広島銀行従組〕　104-21
郷田義介　197-6
甲野亜紀　234-6, 238-5
河野　昭(昭、A·Kōno、Kōno、昭·Kōno)　110-5, 113-13, 116-7, 122-4, 160-4, 174-3, 174-5, 175-19, 180・181-18, 235-19
神戸従組　19-8
国際婦人労働者会議準備委員会　114-4
国分一太郎　27-4, 39・40-9, 117-14
古在由重　154-2, 177-2
小坂　登　138-1, 142-1, 145-1, 156・157-2, 158-7, 180・181-1, 204-(2)
越沼すみ子　90-1
小柴充夫　25・26-14
小島正夫　89-2
児島満子　130-1
小谷広子　255-14
小玉　巌　2-4
児玉典子　269-9
後藤桂一　288-11
後藤昌次郎　243-2, 291-2
後藤隆子　78-3
後藤文利　204-22
後藤安夫　50・51-7
小西　寛　59-6
小西通恵　49-16, 52-1
小沼百枝　216-14, 217-14, 244-12, 255-10, 265-2
小早川皓三郎　281-3
小林海水　39・40-10
小林計夫　229-3
小林かよ子　180・181-3
小林庄一　292-14
小林清一郎　274-24, 275-9, 282-15
小林惣太郎　158-8
小林武夫　250-(22)
こばやし・つねお　75-1, 82-1, 84-1
小林稔昌　227-23
小林美代子　33-3
小林洋子　177-9
こふなど・しんいち　49-14, 103-14
胡間千鶴子　183-13
駒形徳治　21-8, 296-20
小松美津子　63-7
小松光子　142-16, 197-6, 204-10, 206-19, 239-(8), 261-3, 274-17, 286-13, 296-21
五味久子　80-3
小宮照子　19-8
小村春夫　147-12
小森孝児　132・133-16
小山和子　252-11, 257-14, 259-9, 260-13, 261-10, 262-8, 263-12, 264-13, 265-11, 266-9, 267-7, 269-7, 270-7, 271-10, 272-7, 274-23, 275-8, 276-7, 277-10, 278-17, 280-14, 281-7, 290-8
小山博信　88-7
小山　勝　236-12
昆とし子　250-17, 297-2
近藤　東　178-15
近藤悦子　227-3

近藤完一　171-12
近藤三郎　135-7
今野春二　276-2, 283-13, 288-18
金野新一　251-14

【さ】

西園寺公一　67-1, 250-33
西条　之　253-15
斉藤いづみ子　227-22
斉藤和子　176-8
斎藤京子　222-16, 228-13
斉藤元一（斎藤元一）　171-17, 173-11
斎藤　智　199-11
斉藤　諄　234-14
斎藤輝夫　243-14
斎藤としひろ　204-22
斎藤益夫　22-8
斎藤幹子　96-1
斎藤モト　249-6
斎藤勇一　283-15
斎藤陽子　244-5, 278-14
逆井　清　237-13
酒井今朝雄　143-1, 146-1
坂下克巳（坂下克己、坂下克已）
25・26-13, 91-20, 210-14, 211-12, 212-14, 215-14, 217-12, 219-12
坂田英樹　110-10
阪中伊作　241-8
さがわ,エヌ　267-14
佐川修子　204-14, 250-30, 252-7
佐川祐子　134-8, 164-14
佐木秋夫　260-7
桜井ひとし　105-22
桜川直子　35-8, 37-6, 39・40-16, 44-6, 49-15, 50・51-15, 68-11
桜庭彰子　17-6
笹岡義雄　291-9
佐々木淳　121-10
佐々木四郎　121-2, 140-6, 171-6
佐々木竹蔵　25・26-2
佐々木哲　156・157-18
佐々木正志　19-6
佐々木益子（佐々木マス子、佐々木ます子）　28-7, 38-8, 72-5
佐々木陽子　250-17
佐々木義郎　94-6, 180・181-3, 186-7, 227-22
佐多稲子　182-13, 190-7, 243-6, 279-4
佐谷暮子　140-2
幸　子　月2-17
佐藤栄一　206-18
佐藤乙弥　1-1
佐藤　敬　156・157-26
佐藤定幸　61-9
佐藤さつゑ　25・26-15
佐藤節子　241-14
佐藤　毅　229-12
佐藤忠男　152-14, 164-6, 235-14
佐藤忠良　189-2
佐藤俊子　113-9
佐藤智子　39・40-13
佐藤　昇　154-2, 162-2, 165-14, 172-2, 189-5, 195-2, 218-14
佐藤真紀　166-3
佐藤正武　254-9
佐藤光男　96-19
佐藤御弦（弦、佐藤）　41-5, 41-7, 42-6, 42-8, 43-6, 43-8, 47-2, 48-7, 84-2, 89-7, 115-6, 130-8, 131-13, 132・133-13, 134-10,

135-10, 136-7, 137-9, 138-13, 139-9, 140-14, 141-9, 142-7, 143-9, 144-9, 145-10, 146-9, 147-5, 148-15, 149-5, 150-7, 152-17, 153-13, 154-15, 155-15, 167-13, 177-5, 182-2, 183-8, 193-9, 211-14, 233-12, 245-8, 271-14, 277-12, 298-2, 300-3, 300-12, 300-26
佐藤美子 138-16
佐藤律子 70-7
里見一夫 119-2, 204-19, 207-15, 218-11, 227-23, 236-12
佐野　明 290-2
佐橋克清 31-6, 65-7, 72-3, 93-4
佐味民雄 179-12
佐山修子 250-17
晒　栄子 74-5
サルトル，ジヤン・ポール 112-15
沢　玲子 122-2, 153-6
沢田博夫 278-8
沢村みや 250-16
三瓶孝子 141-4
G 289-11, 294-13
椎名美子 144-14
椎原房恵 290-13
J 184-5
塩崎昇一郎 129-1
志賀寛子（志賀、志、寛、ＨＩＲＯ、ひろ子）
56-5, 136-9, 137-11, 142-3, 154-12, 165-2, 191-15, 195-20, 206-19, 210-18, 213-(16), 216-2, 223-2, 279-5, 288-5
慈光寺崇浩 227-11
四国従組婦人部 21-6
詩サークル〝たんぽぽ〟〔国鉄〕 94-14
地蔵瑞子 6-1, 95-5
志田茂吉 68-9
七十七従組青婦人 28-7
七戸　誠 19-8
信田東子 297-9
芝田進午 153-4
芝辻善蔵 73-3
芝山美子 142-14
渋江　覚 45-5
しまかずお 136-12
島　近子 160-7
志摩　司 216-4
島田隆司 210-2
島田とみ子 231-10
島津千利世 82-4, 138-3
清水昭子 67-9
清水幾太郎 60-3
清水Ｈ子 100-12
清水慶子 61-9, 97-5, 239-15
清水高範 124-2
清水典子 109-2
清水芳郎 50・51-10
下西和夫 100-14
首藤淑子 32-6
純→中田純一
尚 188-11
荘浩一路 25・26-3
冗談小僧 88-11
荘内従組飽海支部 272-12
ショスタコーヴィッチ 140-7
白沢健一 93-4
シラージン，ビクトリア 289-7
白鳥あい 42-1
白野弁十郎 227-16
白浜幸三 月4-38

城木　都　185-2
新郷勇夫　36-7, 58-6
新司　宏　250-17
新藤兼人　82-10
新藤敏雄　112-1
新名丈夫　218-8
末広恭雄　108-12
菅原克己　112-2, 132・133-2
菅原昭三(菅原)　249-14, 252-10, 254-10
杉浦三郎　180・181-4, 240-15
杉崎　実　206-8, 210-13, 227-20, 229-11
杉田蓉子　144-1
杉村春子　124-12
杉本忠司　132・133-6
杉本文子　140-11
杉山　晃　227-11
杉山市平　299-7
杉山智子　70-6, 71-3, 75-13
鈴　木　285-11
鈴木　茜　282-14, 296-20
鈴木　昭　217-7
鈴木　収　210-3, 222-10, 229-11
鈴木一雄　190-10
鈴木敬介　25・26-14
すずき・けんじ　199-1, 205-(1)
鈴木憲二　257-18
鈴木楫吉　173-3, 219-14, 300-30
薄　信一　185-7
鈴木照子　25・26-3
鈴木寿枝　5-1, 月4-38
鈴木初江　108-14
鈴木平八　217-5
鈴木正臣　105-11
鈴木正四　20-2
鈴田まさえ　124-5
住吉弘人　73-1
須山計一　170-7
清家幸子　218-4
清野五朗　67-7
清野未知(未知)　24-7, 41-8
青婦対策部→全銀連青婦人対策部
世界平和人民大会日本代表団　52-5
関　鑑子　128-10
せき,しのぶ　180・181-25
関口昭子　227-22
関根范子　227-3
関根　弘　151-14
関町好子　291-9
瀬名恵子　74-10
瀬能敏子　110-2, 140-2
全銀連教育宣伝部『ひろば』編集部→『ひろば』編集部
全銀連近畿支部青婦人会議委員会　61-3
全銀連青婦人対策部(青婦対策部)　23-7, 24-7, 106-3, 108-8
全銀連第十回全国青婦人代表者会議　83-7
全銀連文化部(文化部)　23-7, 71-9, 92-12, 95-16, 103-13, 114-19
千田是也　243-6
曾我乃三　15-1
曾木耕一　291-14
曾根真知子　154-9
園いずみ　月4-28
園　人仁　176-6

【た】

大　208-18, 209-15, 212-13

第九回原水爆禁止世界大会日本代表団 289-6
第三〇回臨時全銀連全国地銀従組協議会 121-7
第三十四回中央メーデー実行委員会 281-10
第二回金融婦人交流集会 258-5
大六恒憲 93-7
高井　誠 271-13
高岡英子 月4-39
高木督夫 267-2
高木教典 217-4
高久　忠 227-3
高倉明子 169-10, 237-8
孝　子 69-1
高科幹夫 226-15, 274-17
高島喜久男 207-2, 249-10
高田敬一 8-1
高田佳利（高田、佳） 114-17, 114-19, 115-18, 116-18, 130-14, 156・157-32, 162-14, 166-10, 171-18, 178-3, 193-8, 194-12, 196-14, 197-18, 198-14, 230-4, 235-12, 251-2, 257-2, 270-12, 294-13
高辻唐寿 276-9
高頭洋八 109-13
高野清隆 171-18
高野　実 265-12
高橋いち 19-8, 月3-36
高橋一夫 274-17
高橋邦安 135-11, 137-5, 141-6, 156・157-18, 163-3, 163-6
高橋啓次朗 164-2
高橋静江 22-8
高橋孝子 49-3
高橋忠男 127-2
高橋千恵子 24-7
高橋恒夫 142-2
高橋俊夫 300-3, 300-20
高橋信夫 195-6
高橋初江 139-8
高橋晴雄 291-4
高橋久男 112-18
高橋三重子 265-2
高橋光夫 93-4
高橋元滋（たかはし・もとしげ、高橋、たかはし） 1-1, 3-4, 4-1, 5-1, 5-2, 6-1, 8-1, 10-1, 100-6, 228-5, 月1-前 付1, 月2-4, 月3-前 付1, 月3-18, ビラ②, ビラ③, 月4-1
高橋由紀子 135-8, 138-14
高林公毅 169-9
田上　正 月4-37
高村　平 195-11
高　山 20-6
高山貞男 37-7
田川一雄 158-2, 169-13, 195-15, 204-10, 227-22, 240-4, 250-16, 274-17
滝　一平 154-17
滝沢正樹 194-18
滝本和枝 173-16
岳　文祥 206-15
武井昭夫 286-2
竹内和雄 205-6, 206-19, 227-11
竹内景助 100-26
竹内真一 300-16
竹内節子 138-2
竹内　稔 月3-34
竹内由子 156・157-31
武田清子 75-2
武田健夫 25・26-13

武田尚志 231-16, 232-6, 239-14
武谷三男 78-8
田代佳子 21-8
多田勤一 142-9
巽　光子 204-11
帯刀貞代 161-2
田所珣子 月4-37
田中邦枝 240-7, 296-7
田中貞子 月3-35
田中成男 253-4
田中二郎 187-8
田中真一 20-7, 27-7
田中　正 21-8
田中哲雄 102-8
田中鉄信 289-15
田中敏夫 243-6
田中雅康 209-12, 239-12, 265-13
田中みよ子 月4-20
田辺　哲 91-10
谷　　敬 241-5
谷内六郎 296-2
谷口千代子 月4-37
谷村康子 57-7, 71-10, 91-20, 113-13, 125-13, 130-5, 172-14, 200・201-22, 215-6, 216-3
田沼祥子 180・181-20
田沼　肇 128-13, 156・157-3, 180・181-20, 250-12, 283-5
種田　繁 月3-36
種橋和子 143-4
W 171-7, 月1-(30)
たまき・いたる 176-14
玉城　肇 70-2, 85-4
玉利智子 160-17
田村一郎 295-7, 296-25
田村三郎 143-4
田村　茂 97-7
田村義也 134-6
淡徳三郎 169-2
千坂雅子 250-(20), 296-20
千葉繁四郎 274-32, 284-8
千葉淳子 204-10
千葉銀行合唱センター 297-15, 297-16, 298-16, 299-20, 300-32
千葉銀行従組文化部 134-14, 135-14, 136-12
千早耿一郎 47-1, 87-9, 128-5, 154-8, 195-13, 206-12
茶良平 91-12
中国商業工会全国委員会 189-11
中国全国民主婦人連合会 56-3
趙朴初 289-7
長　幸男(ちよう・ゆきを) 29-7, 300-24
塚田一郎 224-8
佃　敏夫 204-11
津田やす子 66-3
津田玲子 94-6, 105-5
土あゆみ 254-7, 274-24, 296-20
土田徳子 97-23
土屋　進 156・157-27
堤佐知子 200・201-26
提　治介 59-7
常　松 143-11
壺井　栄 85-1
壺井繁治 112-23, 132・133-20, 156・157-22, 178-15
津守秀子 274-26
鶴島育子 82-7
鶴田三千夫 166-12, 245-2
鶴見一雄 205-12
鶴見和子 132・133-3

鶴見俊輔　137-2, 160-2, 204-24
Ｔ　4-4, 6-4, 9-4, 151-13, 159-11, 162-13, 176-9, 283-12, 285-11, 290-8, 293-11, 295-7, 299-8
Ｔ　生　129-13
Ｔ・Ｔ・Ｌ生　140-18, 141-14, 142-12
手島雪子　69-7, 74-8, 81-8
寺尾五郎　280-17
寺垣日出夫　215-7
寺島澄子　148-10
寺田知恵　186-9
寺田勇一　21-8
土井大助　300-2
道　家　89-6
峠　三吉　17-1, 39・40-1
時実象平　25・26-11, 106-10
時田昌利　204-11
徳　280-14, 281-7, 282-9, 284-13, 286-12, 292-8, 298-10
徳永　直　91-3
戸塚春樹　156・157-35
十時志雄　80-7
外岡文夫　175-16
飛田文也　130-11
富岡　隆　130-3
富岡恒雄　227-11
富田妙子　119-16
富田　広　36-8
富永満文　101-14
富永禎郎　240-7
富山邦雄　63-7
友枝泰子　204-13
と　も　子　132・133-10
ともながゆきお　131-15
友山せつ子　74-5
鳥井英司　250-16
取井三之助　226-12
鳥海　喬　244-10
ＤＯＮ・Ｑ（Ｄｏｎ Ｑ、ＤＯＮ）　224-17, 276-4, 284-5, 292-5
鈍機呆低　167-12, 207-13, 222-15
飛田奴郎　167-16

【な】

内藤ツネ　161-6
内藤ナツ子　154-6
内藤博夫　195-8, 214-18, 268-2, 296-21
内藤　洋　279-11
なか・つとむ　111-2
仲　秀夫　106-14
永井智雄　279-4
長岡澄子（長岡）　68-3, 105-2, 131-9, 132・133-4, 134-13, 142-3, 180・181-28, 182-14, 183-18, 184-14
長岡忠一　115-2, 115-9
長岡輝子　25・26-12
中川　敏　101-2
中川正子　130-13
中川　実　277-15
中川みふゆ　206-13
中込梅子　49-5
長崎抜天　148-6
長沢慶子　221-13
長沢源蔵　160-8
長沢ノブ　84-10
中下定子　月4-39
中島健蔵　132・133-3, 261-10
中島清司　173-13
中島年子　140-11, 204-11
中島登茂子　300-3

中島弘二　169-11, 171-6, 180・181-6, 260-5, 261-10
長島又男　118-23, 152-6, 156・157-12, 168-3, 204-16
中田和江　35-6
中田純一(ナカタ・ジュン、純)　2-1, 10-4, 14-1, 20-8, 35-3, 100-6, 122-18
永田紀子　206-19
中谷　功　214-15
中枝延子　193-10
中時康夫　49-10
中西　啓　256-6
中西淑子　187-19
中野綾子　165-17
中野敬子　154-7
中野　徹　265-14
長野福夫　131-9
中野　勝　135-13, 143-7
中野好夫　129-9
中畑春雄　272-17
中原早苗　88-6
なかはら,ＤＡＩ　82-9
中原知平　184-12, 191-14, 195-14
永松勝彦　66-7
中村明子　288-6
中村顥子　289-3
中村九一郎　118-22
中村智恵子　250-16
中村長次郎　21-8
中村初江　68-4
中村　宏　113-1
中森サチ子　227-3
中屋慶美　229-2, 248-10, 260-2, 282-2
中山秀治　101-2
長山弥生　113-16
那須野隆一　300-3
ナツク，リー　54-3
夏草しげる　147-7, 197-10
夏堀正元　251-14
名取栄子　250-31, 259-6, 263-2, 274-32
並木達二(並木)　67-11, 82-8, 131-7, 169-16, 193-2, 198-6, 204-10
奈良本智子　185-6
成瀬典子　138-14
南原　繁　24-6
新関富雄　252-4, 254-5, 256-5, 258-7, 260-6, 262-5, 264-6, 266-6, 268-7, 270-5, 272-6, 274-12, 281-5, 283-6, 285-5, 289-7, 291-13, 299-5
新本弘子　95-6
ニクソン，マルコム　102-3
西　清子　152-3
西尾佳子　168-8
西岡　順　168-10
西川太郎　191-6
西川寛己　190-11
西沢舜一　188-12, 189-14
西沢春子　188-12, 189-14
西島まき子　218-13
西田信子　129-12
西田　勝　136-8
西田葭江　49-15
西谷美代子　49-11
西野辰吉　131-6
西　村　218-14
西村京子　224-5, 227-23
西村敏子　162-10
西雪良雄　50・51-10
日銀従組コーラスサークル　54-1
日銀従組青婦人有志　67-6

日本母親大会　100–23
日本労漫クラブ(労働漫画クラブ)〔日本労働漫画クラブ〕　156・157–16, 178–13
布川澄男　248–9
沼田稲次郎　84–6
根上泰子　101–15
農林中央金庫鹿児島支部　19–8
農林中央金庫従業員組合　117–5
野口　活　156・157–16, 158–6, 159–6, 160–6, 161–8, 162–6, 163–8, 164–8, 165–6, 166–5, 167–5, 168–5, 169–6, 170–6, 171–5, 172–5, 173–5, 174–7, 175–7, 176–7
野口　肇　100–16, 105–8, 112–13, 132・133–16, 150–6, 156・157–23, 165–3, 215–12, 228–6
野口　豊　242–14
のざきせつこ　227–11
野崎敏夫　月4–37
野瀬幸夫　256–12
野田正穂(野田)　148–6, 156・157–3 161–18, 234–12, 300–28
野中誠子　22–8
野原　亮　104–11
信　子　62–4
野間　宏　76–1
野見のぞみ　145–2
野　村　86–2
野村啓子　161–9, 169–18, 204–10, 220–9
野村さち子　158–13, 252–5
N　O　N　275–5, 282–6, 290–7, 292–13, 298–5

【は】

バウコフ, I　155–3
橋崎博之　月3–34
橋立芙美子　103–2
橋村照子　149–9
橋本宏子　278–5
巴　人　155–5
長谷耕一　152–18
長谷川四郎　168–12
長谷川豊　68–2
波多野たかを　101–9
初谷　清　259–14
八田元夫　166–4
服部和男　184–11, 246–12, 254–2, 269–10
服部　栄　288–19
服部光典　200・201–26, 219–11
羽仁協子　192–12
羽仁　進　177–13
羽仁説子　25・26–5, 77–4
はまだて・とおる　31–6
浜野政雄　280–16
林　寿延　131–1, 141–1
林口幸雄　193–4, 194–14 , 197–15, 198–12, 202–12, 203–18, 205–14, 206–14, 207–12, 246–10, 264–19, 288–8, 296–21, 296–35
林田セツ子　142–14
早島　明　170–4
速水ちか子　197–6
原　一彦　289–12
原　邦彦　225–13, 250–16
原　寿雄　239–6, 248–15
原　秀彰　296–(15)

原山　悟　月4-38
ハン・キンセイ　216-4
伴　澄子　142-15
P・J・C　222-14
東山朝雄　274-17
ピカソ　91-(1), 102-1
ヒクメット, ナジム　172-13
日暮菊男　227-3
久　永　45-8
久永てる　72-8
土方梅子　112-11
日高澄子　52-7, 87-8
日高六郎　174-2, 193-15, 238-12, 264-16
左　幸子　279-4
左　甚六　230-6, 232-4, 234-5, 236-7, 238-4, 240-6, 242-7, 244-6, 246-5, 248-6, 250-15, 253-6, 255-7
平井章夫　269-13
平井　潔　54-7, 124-6, 129-7, 152-3
平井晴夫　177-8, 266-19
平岡昭代　87-1
平賀春次(ひらが・はるじ)　36-7, 50・51-11, 54-5, 55-4, 56-3, 58-6
平田兼三　100-25
平田重明　91-9
平田貞治郎　月4-19
平田文雄　32-5
平塚らいてう　69-4
平野重信　288-9
平野義太郎　164-15, 238-12
平林たい子　152-3
平松千鶴子　228-12
平山節子　104-12
寛(HIRO、ひろ子)→志賀寛子
ひろ子　65-8
比呂志生　131-11
広瀬　清　101-15
広瀬はる子　247-12
広田寿子　300-9
広田　豊　105-3, 173-3
広津和郎　243-6
『ひろば』編集部(編集部、全銀連教育宣伝部『ひろば』編集部、銀行労働研究会『ひろば』編集部)　69-11, 90-13, 100-2, 112-24, 123-2, 124-2, 124-16, 125-16, 126-16, 127-16, 128-16, 129-15, 129-16, 134-13, 137-15, 146-11, 167-4, 169-17, 170-5, 188-4, 193-13, 216-10, 252-11, 253-13, 269-15, 270-11, 292-11, 300-29, 月3-38
ふ　1-4
フアースト, ハワード　188-7
深尾須磨子　91-3
ふかつ・たかお　143-2
福井雪彦　183-14, 199-12
福江篤吉　227-8, 229-4, 231-4, 233-5, 235-5, 237-5, 239-5, 241-6, 243-8, 245-5, 247-5, 249-5
福岡克也　154-12
福田幸次郎　66-7
福田定良　89-9
福田不二江　227-3, 229-3
福田　豊(福田)　97-21, 112-18
福富喜栄子　244-11, 290-15
福永哲也　250-32
福本　照　296-18
福山和宏　235-10
藤　虎彦　43-5, 49-2
藤井伊都子　227-10
藤井艶子　33-2

藤川通雄　218–10
不二コロンバン闘争委員会　29–5
藤崎和夫　252–6
藤島宇内　139–12, 159–2
藤田弘二（ふじた・こうじ）　162–7, 219–7
藤田　脩　154–14
藤田信江　199–13
藤田華子　13–3
藤田靖幸　97–17
藤平正夫　176–2
伏見康治　156・157–13
藤村勝己　164–3, 239–9
藤本雄太　77–8, 258–11
藤本　豊（ふじもと・ゆたか）　103–6, 155–14, 156・157–11, 163–9, 165–18, 170–14, 176–12, 178–10, 186–10, 190–2, 199–18, 204–11, 225–5, 227–22, 241–12, 271–12, 278–7
藤原審爾　144–10, 144–11, 145–8, 147–8, 148–8, 149–12, 151–8
藤原恒悦　254–14
藤原　久　296–21
船岡蜻蛉　19–8
舟津　弘　155–13
フラシヨン　108–7, 109–5
古川和子　166–6, 261–7
古川義夫　166–6
古山正美　70–7
文化部→全銀連文化部
ベツヒヤー　98–1
編集部→『ひろば』編集部
ほ　207–7
放菜法師　116–2
坊戸令留　280–15, 281–6, 282–8, 283–7, 284–12, 285–10, 286–9, 288–13, 289–10, 290–9, 292–9, 293–10, 294–12, 295–6
星　研二　296–20
星野安三郎　236–9, 259–6
細　川　104–6
細木原青起　146–6
法華無生　145–11
堀田洋子　168–6, 177–8, 189–12, 197–11, 199–12, 205–13, 222–8, 251–16
堀田善衛　90–14, 204–21
ボートウール, ジヤン　117–6
堀　泰三　122–1
堀江幸子　162–12
堀江スミ子（堀江）　38–8, 45–5
ポリヤンツェフ, ヴェ　228–(1)
ポロウスキイ, ジヨセフ　105–9
ＰＯＮ太　280–11, 286–5, 295–5

【ま】

前川千栄子　94–1
前田沢子　49–4, 88–9, 128–12
前田忠男　192–3
前田　登　241–18
前原和子　138–14
牧　朝子　218–2, 224–13, 266–7
真木順子　142–10
正木　勇　261–8
正木ひろし　141–7
増田和子　74–11, 78–3
増田孝子　260–2
益田哲夫　39・40–5, 83–2
増田みや子　69–12
増野泰子　67–6

真澄修一　108-2
真 知 子　72-7
松井久子　263-(11)
松尾武彦　228-12
松尾則彦　97-1
松尾　洋　245-12
松岡三郎　152-7, 179-2
松岡　勉　204-11, 227-23
松崎光男　138-18, 146-11, 154-6, 156・157-18, 163-3, 163-4, 167-11, 193-6, 200・201-12, 200・201-23, 209-3
松崎義晴　165-12
松下圭一　260-2, 282-18
松下玲子　146-12
松田解子　97-5, 101-4, 174-13
松永浩介　49-1, 77-1
松成義衛(松成)　83-2, 84-9, 149-2, 164-14, 165-8, 166-11, 177-2, 192-6, 214-2, 224-14, 227-12, 230-15, 237-2, 239-18, 263-7, 293-12, 298-6
松村素子　110-2
松本昭子　月4-38
松本清張　243-6, 296-9
松本　宏　260-14
松山一郎　182-12
松山俊子　128-6
まつやま・ふみお　204-23, 215-7
松山樹子　112-2
『まど』編集部　220-4
間中ひろし　35-6
真鍋安正　7-1
真野　毅　204-31
真野直司　116-13, 119-19, 127-9, 222-14
真山信子　150-16
真山美保　296-3
まり子→北村まり子
丸岡秀子　56-2, 146-13, 148-5, 246-15
丸木伊里　39・40-1, 39・40-3, 146-16
丸木俊子(赤松俊子)　39・40-1, 39・40-3, 74-2, 92-8, 146-16
丸山　薫　139-13, 154-5
丸山節子　50・51-4, 92-1
丸山利男　180・181-3
万年謙二　49-9
三浦笑子　35-1
三浦　孝(みうらたかし)　19-8, 21-7, 24-3, 29-7
三浦英夫　210-5, 224-5, 241-19
三浦正子　152-5
三上孝夫　228-12
三　沢　86-9
水木則子　83-1
水沢二郎　167-14, 172-10
水沢辰朗　134-2
水沼辰夫　281-11
水　野　104-16
水野宜信　95-14, 224-17
瑞本久子　137-7
御園晴子　250-21
箕田源二郎　190-7
御獄友一　191-2
未　知→清野未知
光岡　玄　87-3
み ど り　73-9
緑川紗智子　166-3
皆賀　等　276-12
皆川延男　50・51-4
湊　125-4
南　　博　73-11

南　義郎　94-5, 156・157-18, 204-23
みね・たかし　156・157-30
嶺川安栄　143-3
簑口ふみ代　243-7
三橋葉子　113-9
御筆敏子　291-9
美村一夫　149-11, 158-11
美村十三　204-11
三宅艶子　243-6
宮崎時朗(みやざき・ときろう、宮崎)　60-10, 65-3, 68-9, 79-7
宮崎白蓮〔柳原白蓮〕　104-5
宮崎　満　168-6
宮崎幸雄　250-21
宮沢賢治　36-1
宮沢敏夫　260-2
宮下　森　162-4, 222-4, 228-6, 270-10
宮島　操　300-3
宮田やす子　25・26-14
深山杏子　64-1
三山　登　296-30
深山嶺子　200・201-10, 204-11, 231-12
宮本三郎　140-9
宮本すみ子　278-11
宮本卓児　274-16
明 星 生　149-4, 162-11, 171-14
村上勝義　196-13
村上重良　277-11
村上秋二　164-13
村上信彦　125-6, 126-14, 127-14, 128-14, 129-14, 179-14, 296-29
村上康郎(村上)　230-10, 276-10, 283-8, 296-20
村上祐子　220-7
村瀬　康　149-15
村田久雄　109-16
村田洋文　81-3, 88-5
村田洋子　69-7
村野四郎　78-10
村松武司　230-7
村本　昭(村本)　100-6, 100-17, 123-2, 215-4, 229-11, 243-4, 254-13
毛 沢 東　227-(2)
毛利　元　296-20
毛利文子　243-7
最上谷勝郎(最上谷)　11-1, 16-1, 17-2, 22-6, 25・26-1, 35-3
茂　木　150-17
望月優子　258-13
もてぎ・しげる　156・157-2
本橋愛子　288-12, 298-9
森　勇(もり・いさむ)　274-25, 299-4
茂利一子　158-7
森　和子　265-2
森　崇　67-7
森　尚和　45-7
森　宏子　143-10
森島雅子　234-7
森田一郎　86-7
森田紀美子　137-6
守屋　利　50・51-5
森山　登　64-9
モルヴアン，マリー　102-3
諸井克夫　204-10, 235-11

【や】

安井　郁　97-5, 171-4, 194-8, 241-7, 264-7
安田　武　135-6

柳沢　健　244-11
柳沢哲郎　227-3
柳田謙十郎　190-12
柳田孝一　66-7
柳　瀬　53-1
柳瀬喜久雄　132・133-14
藪仁良美　222-15
山内啓子　105-4
山形徳治　63-10
山川　彰　204-15, 237-18
山川　清　29-7
山川　肇　186-12, 187-9, 188-4, 189-4, 190-4, 191-13, 192-8, 194-5, 195-5, 196-5, 197-5, 198-4, 199-5, 200・201-19, 202-5, 203-5, 204-9, 205-5, 206-5, 207-5, 209-5, 210-6, 211-5, 212-7, 215-5, 216-7, 217-6, 218-17, 219-5, 220-15, 221-5, 222-5, 223-5, 224-9, 225-7, 226-6, 250-18, 252-12, 253-10, 254-6, 255-12, 256-10, 257-11, 258-8, 259-8, 260-12, 261-6, 262-7, 263-10, 264-12, 265-10, 266-8, 267-6, 268-8, 269-6
山口　厚　196-13
山　崎　152-10
山崎栄香　160-16
山崎定雄　131-5, 156・157-18
山崎春江　74-8
山崎真規子　278-18
山崎よし江　71-12
山 下 生　63-8
山下　肇　167-2
山下　稔　200・201-24
山田一夫　72-5
山田和夫　180・181-27
山田清三郎　164-4, 274-7
山田寿子　70-7
山田偉夫　134-7
山田浩子　105-16
山田道夫　130-9
山田通雄　257-15, 296-21
山田悠子　169-15
山　中　160-15
山梨中央婦人部　19-8
山根康子　33-3
山野　勇　250-16
山野千枝子　156・157-20
山林　完　45-5
山藤哲三　13-1
山辺信弘　212-19
山村ふさ　198-9
山本一夫　258-9
山本　栄　188-10
山本直樹（山木直樹）　252-5, 261-2
山本春夫　282-6
山本秀之　229-7
山本　裕　260-2
山家和子　227-14
U　263-12, 264-13, 265-11, 266-9, 267-7, 268-9, 269-7, 270-7, 271-10, 272-7, 275-8, 276-7, 277-10
湯沢秀世　45-4
豊　　博　94-6
庸木次郎　156・157-34
横井利雄　296-21
横川勘平　257-5, 259-5, 261-5, 263-5, 265-5, 267-5, 269-4, 271-5
横田一子　月4-38
横山泰三　204-22

横山敏成　96-1
横山富美世　237-20
佳→高田佳利
吉井　忠　102-1
吉　衛　127-10
吉岡保夫　105-6
吉川一子　241-18
吉川恵子　191-12
吉川滋彦　240-14, 243-18, 260-18, 284-4
吉川留次　月4-39
吉田欣一　50・51-1
吉田敬治郎（吉田）　50・51-5, 66-7, 69-7, 71-8
吉田まさ子　250-17
吉田美千子　183-10
吉田佳江　180・181-3
吉永春子　274-5
吉村とも子　151-5
吉村　英　39・40-13, 66-11
吉家和子　105-15
米田栄作　124-2

【ら】

羅 清 楨　211-(1)
李　樺　56-1
力頭敏夫　月4-38
リフレジエ，アントン　195-1
良→木村良成
リリエンソール，D・E　38-1
林　明　220-18
レシエトニコフ　57-1
ロー，D　155-4
労働漫画クラブ→日本労漫クラブ

【わ】

Y・T　92-10, 100-26
若本しのぶ　83-15
脇屋知子　259-12, 275-15
和田秋代　127-2
和田修三　175-18
渡辺金一　204-12, 300-3
渡辺孝子　255-3
渡辺哲哉　100-13, 106-2
渡辺テル子　84-10
渡辺敏子　178-9
渡辺利郎　84-10
渡辺信子　135-2
渡辺寛美　291-9
渡辺まさ子　224-14
渡辺満里子（渡辺万里子）　236-4, 266-4
渡辺美恵子　77-8, 86-1, 104-2
渡辺美知子　130-6